U0443594

天壹文化

从声音到文字，分享人类智慧

王蒙講孔孟老莊

王蒙 —— 著

天地出版社 | TIANDI PRESS

目录

—— 序 多几个世界，多几分兴趣 //001

第一章 《论语》：如坐春风

一、《论语》和孔子 - 002
《论语》也需要一个好开场白 - 002
孔子名言离我们有多近 - 006
从丧家狗到万世师表 - 009
《论语》的现代意义 - 013

二、孔子说德 - 017
孔子向往的美好善良 - 017
如何才能活得更有格局 - 021
孔子的治国理念 - 024

三、君子和小人 - 028
君子与小人的定义 - 028
孔子对人的三维分类法 - 031
《论语》教你如何处理人际关系 - 034
怎么判断一个人的好坏 - 037

孔子心目中的"君子"形象 - 041

四、君子的中庸之道 - 046
中庸就是一切都恰到好处 - 046
中庸之道与君子之道 - 049
选择的多样性 - 053
孔子眼中的圣贤 - 057

五、孔子"仁"与"礼"的主张 - 060
《论语》中的孝悌思想——仁义 - 060
《论语》中的孝悌思想——仁爱 - 063
什么叫得体 - 066
孔子的饮食讲究与君子风范 - 069
中国人为什么很重视"礼" - 073
现代人应如何掌握分寸 - 076

六、孔子对学习的主张 - 080
孔子的学习观（上）- 080
孔子的学习观（下）- 083
学思结合 - 086
大人物也会说"不知道" - 089

第二章 《孟子》：浩然之气

一、孟子的义利观 - 096
浩然之气，至大至刚 - 096
义利分明 - 099
鱼和熊掌不能兼得 - 102

二、民心至上 - 107
天时地利人和 - 107
得民心者得天下 - 110
关注民生 - 113
与民同乐 - 118

三、性善之论 - 122
性善论 - 122
性善的四种心 - 126
从性善到天下太平 - 130

四、亚圣与至圣 - 134
清高和担当如何选择 - 134
一个集大成的优秀人物 - 137
虞舜的孝道 - 140
五百年必有伟人出 - 144

五、何为大丈夫 - 147
大丈夫的修炼 - 147
大丈夫的气概（一）- 150
大丈夫的气概（二）- 153
尊严与分寸 - 156

六、孟子谈学习 - 160
融会贯通 - 160
尽信书不如无书 - 163
怎样提高学习能力 - 167

第三章 《道德经》：道法自然

一、什么是"道" - 174
道法自然，道是最大最根本 - 174
道是伟大的母体，是无穷大 - 177
到底就是道 - 180

二、治国之道 - 185
无为而治，空无最有用 - 185
老子的五等治国 - 188
老子治国的三个宝贝 - 191

三、做人之道 - 194
知白守黑 - 194
智慧还是阴谋 - 197
老子的大智慧 - 200
六无二有 - 203
虚与静止 - 206
柔弱胜刚强 - 210
无死地不找死 - 212

四、老子的名言与"怪论" - 216
老子影响深远的两句名言 - 216
怪论其实是高论 - 219
老子的重磅炸弹 - 221
天真还是反智 - 224
微妙玄通，深不可识 - 228
替天行道 - 230

大哉，老子 - 233

第四章 《庄子》：其乐无穷

一、"齐物"与"思辨" - 240
庄子的逍遥 - 240
齐物论 - 243
极致的精神定力 - 246
相对的真理 - 249
道通为一 - 252
思想的极致与诡辩 - 255
超越与提升的三级跳 - 259

二、庄子的养生观 - 262
养生·尽年·善生·善死 - 262
养生主要是养神 - 265
善其生者，善其死 - 268

三、人的情感，心的方向 - 272
虚室生白比自以为是好 - 272
心斋与坐忘 - 275
心理压力与息事宁人 - 278
循道避祸 - 281
相濡以沫，不如相忘于江湖 - 284

四、庄子的奇想和快乐 - 288
庄生梦蝶 - 288
鱼的快乐 - 290

庄子的男神 - 293

轮扁论斫 - 296

森林和原野 - 300

螳螂捕蝉，黄雀在后 - 303

得道之乐 - 306

第五章 《列子》：老故事的极致

老实人的极致 - 312

不可思议的想象力极致 - 315

最早的机器人的故事 - 319

悲情的英雄之歌 - 322

辩证与中庸的极致 - 325

及时行乐与旅游的神话 - 328

出洋相的极致 - 331

第六章 儒学拾遗

《尚书》《礼记》《中庸》- 336

《大学》《荀子》- 339

宋明理学心学 - 343

—— 结语 儒道互补·三教合一·万善同归 //347

序

多几个世界，多几分兴趣

孟子有一句话，如果你是一个杰出的人，你就会和杰出的人做朋友，仅仅和当代本乡、本土、本国，乃至于其他国家的杰出之人做朋友，你感觉不满足，还需要和古代的杰出人士做朋友。我们这一次的阅读就是要和圣人孔子、亚圣孟子、道家的创始人老子、南华真人庄子、特别会讲故事的列子等做朋友。我要让他们活起来，我要通过我的经验、人生体悟，把几千年以前的这些圣贤这些杰出人士的经验、智慧、趣味、风度复活起来，和大家共同来体会体悟。

也许有人会问，现今21世纪科学技术已经高度发达了，为什么还要学这些传统文化，还要学古人的思想呢？这些传统文化至今活在我们心中，温故而知新。这些传统文化一直是我们的"遗传基因"，它们就在我们的头脑里，就在我们的师长、亲戚朋友等同胞身边，只有了解了传统文化，才能真正了解我们自己、我们的周围，还有我们的世界。

国学大师饶宗颐说过，千万不要小看古人，我们的祖先其实是很聪明的，他们看待万事万物的态度，处理人与人之间的关系，在不同的环境下（有时候是顺境，有时候是逆境；有时候天下太平，有时候兵荒马乱），都有自己的主见、自己的分寸。他们不但能处理好和他人的关系，他们更重视的是学习，是充实自己，他们要增长自己的本领，提高自己的境界，他们要修身齐家治国平天下，他们非常在意自己的表现、智慧、人缘、成败，所有的这些都体现在传统文化经典著作里。

这些著作告诉我们，先贤们是怎样摸索出一套能够被中华民族，几千年来一代一代传承的一种方式、一种思路、一种经验、一种向往的文化智慧。我们静下心来，一起阅读经典，就能知道古人太不简单了，太聪明了。我们不但要学习他们的做人、修身，对待家庭、对待国家、对待天下的这一套办法，我们还要学习他们说话的本领。如果我们不看这些书，很多话我们都不知道是怎么来的，很多话我们都没有人家说得好。

比如孔子说一个什么样的人是好人，引用他评价他学生的话："不迁怒，不贰过。"不迁怒，就是自己碰到什么倒霉烦心的事，不会发泄到别人身上，找别人的闲碴。不贰过，就是一件事做错了，知道错了，第二次再也不这么做了。"不迁怒，不贰过"这六个字说得多棒，真是不服都不行。

孟子则说，"我善养吾浩然之气"，这句话迷倒了众多中国人。浩然之气，可不光是练气功。浩然之气，是文化的自信，是自己做事有底线、有原则，有自己愿意干的事，也有自己不愿意干的事。

老子说，"祸兮，福之所倚；福兮，祸之所伏"。我们难免会碰到一点灾难、一点麻烦，但是说不定这还给了我们机会，给了我们经验，能够让我们遇到更多的好事，使自己得到成长，得到发展。同样我们有了好事，如果沉迷在里头，也会遇到麻烦，好事也可能会变成坏事。这种说话的方法跟外国人是不一样的，跟现代人也是不完全一样的。我们如果读了这些书，就懂得这些说法，也就会说话了。

至于庄子，那就更绝了，中国有太多成语都和庄子有关。"朝三暮四""呆若木鸡""彼亦一是非，此亦一是非""庖丁解牛""游刃有余"……多少日常用到的词是从《庄子》里来的？我们从里边可以得到体会。

我们了解了这些古人，就知道古人真不简单，他们怎么那么会说？说到我们心坎儿里去了，几千年后我们仍没有忘记。现在中国发展得很快，全世界很多人都得益于中国人的智慧、中国的思维方式。殊不知身为中国人，我们的基因里都带着祖先的印记。当然也有些传统我们已经淡忘了,我们需要复习一下;还有些传统是不成功的,是糟粕,我们也应该知道,应该警惕。通过学传统、学经典,我们变得更聪明,更懂事,更有出息,更有品位。这是我对大家的祝福,也是我要带着大家读经典的原因。

王蒙

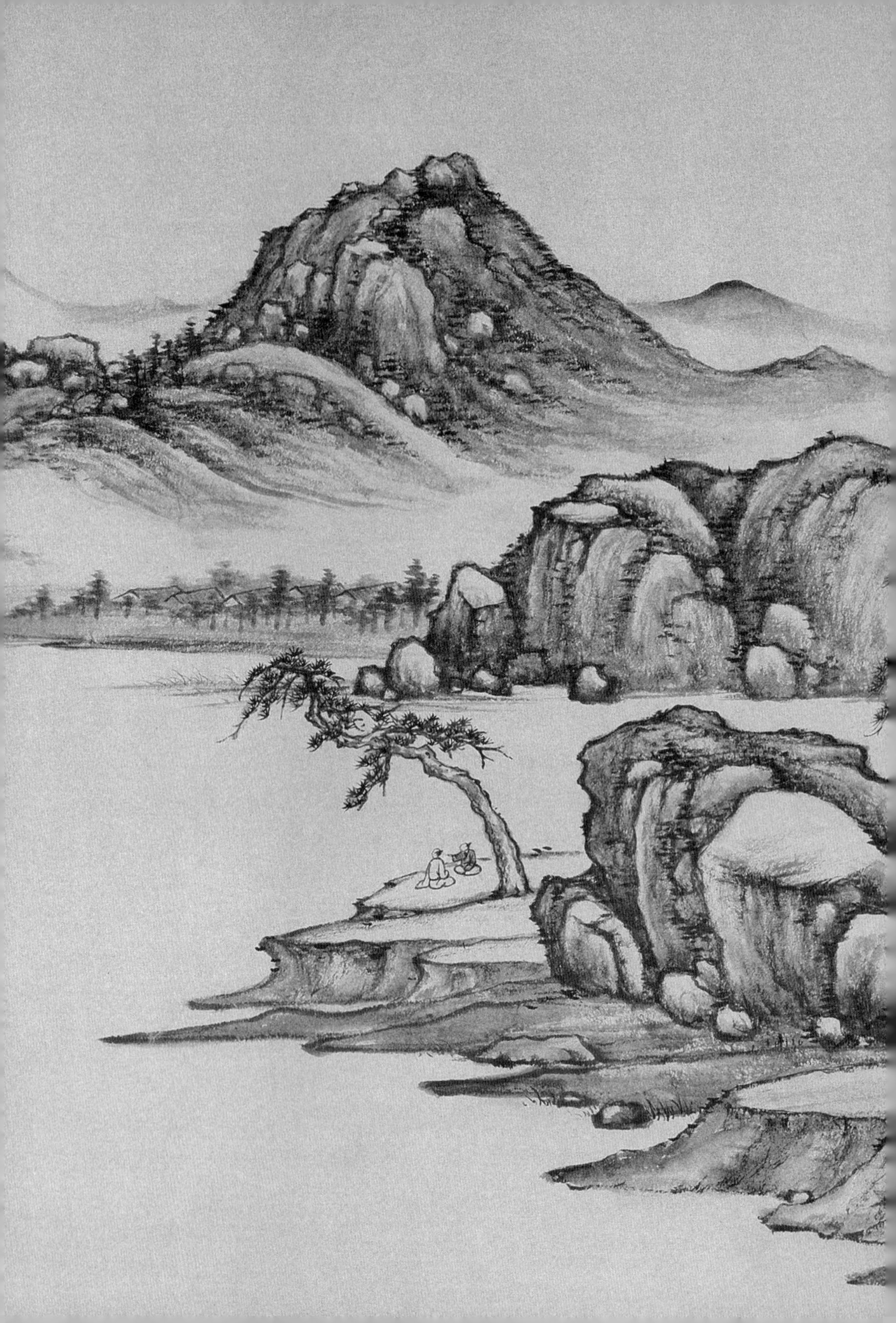

第一章 《论语》如坐春风

一、《论语》和孔子

《论语》也需要一个好开场白

> 子曰:"学而时习之,不亦说乎?有朋自远方来,不亦乐乎?人不知而不愠,不亦君子乎?"
>
> ——《论语·学而》
>
> 孟子见梁惠王。王曰:"叟!不远千里而来,亦将有以利吾国乎?"
> 孟子对曰:"王!何必曰利?亦有仁义而已矣。"
>
> ——《孟子·梁惠王上》
>
> 道可道,非常道;名可名,非常名。
> 无,名天地之始;有,名万物之母。
>
> ——《道德经·第一章》
>
> 北冥有鱼,其名为鲲。鲲之大,不知其几千里也。化而为鸟,其名为鹏。鹏之背,不知其几千里也。
>
> ——《庄子·内篇·逍遥游》

《论语》的开篇大家都很熟悉:"学而时习之,不亦说乎?""说"字读作"yuè",当"悦"讲,喜悦的意思。"有朋自远方来,不亦乐乎?人不知而不愠,不亦君子乎?"开篇就是三个问题,孔夫子到底要给我们讲什么呢?我们把孔孟老庄四本书的开篇都看一遍，就会觉得孔夫子的说法真跟别人不一样，他讲得非常亲切、非常平和。

《论语》开篇第一句话就说，你学习了，又常常温习它，这是多么快乐。当然对这句话也有不同的解释，有人说"习"当实践讲，就是你有一套学说，你能实践它，是多么快乐，对此我也不反对，这两种说法都可以存在。但我个人宁愿就把"习"当平常的学习讲，这样我们更容易接受。

第二句话更富有生活气息，一个老朋友你很久没见了，他从远方来了，这是多么快乐。我们甚至可以把前两句话联系起来：你学习过的一种知识，或者读过的一本书，或者懂得的一个道理，现在又温习了一下，就跟看到了从远方来的老朋友一样让人快乐。

第三句话说："人不知而不愠。"人家不了解你，不认识你，你不会因此感到生气。比如说你自以为很有名气、很了不起，但是别人不认识你，你不必为此生气。在我童年的时候，我还不是这么理解这句话的，我当时的理解是，当你看到别人做的某件事情或者说的某句话，令你略感不安或者不快的时候，你能够不生气、不计较。比如你眼睛长得小，正好听见有人在那儿说，"这个人小眼睛，太难看了"。他不一定是说你，因为你跟他没冤没仇的。即使是说你也没有关系，因为他不了解你的全部情况，不了解你的那些可敬的、有学问的、与人为善的故事，他议论一下有人眼睛小、有人眼睛大，不足以让你有什么恼怒、有什么不快。短短的一句"人不知而不愠"，显出孔子的一种很高雅、很纯正的劲儿，他不爱生气，你说这人多好！

你学了《论语》的说法，读了《论语》的这一段，你时时告诫自己什么样的人是君子。头一句孔子就告诉你了什么叫君子。那个人他不了解你，他说了某句话、做了某件事或者某个表情，你别嘀咕，不要动不动就接招，就跟人家斗上了，多没劲，是不是？而且你作为一个君子，应该有更高的志向、更高的趣味，不要为一些零七八碎的事动辄就跟别人结仇。

短短这么三句话，你觉得孔子是个什么样的人？他是一个可爱的老头儿，他是一个懂生活的老头儿，他是一个纯正的老头儿，他是一个与人为善的老头儿。他在培养你、教化你，使你也能有一种与人为善的态度；他在教化你，也要有一种学习能力，而且是要随时重温、消化、汲取、领悟的一种学习能力；他教化你，看到世界上的各种美好的东西，就跟看到老朋友一样，不要觉得它生疏，而要觉得它熟悉，并且感到快乐。

为什么我要讲《论语》开头这三句话？因为除了孔子，我还要讲孟子、老子、庄子，这是东周时期奠定诸子百家学术格局的四位非常伟大的人物。我们比较一下《论语》《孟子》《道德经》《庄子》这四本大书的开头，其实都很有趣味，因为这些开头，就表现了他们各自的风格、语气，也表现了他们各自的个性。

《论语》开头说的是："学而时习之，不亦说乎？有朋自远方来，不亦乐乎？人不知而不愠，不亦君子乎？"这是孔子。

《孟子》一上来就是"孟子见梁惠王"。梁惠王问："老爷子，你不远千里而来，能给我们的国家带来什么利益呢？"这其实也很正常，作为一个君王，梁惠王希望孟子的到来对他的国家有利，从梁惠王的角度来说没有什么特别让人责备的地方。可咱们这位孟子老爷子很坚定、很明确，他立刻就说："何必曰利？"干吗一见面就谈利益，"亦有仁义而已矣"。我们也可以谈谈仁义道德，谈谈大道理，谈谈人应该有的修养，谈谈一个诸侯王应该有的修养，你梁惠王就是一个诸侯王，这不是更重要吗？这孟子不是善茬，他特别讲原则，一句话就把梁惠王给顶回去了。

接下来他又说，如果在一个邦国——就是我们所说的诸侯国——大家都在追逐个人的利益，君王追逐君王的利益，大臣追求大臣的利益，小官员追求小官员的利益（他主要说的不是老百姓，没有不让老百姓追求利益。孟子主要是说掌握权力、掌握管理权的这些人），如果他们每个人都追求个人的利益，对国家来说不是好事，甚至会有某种危险。他的这个说法是高大上、是坚持原则的，他是不允许你从最根本的原则上离开而谈其他次要的事情的。

当然根据现代的说法，我们不能把利和义截然分开，"义"在这里不是义气的意思，它是指"义理"，用现代的语言讲就是原则，就是什么事都得讲原则，比如我们说一个东西的含义、意义，都是这个义。关于"利"，也就是利益，如果是一个人的利益，或许可以说这是私利，但是如果是一群人的利益、一个集体的利益、一个邦国的利益，甚至是整个国家的利益，它不见得就不跟"义"（义理）有关系。但是不管怎么样，孟子的这种鲜明和坚决的态度给人留下了深刻的印象。

《道德经》的开头更有意思了，这个著名的开头没有几个人能够想明白，说明白。"道可道，非常道；名可名，非常名。无，名天地之始；有，名万物之母。"接下来几句话是关于"道"的："玄之又玄，众妙之门。"开篇先告诉你，我这个"道"玄之又玄。"玄之又玄"是什么意思呢？不是说它靠不住，而是说它太高深、太抽象了。我没和你说具体的事，我没告诉你怎么挣钱，我没告诉你怎么念书，我没告诉你怎么升官发财，我讲的是人间的、世界的、宇宙的大道理。这个大道理讲的就是"道"。"道"就是最根本的道理，"名"就是最根本的概念，"玄"就是抽象和高深，"妙"就是你掌握了我这个道，你就什么都掌握了。可以说一听老子讲的这一点，你会肃然起敬，觉得他高、远、深、玄。

《庄子》的开头是一个很有名的故事："北冥有鱼，其名为鲲。"北海那边有一条大鱼，这条大鱼有几万里那么大的脊背，然后它变成一只鸟，就是大鹏。这个大鹏本身又是几万里那么大，它飞到天上去以后，翅膀就像整块云彩一样可以把半块天给占住，可真吓唬人。但除了吓人，也让你觉得他的这个想法怎么这么奇怪，他怎么能想出这玩意儿来，这是一般人完全想不到的。我称庄子的特点为"奇"——奇怪、奇特，他跟谁都不一样。他绝门，他恨不得一说出来就先在这世界占上一块位置。还有"通"，庄子讲什么都是相通的，他讲大的、小的都是在讲通的道理。

对比完这四本大书的开头，我们回过头来就知道为什么我说阅读《论语》是"如坐春风"了。因为孔子的那些话既是很自然、很普通的，又是很高雅、很美好的。他不但有个人对于美好生活的追求，而且他也相信我们每个人身上本来就有美好的东西，可以做得越来越美好。

孔子名言离我们有多近

子贡问曰："有一言而可以终身行之者乎？"子曰："其'恕'乎！己所不欲，勿施于人。"

——《论语·卫灵公》

子贡曰："如有博施于民而能济众，何如？可谓仁乎？"子曰："何事于仁，必也圣乎！尧、舜其犹病诸！夫仁者，己欲立而立人，己欲达而达人。能近取譬，可谓仁之方也已。"

——《论语·雍也》

子曰："君子成人之美，不成人之恶；小人反是。"

——《论语·颜渊》

哀公问："弟子孰为好学？"孔子对曰："有颜回者好学，不迁怒，不贰过。不幸短命死矣，今也则亡，未闻好学者也。"

——《论语·雍也》

子曰："不患人之不己知，患不知人也。"

——《论语·学而》

子曰："不患人之不己知，患其不能也。"

——《论语·宪问》

我们知道孔子有一些名言，讲了一些做人、做事的道理。其中最有名的是八个字："己所不欲，勿施于人。"就是你自己不希望发生的事情，你自己不想碰到的事情，你自己不想遭遇的对待，那么你也不要用这种不被你所喜欢、所接受的方法去对待别人。在联合国大厦里就有这八个字，它是国与国关系的黄金法则。这是一个很重大的事情，说明了孔子的教导具有普世性和巨大意义。

西方的一些大学问家对孔子的看法是不一致的，比如黑格尔就看不起孔子，他说读了《论语》还不如不读，原因在于黑格尔是一个学者，是一个专家，而孔子的追求并不是成为一个学者、一个专家。孔子追求的是经世致用，是给掌握权力的诸侯君王出谋划策把这个社会建设好，所以他的理论不能太深奥。

但是法国的启蒙主义者、大思想家伏尔泰高度评价了孔子的这句话，对孔子佩服得不得了，什么原因呢？因为启蒙主义者的思想中有一条就是要把人从中世纪的宗教控制里解放出来。在那时的欧洲，一件事应该这样做、不应该那样做的依据都是《圣经》里写的上帝说了什么、圣母说了什么。所以，启蒙主义者佩服孔子，孔子说"己所不欲，勿施于人"，就是用人间的道理、用人间的逻辑来代替上苍、上帝、超人间的神的意志。为什么有些事不要做？很简单，因为你自己就不希望碰到这种事。比如受到侮辱，这是你最不愿意碰到的，那你就要尊重别人，千万不要去侮辱别人；比如受到掠夺、财产被别人侵犯，这也是你最不愿意碰到的事，你丢了钱会大骂小偷，那么你也不要掠夺别人的财物，人身安全也一样。

孔子就用这样一种人间的逻辑代替了上帝的逻辑、圣母的逻辑、宗教的逻辑，而且讲得这么清晰，这么无可辩驳。你自己不愿意碰到的事，你不要对别人做，这难道还有什么可怀疑的吗？能推翻吗？能说自己不愿意碰到的事，但是可以对别人做吗？进一步讲，如果是国与国的关系，那就更明白了，你不愿意被侵略，你就不要侵略别人；你不愿意被剥削，你就不要剥削别人；你不愿意被欺骗，你就不要欺骗别人。

所以孔子的这句名言是被全世界所接受的，成为全世界的一个黄金法则，这是非常了不起的。孔子另一句与此类似的名言就是"己欲立而立人，己欲达而达人"，你希望自己站得住，希望能够维持自己的生存、独立和健康，你就要帮助别人也站稳了。如果别人都站不住，都处在饥寒交迫之中，都处在失去人身自由之中，或者都处在被疾病、被灾难所控制、所折磨，甚至是活不下去的情况下，你怎么能够站得很好？你怎么可能生活得很快乐？所以你自己要想站得住，就要帮助别人站得住。"达"就是发展，你自己希望能有所发展，希望能够提高自己的能力，希望能够提高自己的社会地位，希望能够对家国有贡献，希望自己的生活能有改善，这都算是发展，既然你有这种愿望，你就要帮助别人也实现这种愿望。

孔子另外也说过："君子成人之美。"就是帮助别人达到他的美好的目的。你帮助了别人，别人就会帮助你；你辅助了别人，别人也会辅助你；你对人家好，人家才能对你好，这是一个很简单的道理。人家原来很愿意接近你，很愿意和你有所交流、来往互助，但是你对别人老是心存坏心眼儿，那慢慢地人家就躲开你了。这是没有一点含糊的道理，这个道理被孔子总结得非常好，用一种非常可爱的方式来加以叙述和说明，我特别欣赏。

孔子在说到他的一个弟子的时候，他说这个人非常好，叫作"不迁怒，不贰过"。"迁怒"，这是人最容易犯的一个毛病，自己有点不高兴，马上去找别人的碴；或者自己这件事做错了，不是想自己的不足，而是马上想到那天自己受到干扰了，那天有谁用一些自己不感兴趣的事跟自己瞎纠缠，纠缠完自己把该办的事都给落下了。比如，我曾经去过一个保龄球馆，保龄球馆在门口处贴着一条提醒：如果您没有打中，请不要埋怨球道。这说明人很容易有迁怒的毛病。

还有"不贰过"也非常难，就是你办错了一件事，但是你会不会第二次又犯这样的错误？你明明知道它错了，但是你又犯了。这一类的事也有很多，因为人通常会有些坏的习惯、懒惰的习惯。我个人觉得"不迁怒，不贰过"这六个字太好了，而且我要老老实实地向朋友们承认我远远还没有做到这一点，我也有迁怒的时候，更有贰过的时候。比如放东西，我没有一个明确的规则，今天把东西放这儿了，明天把东西又放那儿了，找东西的时候就很费劲，这种事我其实"贰"过、"十二"过，"二十"过可能都有了。这说明什么？孔子说的这些道理跟每个人都有关系，我们都有可能做到，但也都有可能做不到。你做不到的时候，但你能记住孔子的这六个字"不迁怒，不贰过"，按这六个字去做，你就显得比别人修养好一点，显得比别人境界高一点，这是特别中用，对人特别有益处的话。

孔子还有一句话，他说："不患人之不己知，患不知人也。"大意是我不怕别人不了解我，我怕的是不能正确地了解别人。孔子还有一句话跟这句话构造很相似："不患人之不己知，患其不能也。"意思是我不怕人家不知道我，而怕他虽然知道我，但他委托我办的事，我办不成，我其实没有那个能力、那个学识、那个智慧、那个品德。

我觉得孔子这两句话太明白了，你整天就说这个人不了解你，那个人不了解你，老有那么一股子怀才不遇的劲儿，觉得自己很能干，没得到机会，可是你想一想，你了解别人吗？你了解事务的困难吗？尤其是你的能力够吗？你的能力能够胜任许多更重要、更伟大的事情吗？这样的一个思路你不能不佩服，因为孔子的思路是一个扩大的思路，是一个谦虚的思路，是一个要求自己的思路。这叫"反求诸己"，就是遇到什么困难，不想别人的错，首先想自己的能力够不够这样的一个思路。

我们从以上这些名言当中，知道了孔子这个人是多么合情合理，多么务实高尚。这些名言对我们每个人的每一天的各种事情都有启发的意义。

从丧家狗到万世师表

孔子适郑，与弟子相失，孔子独立郭东门。郑人或谓子贡曰："东门有人，其颡似尧，其项类皋陶，其肩类子产，然自要以下不及禹三寸，累累若丧家之狗。"子贡以实告孔子。孔子欣然笑曰："形状，末也。而谓似丧家之狗，然哉！然哉！"

——《史记·孔子世家》

孟子曰："伯夷，圣之清者也；伊尹，圣之任者也；柳下惠，圣之和者也；孔子，圣之时者也。孔子之谓集大成。集大成也者，金声而玉振之也。

金声也者，始条理也；玉振之也者，终条理也。始条理者，智之事也；终条理者，圣之事也。智，譬则巧也；圣，譬则力也。由射于百步之外也，其至，尔力也；其中，非尔力也。"

——《孟子·万章下》

孔子和儒学的历史命运的第一部分，就是从丧家狗到万世师表。"丧家狗"，《史记》上就有这样的记载，孔子在郑国和他的学生走散了，一个人在城门边站着，等着和他的学生会合。这时候子贡过来了，跟孔子说，刚才听到郑国人在那儿议论，议论的人就是老师您。他们说，有一人在那儿站着，他的脸颊像唐尧，他的脖子像皋陶，他的肩膀像子产，但是腰部以下比夏禹的还差上三寸。看上去挺不精神的样子，好像一只无家可归的狗。

孔子听了哈哈大笑，他一点儿没生气，说道："描述我长得到底什么样不重要。说我是丧家狗，这可真是说对了。"为什么？孔子这一生东跑西颠，想推行他自己的学说、理念、信仰，希望用仁义道德来治理天下，希望用中庸之道来治理天下，希望用人性的美好来优化世道人心。但是当时的诸侯君王正处在一种争权夺利的狂热之中，他们看重的是功利，是发展自己的权势，战胜别的诸侯国家，乃至于统一天下。

可是孔子说的是世道不好，人心不好。人心好了，你就能够起到教化示范的作用，大家自然要拥护你，都拥护你，你一定就成功了。而那些人心不好的人、道德不好的人就要毁灭，就要失败，你自然就胜利了。

这话说得倒也挺"好听"，可是见效慢。正所谓"急中风碰上了慢郎中"，中风了，急的是赶快先对症治疗，如是脸偏了，先把脸正过来。而孔子说的是先从增强免疫力做起。

《史记》的作者司马迁的父亲司马谈有一篇很有名的文章《论六家要旨》，专门谈论春秋时期诸子百家当中重要的六家要旨。文章里面说，孔子这套学说"博而寡要"，就是孔子讲的内容牵扯太多方面了；"劳而少功"，很辛苦，但是一时半会儿见不到效果。讲的内容太多，让人抓不着要领，不知道该干什么，从哪儿开始。因为孔子各个方面讲得都很在行，都很有道理。这是司马谈对孔子的评价。

但是司马谈也说，孔子能够讲清楚君臣、父子、夫妻、长幼应该有什么样的关系，应该有什么样的秩序，这个是毋庸置疑的，也是不可改变的，意义重大。

孔子在各个诸侯国东奔西走，始终没能在一个地方安安稳稳地推行他的政治主张。孔子的志趣不是当学者，他的目的是想真正干一番事业。唐玄宗李隆基有一首很著名的怀念孔子的诗，首句为"夫子何为者"，问孔子这一辈子忙了些什么呢？接着是"栖栖一代中"，说孔子这一代很不安定，没有达到他的理想。

孔子想从根本上扭转局面，力挽狂澜于既倒，希望当时的世道人心回到唐尧、虞舜、夏禹那个时期，至少是回到周文王、周公那个时期，所以他认为关键在于世道人心，在于教化，在于文明，在于道德，在于仁义。

但是当时各诸侯国急的是争权夺利，一个压过一个，一个吃掉一个，而这需要的是富国强兵，需要的是谋略布局，然后让别人进自己布的局，进自己下的套。所以孔子讲的仁义、道德、文化、教育、敬仰、礼貌、善意，这一堆东西就变成"慢郎中"。大家越听越觉着，孔子说的都是空话，用不着。所以孔子这一生很多理想并没有实现。

后来朱熹说得就更严重、更激烈，他说孔子那么多伟大的思想，但是在各朝各代没有一天施行过。当然朱熹说得过于偏激了，这么说又把孔子的影响全否掉了。虽然孔子的政治主张实行得不够好，但是孔子的思想深入人心，他影响了一代又一代的中国人。所以即使是没有完全实现的理想，当它一旦被人们接受，就任何时候都不可以轻视它，不可以忘记它。

秦朝时君王们很痛恨儒家。因为儒家虽然讲了一些很好的理论，但同时喜欢指手画脚，喜欢批评这些君王，认为这些君王这点做得不仁，那点做得不义；这点做得扰民，那点做得违背了农时。秦始皇焚书坑儒，说明他对儒家是非常不感兴趣的。但是到了汉代以后，各个方面、上上下下，都体会到了孔子思想的好处，孔子主张以德治国、为政以德，讲社会秩序，主张孝悌忠信、礼义廉耻、仁义礼智信、温良恭俭让、恭宽信敏惠。这些美德实际是非常好的，对社会的安定是有利的，是有好处的，所以老百姓心里头觉得孔子的学说，还是比较容易接受的。

而且汉代的皇帝越来越感觉到，宣传别的学说更麻烦，宣传法家，大家都集中在一拳一式，都集中搞这个，老百姓既不中意种田，也不中意经商；既不中意盖房子，也不中意生儿育女，而是都在那儿想着争权夺利，这个也够可怕的。所以汉代以来对孔子的标榜，正面的话就越来越多。

虽然孔子这一辈子在政治上没掌握过实权，但是他也是圣人。孟子说孔子是集大成者也，说孔子是金声玉振，像金声一样开始，像玉振一样结束，有头有尾；又说孔子是玄圣素王。"玄圣"就是靠各种深刻的、概括性强的道理教化人民，使其成为圣贤；"素王"就是没有权力，没有封地，没有被统治的大众，但是其起的作用和君王一样。

往后一步一步发展，又给了孔子各种各样的称号，有说是大成至圣先师。第一，他是集大成者。如孟子所说，孔子是集中了各个方面圣贤的优点，他是至圣，他是圣人中的圣人，是圣人中的顶端、圣人中的极致。先师，他又是我们整个国家、整个民族最早的全民的老师。又有的把孔子封为文宣王，在宣扬文化方面，孔子就是君王，人们对孔子的推崇可以说是达到了极点，修孔庙，修孔林。尤其有意思的是，在元朝蒙古族入主中原掌握了统治权力，在清朝满族入主中原掌握了统治权力，这两个民族都是游牧民族。他们的语言，不属于汉藏语系，而属于阿尔泰语系，那边是蒙古族的语言，这边有满族的语言，满族的语言属于通古斯语。但是在尊孔、敬孔、提倡孔学这方面，他们比有些汉族的君王做得还厉害，还重视。这也是为了求得天下认可，就是说我并不是为了毁灭你们的文化，而是要弘扬你们的文化，使你们的文化能够得到继承、得到发展。所以这个时候，也有对孔子的各种提倡、各种美谈，以至于有的地方对孔子的信仰，已经接近于宗教，对孔子祭祀、祭拜、怀念、许愿、还愿，完全称之为庙,所以中国俗话管纪念孔子的场所,称为文庙,而且这种文庙,不仅在中原有,在边疆地区、在少数民族地区也有,在东南亚也有,在很多其他的邻国当中也都有。

孔子确实被树立成一个全民的圣人、一个有着几千年历史的圣人,成了中国最有代表性的人物之一,直到现在我们还在努力地操办着,比如在世界各地都设立了孔子学院等。

《论语》的现代意义

季路问事鬼神。子曰:"未能事人,焉能事鬼?"曰:"敢问死。"曰:"未知生,焉知死?"

——《论语·先进》

子不语怪、力、乱、神。

——《论语·述而》

子曰:"不降其志,不辱其身,伯夷、叔齐与!"谓:"柳下惠、少连,降志辱身矣,言中伦,行中虑,其斯而已矣。"谓:"虞仲、夷逸,隐居放言,身中清,废中权。我则异于是,无可无不可。"

——《论语·微子》

子曰:"德之不修,学之不讲,闻义不能徙,不善不能改,是吾忧也。"

——《论语·述而》

曰:"言必信,行必果,硁硁然小人哉!抑亦可以为次矣。"

——《论语·子路》

今天,我们该怎么看待《论语》呢?对我们有什么意义呢?有一点非常明确,《论语》在今天仍然有重大的意义。

首先,《论语》在今天的中国不仅仅是一本书,而是一个传统,是文化的积淀。在老百姓当中，不管有没有读过这本书，都受《论语》里的思想、见解和价值观念的影响。比如说"为政以德"，就是重视人的道德。今天我们在选拔干部时、在对社会人物的认识上仍然参照这条。

从积极的方面来说，我觉得《论语》有几方面与其他的传统不同。第一是它的此岸性，孔子尽量回避或者不多谈属于彼岸的、死后的事情。他说的就是我们当下生活的这个社会、时代。用佛家的说法即此岸，而不是彼岸。也就是说，把当代的生活、现实的生活当作我们关注的对象。

孔子说："未知生，焉知死？"你如果连怎样生活都说不清楚，又怎么可能知道死后如何如何？《论语》中："子不语怪、力、乱、神。"就是不说这些没有现实根据的事情，孔子注重的是现实，是此岸，他尽量避免和人们去争论，因为没有办法论述，既没办法证明，又没办法证伪地去谈神、鬼这一类的事情。

第二是它的积极性。孔子提倡人要坦荡荡，要喜欢山，喜欢水；提倡学习，提倡人应该成长，十五岁怎么样，二十岁怎么样，三十岁怎么样，四十岁怎么样，他有各种的说法，人应该很好地成长；孔子主张"学而不厌，诲人不倦"，就是学习不应该感到厌烦，教育不应该感到疲劳。他处处都鼓励一个人向上。"我欲仁，斯仁至矣。""我"只要想做一个好人，"我"就能成为一个好人。孔子的这种正面的鼓励性的说法，是有积极性的。

它和另一种文化就有一些不同。比如说在其他一些国家，甚至于在曾获得诺贝尔文学奖的德国大作家海因里希·伯尔的小说里，都看到同一个故事：一个渔民在河里网鱼，鱼特别多，他一个人没办法收起这些鱼。正好河边树底下有一个小伙子在睡大觉，他就叫醒那个小伙子，让小伙子帮他打鱼。小伙子说："我睡得挺好的，打鱼干什么？"渔民说："我给你钱，有了钱，你就可以过幸福的生活，可以出去旅游，可以买这个，买那个。"小伙子又说："现在对我来说，睡觉就是最幸福的生活。"这个故事也包含了一种文化，它缺少一种积极性、奋斗性、勤勉性，它和孔子鼓励人积极地工作、学习、生活是不一样的。

另外，孔子还很亲切，说什么事都合情合理，恰到好处。不左不右，中庸之道，我称其为中庸理性。孔子很理性，不情绪化，也不极端。他指出过犹不及，因此自己也不太过。另外，孔子也并不死心眼儿，不较劲，不自己故意跟自己过不去，他认为要根据不同的时间、不同的地点、不同的条件，不断地调整自己，不断地有所选择，不要动辄使自己陷入一个不能选择、不能变化、不能调整的处境。

孔子有句很有名的话，叫"无可无不可"。这句话体现了我们的传统文化的灵活性、可塑性。孔子还有一个长处，他很注意向别人学习，见贤思齐。是好东西他就学，是好东西他就要想办法跟对方看齐。这个也是对人有好处的。而且他并不强求马上就有收获，有困难也不要紧，东跑西颠也不要紧。别人笑自己是丧家之犬也没有关系，因为他有自己的最美好的理念，他有自己最合情合理的说辞，他注意在各个方面要求自己，坐有坐的样子，站有站的样子，见朋友有见朋友的样子。这些在今天也是有指导意义的。

尤其是孔子的改善世道人心的思想，我甚至觉得他是为今天而说的，他在2500多年前就已经针对我们21世纪的中国说，要注重学习，要讲究道德，见着善，见着好东西要为之感动；只感动不行，还要有行动，见着不善要反省，要参考，要注意，要警惕。

孔子说："德之不修，学之不讲……是吾忧也。"你不注意修养身心，不注意一块儿学习来讨论有关的问题，这个是令人忧虑的。尤其是在今天，大家都在忙于赚钱，都希望自己的生活好，这当然是很正常的。但是社会上有些风气值得思考。比如说，前两年媒体都在讨论：在街上看见一个老太太晕倒了，要不要把她扶起来？如果要扶起来，你可得小心，弄不好老太太讹上你了，说是你把她给撞倒的。所以有的人做好事之前请人先录像、先拍照，证明自己是为了做好事才来帮助她的。这个太让人担忧了，这个时候我们更想念《论语》里的教导。但是过于夸大《论语》的好处、优点，我们也是不赞成的。比如自古就有这么说的，说"半部《论语》治天下"，好像读《论语》只要学上一半，领会到一半，你就足可以治国平天下，搞得天下太平了，这个就有点夸张了。《论语》里并没有怎么讲如何发展经济，只是有些地方提到了对于农时要注意，提醒君王诸侯，办什么事不要影响农民种地，但是整个的经济如何大规模地发展，那个时候不可能想得到，也不可能有那种意识。

孔子讲道德，但是经济不仅仅是一个道德的问题，人的发展需要有正常的、有序的、合理的竞争。可是我们传统文化对竞争非常警惕，因为人与人竞争会出些不好的事，所以孔子不鼓励竞争。

不只是孔子，孟子、老子、庄子也都不提倡竞争，这是孔子的缺陷。其他的缺陷当然还有，如孔子对妇女的轻视。我们没法替《论语》隐瞒。

君子与小人的说法非常重要，就是每个人对自己应该有类似精英的要求，有更高的精神境界的期许，就是对自己的要求比一般人要高一点，这个非常好。但是孔子把日常的劳动看成是小人才认真的事情，这个说法也并不妥当。一个大人物大事做得好，小事也应该做得好。比如说我们现在都认为"言必信，行必果"，就是你说每一句话都要兑现，你做每件事都要做出成果来，做出结果来。可是我们想不到的是，在《论语》里面，孔子讲这两句话的时候，认为这是小人的标准。大人物的标准、君子的标准比这个更高。因为大人物、君子每天说那么多话，每一句话都百分之百地兑现，不一定做得到。

孔子的说法虽然有一定的道理，但是从传播和接受的意义上，我们看得出来，"言必信，行必果"，还是被人们接受了。人们并没有被《论语》所误导，并没有被孔子所误导：把"言必信，行必果"看成是小人的标志，而把"言不必信，行不必果"看成是君子的标志。这说明人们有能力消化《论语》，人们有能力鉴别《论语》。

在今天，《论语》对我们仍然意义重大，同时我们用今天的文化思想、发展的程度来更好地理解《论语》，更好地接受《论语》，能够对《论语》有所选择和鉴别，那就更好了。

二、孔子说德

孔子向往的美好善良

子曰："德之不修，学之不讲，闻义不能徙，不善不能改，是吾忧也。"

——《论语·述而》

"唐棣之华，偏其反而。岂不尔思？室是远而。"子曰："未之思也，夫何远之有？"

——《论语·子罕》

子路、曾皙、冉有、公西华侍坐。

子曰："以吾一日长乎尔，毋吾以也！居则曰：'不吾知也！'如或知尔，则何以哉？"

子路率尔而对曰："千乘之国，摄乎大国之间，加之以师旅，因之以饥馑；由也为之，比及三年，可使有勇，且知方也。"

夫子哂之。

"求，尔何如？"

对曰："方六七十，如五六十，求也为之，比及三年，可使足民。如其礼乐，以俟君子。"

"赤，尔何如？"

对曰："非曰能之，愿学焉！宗庙之事，如会同，端章甫，愿为小相焉。"

"点，尔何如？"

鼓瑟希，铿尔，舍瑟而作，对曰："异乎三子者之撰。"

子曰："何伤乎？亦各言其志也。"

曰："莫春者，春服既成，冠者五六人，童子六七人，浴乎沂，风乎舞雩，咏而归。"

夫子喟然叹曰："吾与点也。"

三子者出，曾皙后。曾皙曰："夫三子者之言何如？"

子曰："亦各言其志也已矣。"

曰："夫子何哂由也？"

曰："为国以礼，其言不让，是故哂之。"

"唯求则非邦也与？"

"安见方六七十如五六十而非邦也者？"

"唯赤则非邦也与？"

"宗庙会同，非诸侯而何？赤也为之小，孰能为之大？"

——《论语·先进》

    孔子的一生有一个很大的忧虑，他说："德之不修，学之不讲，闻义不能徙，不善不能改，是吾忧也。"他最忧虑的就是世道人心不好，人们变得越来越不善良，不讲道德，不讲学习。但孔子并不因为有这个忧虑，就给大家很生硬地树立一个规则，或者只是从外部施加某种影响，他追求的是每个人能从自己的本性当中唤起最善良、最美好的部分。

    孔子有一个说法是我最感动的，在《论语·子罕》里他引用了《诗经》上的一首诗，但是跟《诗经》的原文不完全一样。他说："唐棣之华，偏其反而。岂不尔思？室是远而。"大意是唐棣花吹过去了，又返回来了，我怎么可能不想念你呢？我非常想念你，你在风中摇曳的姿态是多么美丽。虽然我这么想念你，但是我又感觉我离你是那么遥远。

我们现在分析一下，这应该是一首表现爱情的诗。但是孔子这个老爷子他最可爱之处，就是把对爱情的追求、对爱情的思念，能够升华，能够提升，变成对美德、对人的最美好的精神境界、对人的最可爱的品性的追求和思念，所以他就把一首爱情诗提升了一层。他认为"唐棣之华"表现的是人的美好，表现的是人性的善良，表现的是生活的美好，表现的是对生活的幻想和需求。他认为人人离"美好"这两个字都非常近，因为美好不是一个外在的东西，不是一个需要特殊条件的东西，而是你的心性的善良所造成的东西。所以他说一切美好的东西，你想着它，你喜欢它，你向往它，你追求它，这个美好的东西就来了。但是有人会说，美好的东西虽然很好，但是离我太远了，这个时候孔子就说："夫何远之有？"这又有什么远的？因为一个美好的人、一个美好的性格、一个对他人的美好的态度，这是人人都能够做到的，富人能够做到，穷人也能够做到；地位高的人能够做到，地位低的人也能够做到。

鲁迅就写过一个小故事，写一个人力车夫，就像骆驼祥子那样的人，他的美好使鲁迅受到了感动，所以美好这件事情是人人都可以做到的。孔子又说了这么一句话："我欲仁，斯仁至矣。"他说一个人要想做到仁又有什么困难的呢？只要我愿意，只要我希望自己能成为一个仁爱的人，那么就会实现。因为仁就是人的心灵上的一种愿望，一种爱别人的愿望，一种关心别人的愿望，一种帮助别人的愿望，而不是一种对别人仇视的心理，不是一种只知道提防别人的心理。

这个观点真是非常有意思，孔子认为你只要呼唤美好，只要唤醒你自己心头的那种最美好的东西，你就会成为一个美好的人，成为一个仁爱的人，成为一个受欢迎的人，成为一个能够帮助别人的人。

读《论语》的人最喜欢的还有一段，也特别有名。《论语·先进》里孔子和他的几个弟子在那儿聊天，孔子说，咱们今天随便聊一聊，你们不要觉得我年龄比你们大那么一两天（这个所谓大一两天是谦虚的话，我无非就是比你们岁数大一点点的意思），你们自己心里是怎么想的，你们都说一说，于是这哥几个就聊上了。

子路头一个说，他如果到一个有一定规模的诸侯国，他能够把这个国家搞得很强盛，用三年左右的时间，使一个国家打仗都不输。孔子听了就笑了，觉得子路说的略略有那么一点莽撞。

然后他又问冉求，你的志趣是什么呢？冉求就说他的志趣是解决人民的温饱。他如果到一个不大不小的国家，有三年的时间能够改善那里的民生，要能够让人民吃得饱穿得暖。听完孔子点点头。

然后孔子又问一个叫公西赤的学生。这个学生挺有意思，他说他做管典礼的小官就可以，在祭祀祖先或者是外交活动的典礼上，他穿上管理典礼的人的服装，主持活动，操持活动，使典礼能够完美无缺。听完孔子也笑了。

最后孔子问曾子（曾参）的父亲曾皙，说那你的志趣是什么？曾皙也很有意思，在他们谈话的时候，他还在弹着琴。弹琴的声音可能也不会太大，只是作为小小的背景音乐。听到孔子问话，他就把琴声停了，起来说他跟他们想的不太一样。他说，人生最高兴的事是什么呢？到了暮春，大概是农历的三月吧，天比较暖和了，这个时候大家就换上春装了，把冬天相对厚重、麻烦的衣服换了，和几个小孩子一起出去玩（他也没有说是玩，就是说和他们在一起，但是我感觉有点春游的意思），他们能够渡过沂河（还有的解释说是在沂河里洗澡，但是这个"浴"字在这儿是不是当洗澡讲，我略略有一点怀疑，因为春天的时候水还是非常凉的），到求雨的雨台上吹吹风、跳跳舞（这个舞蹈在当时和求雨、祭祀以及带有某些民间宗教色彩的活动也是有关系的），好好地享受一下春天的美好，结束后一边唱着歌一边就回家了。他觉得这个是最高兴的。

这是一段特别有名气的话，他说："莫（暮）春者，春服既成，冠者五六人，童子六七人，浴乎沂，风乎舞雩，咏而归。""咏"就是唱歌，应该也包括用一定的腔调朗诵诗，这样回来是多么快乐的事。他讲的实在是非常可爱，孔子马上就表示，你这个志趣很好，我赞成你这个志趣。

孔子并不是一个只讲道学，只讲修齐治平的人，他有一种从容，他有一种对生活本身的热爱，而且他有享受生活的一种志趣。这种享受和金钱无关，和地位无关，这种享受本身又朴素又高雅。那享受的是什么呢？享受的是春天，享受的是朋友相聚，享受的是河、风以及大自然。所以，孔子有这样一种既高尚，又朴素简单的态度，一种对人生的肯定、对世界的肯定、对生活的肯定。

这真是一个好人，如果我们能够多多少少地学到孔子这样的态度，我们的生活会是多么幸福。孔子特别重视人们要滋养自己的美德，要发扬自己的善良，对待一切人、一切事都要讲仁义道德，这样就可以减少纷争、减少恶斗、减少混乱、减少厮杀。同时，这样做的结果也可以使一个人的心情比较好，可以让人往君子方面发展、往美好方面发展。孔子的逻辑其实很简单，人心都好了，就不可能去做坏事，谁都不做坏事，这个世界怎么会变得恶劣？

如何才能活得更有格局

子曰："知者不惑，仁者不忧，勇者不惧。"

——《论语·子罕》

子曰："好学近乎知，力行近乎仁，知耻近乎勇。"

——《礼记·中庸》

孔子对于美德有许多的说法，讲得很细腻，讲得很周到。我们现在回顾一下他的这些说法。

先说一个字的"仁"。"仁"简单地说就是爱别人、有好心、做好人。两个字的"孝悌"，孔子认为孝悌就是"仁"的表现，在家里对父母孝顺、对兄长尊敬爱护，这就叫"孝悌"。还有一个两个字的说法，就是"忠恕"，因为孔子的弟子曾经总结过孔子的道，主要就是"忠"和"恕"。"忠"是对长上、对父母；"恕"是对朋友、对兄弟、对周围的人。

还有一些四个字的说法，我觉得也挺有意思。他说什么呢？他说"知者不惑"，就是一个有智慧的、聪明的人，不会感到困惑。"仁者不忧"，一个有仁爱之心的、有好心的人，不忧愁。"勇者不惧"，一个勇敢的人，不害怕。勇敢的人不害怕，好像很容易懂，其实也不那么容易懂。为什么呢？因为中国的传统文化对"勇敢"下的定义不是说你敢打敢拼，有一个说法叫作"知耻近乎勇"，就是你知道做什么事是很羞耻的，你应该维护自己的尊严，不做丢人的事，这才是勇敢。所以孔子说"知耻近乎勇"，这是他说得比较深的一句话。

然后他说"力行近乎仁"，这也很有意思，就是做好人主要是看你是否"力行"，是否努力干、好好干、实际干，要看你的行为，而不是看你所标榜的。"好学近乎知"，爱学习的人就离智慧不远了，这个说法也很可爱。

"知者不惑"，这里我想说的是，我们有时候会碰到另一种情况，就是"知者惑"，因为一个人学问多，他想什么事都有这个道理，又有那个道理，这么做有这方面的顾虑，那么做有那方面的顾虑，所以知者也可能惑。那为什么孔子认为"知者不惑"呢？很简单，就是你要有大智，从更大的格局上能够有一种很简明的对是非的看法，不把事情彻底复杂化。如果你的智慧把世界彻底复杂化，好人坏人也分不清了，你反倒会更加迷惑了。你有大的格局，又有一种很简单、清楚、明白的对世界的反应，你的困惑就比较少了。

四个字的还有加在一块儿说的："孝悌忠恕，孝悌忠信。"这不是孔子本人提出的，是孔子的思路，是从管仲那里总结的，也就是"礼义廉耻"。"礼义廉耻"对于官员尤其重要，要讲规矩、讲原则。"廉"，廉洁奉公，不能贪腐。"耻"，自己不能做丢人的事，不能做现眼的事，不能做不符合人民的舆论、人民的愿望的事。所以，"礼义廉耻"也很重要，有人把这个称为"四维"——四个维度、四个方面。还有的把孝、悌、忠、信、礼、义、廉、耻这八个字，说成是一个社会的八德，即八个最根本的原则、八个最重要的纲领。

还有一种五个字的说法，孔子讲得也很多，也很可爱，比较有名的是"仁、义、礼、智、信"。"仁、义"，这就不用多说了，仁爱、大义原则。"礼"，表达的是恭敬，是秩序。"智"，是智慧，是有正确的选择。"信"，就是有信用，有诚信，说了要做到，许诺要兑现，答应过就一定要把它做到底。"仁、义、礼、智、信"也不是孔子当时说的，而是后代的一大批儒家的大学问家总结出来的。

五个字的还有一些说法，也很可爱。孔子说，君子应该"温、良、恭、俭、让"。"温"，要有一定的温度，不过热，不过冷，要有一种温和的态度。"良"，有一种善良，对别人有好心，有帮助别人的愿望，有和别人友好的愿望。"恭"，就是恭恭敬敬，有对人恭敬的意思，还有做事认真、一丝不苟的意思。咱们中国人，经验非常丰富，头脑也非常聪慧，但是有时候认真敬畏的态度不够，有时候办什么事都会打折扣。要有恭敬的态度，不能打折扣，讲不清楚道理也不能打折扣，所以要有一种"恭"的态度。"俭"，这个俭的意思不仅仅是咱们现在说的俭省、少花钱、压低成本的意思，还有一个意思是"克己"，就是把你自己的各个方面的追求，你自己所希望得到的东西，减少到最小的限度，这样的话你就能够有更高的境界，有更好的表现。"让"，是谦让，就是有什么好处、有什么好的事情不要自己急着往上赶，要有一种首先考虑到别人、给别人提供方便的想法。

现在我们国家有了很好的发展，处在一个相对稳定的时期，这个时候我们强调一下温良恭俭让，强调一下彬彬有礼，强调一下客客气气，强调一下做什么事情让着别人，有一定的参考意义，甚至是示范的意义，起码会使社会风气好一点。不要在公共汽车上挤着了就吵一架，在一个服务机构动不动就和服务员发生争执，那多没劲，多没意思。

在《论语》里面还有一个五个字的美德，我感觉特别有趣，是什么呢？它叫"恭、宽、信、敏、惠"。"恭"和"温良恭俭让"的"恭"是一样的，恭恭敬敬、谨谨慎慎，做什么事情都一丝不苟，这叫"恭"。"宽"，有一定的宽容度，能够包容各种各样的说法、做法，能够和别人讨论，甚至听取一些不完全相同的意见，称为"宽"。"信"，就是诚信，就是说到做到，起码是说到了努力去做。"敏"是什么意思？我觉得"敏"就是弄清楚的事情、该做的事情马上就做，要有效率，要敏锐，要敏感。还有一个是"惠"，就是很务实，做的事是实惠的，是能够惠及家国、惠及百姓、惠及社会的，时时刻刻要注意，要想到你做的事要对他人有好处，反过来说他人也能够支持你、理解你、帮助你，所以真正的惠及社会、惠及人民、惠及家国，也是对自己的惠，使自己能够活得有意义，使自己能够成长为一个可爱的人。

孔子的治国理念

子曰："为政以德，譬如北辰，居其所而众星共之。"

——《论语·为政》

有子曰："礼之用，和为贵。先王之道，斯为美，小大由之。有所不行，知和而和，不以礼节之，亦不可行也。"

——《论语·学而》

林放问礼之本。子曰："大哉问！礼，与其奢也，宁俭；丧，与其易也，宁戚。"

——《论语·八佾》

子曰："周监于二代，郁郁乎文哉！吾从周。"

——《论语·八佾》

颜渊问仁。子曰："克己复礼为仁。一日克己复礼，天下归仁焉。为仁由己，而由人乎哉？"

——《论语·颜渊》

孔子认为用政治的、行政的手段来引领民众，用法律的手段来规范民众，不是最理想的、最好的办法。他提出来的是要用道德的手段来引领人民，用文明礼貌来规范群众。他为什么会这样提呢？我觉得是因为儒家对治国平天下有一个特别美好的理想，孔子的理想就是以德治国。

孔子说"为政以德，譬如北辰"，意思是说按照道德的原则来开展政府的工作、政权的工作，治国靠的是德行，像北极星一样，"居其所而众星共之"。"共"在这里当"拱"讲，就是大家都围绕着你。因为你处在最有道德高度的那个地点，你在正北方，这样其他的星星都围着你转，而你是不转的，这个从天文学上来说不一定准确，但是它带有一种对于政治审美的想象。就是最理想的政治是什么呢？就像天上的星星一样，非常稳定，在正北方的天空上占据了道德的高点，然后其他星星围着你转。孔子想的是一种文明的道德，是一种有文化的道德，而且把这个道德推演为治国平天下的胜利。这样的一个道德表现出来就是用礼法，用礼节，用礼数，把这个社会治理得很文明，很有秩序，很谨慎，很稳定。

这个"礼"可以从很多方面加以分析，但是归根结底，孔子希望用一种彬彬有礼的态度来克服粗暴，要用一种维护秩序的态度，用文明来克服野蛮，用君子之德、君子之风、君子之高雅来克服混乱与恶性的竞争。

荀子对"礼"的解释也非常有意思，他对"礼"的解释是人都是有欲望的，欲望都是有所求的，大家都有所求就会乱。这时候需要有规矩，需要有个法则，需要有个秩序，就是"礼"。也就是说早在荀子那个时候，已经有一种观念，就是用文明和秩序来预防社会的混乱，预防社会上可能有的暴力冲突。孔子与他的学生以及朋友或者一些有权势背景的人在谈"礼"的时候，也有一些重要的观点。

有子说："礼之用，和为贵。"礼的目的是为了和谐、和善、和美，是为了让人与人之间不发生、少发生敌对、暴力的冲突。所以有子说"礼之用，和为贵"，就是你要对别人进行礼的教育的话，你就要提倡一种和谐、和善、和美的思想和感情。另外还有一个朋友和孔子讨论"礼"，孔子说"与其奢也，宁俭"，礼不用搞得非常过分。孔子是非常讲分寸的，宁可希望它简单一点，大家能明白就行，但是必要的礼又必须有。

他说遇到丧事也要有丧礼，家里的长上或者亲属去世了，怎么办？"与其易也"，与其搞得周到，"宁戚"，宁可悲哀。孔子在其他地方也说，"死生亦大矣"，这人活一回，死一回，这也算个大事了，他没有第二回可死了。所以"宁戚"，"戚"就是悲哀，就是你表达祭祀，表达对丧事的种种的礼行、礼节、礼仪，都是为了表达你的悲哀，表达你的悲痛，也就是对丧者、对死者的一种敬意，对死者的一种留恋、怀念，所以你要表达出来。

但是更重要的是孔子"仁"的观点。颜回向孔子请教"仁"，结果孔子的回答很有意思，他说"克己复礼为仁"，即能够克制、能够掌控自己的欲望、自己的坏习惯，能够掌控、克制收缩自己的贪婪、计较，恢复成原来西周时期的那个礼，为仁。因为孔子讲过，"周监于二代"，周朝借鉴了夏朝和商朝两个朝代各种的礼法、礼节、礼仪、礼数，所以"郁郁乎文哉！吾从周"。因为周文王已经成为一个圣人，已经很了不起了。后来到了周武王，他伐纣，用军事的力量，打败了商纣王，然后掌握了当时全国的政权。所以西周对于礼的认识，对于礼的规定，"郁郁乎"，很丰富，很美好，就好像春天花草茂盛，又开花又长叶的那样一种景象。"吾从周"，孔子愿意听从，也是最服气的，是周朝开国时期的那种文明、那种礼貌、那种礼节。

而且孔子认为"克己复礼为仁"是个大纲。"一日克己复礼"，有一天能够做到克己复礼，或者等到哪一天大家都能做到克己复礼，"天下归仁焉"，整个天下就又回到了以仁德、以仁爱为最高的标准，为大家共同的追求。"天下归仁焉"，就是大家都能够做到按仁爱、仁德的传统来做事，那么这个国家就没有纷争，就减少了犯罪，就减少了各种不稳定的因素。因此"克己复礼，天下归仁"可以说是孔子非常著名的一句话，他把"礼"的问题不仅仅看成社会风气的问题，不仅仅看成人际关系的问题，他从"礼"上看出了这个国家治理得好不好，天下是否太平，各个邦国是不是有道、有章法，是不是天下合道。孔子上的纲是非常高的。

大家可以思考一下，用"礼"来治国，它的好处在什么地方？它的难处在什么地方？我们想得非常美好，但是又觉得它做起来非常难。比如说有些犯罪分子，尤其是犯了刑事罪的人，你给他们讲文明礼貌有用吗？那怎么办？我们大家思考一下。

三、君子和小人

君子与小人的定义

子贡曰:"惜乎!夫子之说君子也。驷不及舌。"

——《论语·颜渊》

君子之交淡若水,小人之交甘若醴。

——《庄子·外篇·山木》

子曰:"君子无所争,必也射乎!揖让而升,下而饮,其争也君子。"

——《论语·八佾》

君子和小人,这是一个非常古老的说法。早在《尚书》《诗经》《周易》里就已经有了君子与小人的说法。比如《诗经》里一句很有名的诗:"窈窕淑女,君子好逑。"淑女是有很好的教养、非常文雅、非常贤淑的女孩;君子是有教养、品德好的男子,此处是对男子的尊称。《尚书》里说如果一个国家或者一个邦国秩序混乱,就会出现"君子在野,小人在位"的情况,就是说会出现君子被挤下台去,管不了事了,小人把持了一些重要的位置。

一直到21世纪的现在,在我们的民间,在我们的口语里,在我们的日常谈论当中,仍然有对君子、对小人的说法。而回过头来看,《论语》里面讲得最多的话题之一也恰恰是君子和小人,孔子以及他的弟子们不断地讨论着君子和小人。我们现在的生活中有一个很常见的说法是"君子一言，驷马难追"，就是堂堂一个君子，比如"承诺"的话，就要对这句话负责，就算派出四匹马去也没法把你说过的话拉回来了，说了不承认是不行的，不负责也是不行的。这句话是很老百姓的一句话，甚至还带点江湖色彩。

可是我没想到这句话的意思是从《论语》当中出来的。《论语》的原文不叫"君子一言，驷马难追"，而是"驷不及舌"，就是说四匹马拉的高级的马车再快，也没有一个人的舌头快，因为你舌头一动一句话就说出去了，就传出去了，传出去了以后，如果是错的话、虚伪的话、有害的话，这个时候派四匹马拉的车也拉不回来了。这个说法说明在孔子那个时期，他已经很喜欢讲君子应有的这些修养和责任了。

现在还有一个比较流行的话，叫"君子之交淡若水"，我们也很难想得到，这句话是《庄子》里的，不是《论语》里的。《庄子》中有一篇叫作《山木》，里面说道："君子之交淡若水，小人之交甘若醴。""醴"就是很甘甜的、很好喝的酒，古人把特别好喝、质量特别好的矿泉水叫作醴泉，因为有的水带点苦味，而这种泉水带点甘甜之味，所以称之为醴泉。

这个分析也非常好玩，君子之交淡若水，恰恰因为是君子之交，互相都保持着一定的独立性。另外，因为人和人之间并没有被共同的利益拴到一块儿，互相之间用不着特别腻乎，也用不着利益勾结，变成一种不正常的关系，所以庄子说君子之交淡若水。而小人之间变成一个利益的共同体，有所勾结，还有所冒险，又可能共同树敌，共同拿一部分人当对立面、当敌人，所以小人之交有时倒显得亲密得不得了。这个说法是很有意思的。还有一个，君子之交讲原则，即使你是我的好朋友，但这件事你做错了，那我还是要提醒你，所以用不着强调个人的关系如何铁，这也是很有意思的一句话。

现在我们还常常说，争论的两方互相都很谦虚、很公正，抱着一种与人为善的态度讨论问题，能够接受不同的意见，这是君子之争，这也是《论语》上的一段话。因为孔子讲"君子无所争"，君子不会因为什么事就拌嘴闹意见，以至于互相攻击。他说如果一定要争的话那就比赛射箭。孔子说射箭是君子之争，很可能那个时候很时兴比赛射箭。比赛射箭前双方要互相作揖，互相行礼，互相谦让，客客气气的。射完了箭还要一块儿喝杯酒，互相敬酒，所以说"其争也君子"，就是两人竞争了，不管谁射箭射得好，仍然保持着一种君子的文雅和谦让。

所以我们现在还有个词儿，叫作谦谦君子，温良恭俭让、懂得谦让、懂得谦虚、懂得文雅、懂得文明。至于小人那就更逗了，"小人"这个词到现在还活着，大家还使用着，而且有的地方还挺可笑的。过春节的时候北方人喜欢吃饺子。关于吃饺子有一些说法很可笑，水平也不算太高，但是很好玩。比如剁馅，大家认为这是剁小人，因为人们往往把自己周围的一些自己所不喜欢的人（这个人确实做了一些对不起、坑害自己的事），说成是小人，并且拼命地在那儿剁，说这叫剁小人。更可笑的是，馅剁完了，皮儿也擀好了，饺子给捏上了，就说这叫捏小人嘴，因为小人是最喜欢造谣生事的，最喜欢给别人捣乱的，最喜欢让别人倒霉的，干脆把他们的嘴捏上得了，所以"小人"这个词现在也很流行。

在我年轻的时候，我的家乡还有一个说法非常好玩，说是宁肯得罪十个君子，也不要得罪一个小人。这话是什么意思？因为小人往往用一些很低级的事情来坏你的事，造谣生事，无中生有，挑拨离间，你要是为一点小事得罪了一个小人，这小人一辈子就跟你纠缠不休，没完没了。现在说君子很正派，没有邪的、歪的、胡来的、瞎扯的，不会用那种不正当的手段和你竞争。所以宁可和君子有不同的意见，也不要和小人闹意见。

那么究竟什么是君子，什么是小人，我们已经看出一点来了。君子站位高、文雅，君子讲礼，君子是良性的竞争；而小人就反过来了，为了自己的一点利益，盼着别人受挫折，盼着别人倒霉。我想起郭德纲在相声里说过一句话（当然他是逗着玩的），他跟捧哏的人说："你最近有什么倒霉的事没有？你跟我说说，让我也高兴高兴。"当然这是不合乎逻辑的，因为别人遇到倒霉的事，你怎么会高兴！但是世界上真有这种人，旁人碰到倒霉的事，如丢了钱、摔了一跤、摔折了腿等，他感觉到高兴。如果有这样的秉性，那实在是小人了。

孔子对人的三维分类法

子曰:"唯上知与下愚不移。"

——《论语·阳货》

子曰:"君子喻于义,小人喻于利。"

——《论语·里仁》

子曰:"君子坦荡荡,小人长戚戚。"

——《论语·述而》

司马牛问君子。子曰:"君子不忧不惧。"

曰:"不忧不惧,斯谓之君子已乎?"子曰:"内省不疚,夫何忧何惧?"

——《论语·颜渊》

子曰:"知者乐水,仁者乐山;知者动,仁者静;知者乐,仁者寿。"

——《论语·雍也》

子在川上曰:"逝者如斯夫!不舍昼夜。"

——《论语·子罕》

孔子很喜欢讲君子与小人的区别,让你从君子与小人的区别当中,知道什么是文明,什么是道德,什么是高尚,什么是卑下,什么是粗鲁,什么是愚蠢。孔子还有一个说法,他说:"唯上知与下愚不移。""移"就是移动的意思,意思是有的人站得比较高,他有一种上等的智慧;还有一种人他表现出一种下等的愚昧,这种下等的愚昧和上等的智慧,没办法让他们改变。

这个说法我们从现代的平等观念来看,似乎有些问题,但是我们要考虑一下,孔子说的上知与下愚,实际上讲的是在教养、学养、文化修养、文化熏陶、文化层次上的区别,他并不是讲出身、阶级、背景。简单地说,他并不是在"拼爹"上把人分成上知和下愚,而是通过一个人的品质,处理各种事情、做各种工作时候的不同表现来区分的，所以他说的这些话还是有参考价值的。

孔子还有一个更重要的主张，叫作"有教无类"。就是教育不要把人分成不同的类，分成不同的阶级、不同的出身、不同的背景，把他人分成高低贵贱，而是从他的文化程度、他的修养、他的表现上来看他的高低。朱熹当年更有一句话，他说看这孔子讲的，君子和小人处处都是对立的，就像白天和黑夜一样，在那儿互相对比，显示出那种明显的区别。这也是很有意思的一个话题。

那么君子和小人的区别在哪里？首先有一个最笼统的说法，也是孔子所总结的，就叫"君子喻于义，小人喻于利"。前半句是说君子领会的是大道理，是义理，是原则是非，这叫义。我们说一个人深明大义就是他懂得这些大的道理，他按原则办事，他不干坏事，不干低下的事，不干丢人现眼的事，不干没有尊严的事，不干伤害别人的事。"小人喻于利"，小人理解的只有一件事，对自己有利还是没利，有利就干，没利就不干。只要这事对自己有利，可以有各种低下的表现，可以吹牛拍马，可以假报成绩，可以说一些虚伪的话，可以做一些相对下贱的、没有尊严的，也并不是真诚的行为，所以"君子喻于义，小人喻于利"。我们现在可以看得出这种区别，有的人为自己的一个理念，为自己的一个原则，为自己的一个高尚的追求而忙碌着，这种追求有时候很顺利，有时候并不顺利，他宁可不顺利，也要保持他的人格，保持他的尊严，我们觉得这个人是君子。相反，如果只要对自己有利的事，什么都干，假话也可以说，谣言也可以造，行贿受贿也可以做，当然这个人是小人。

所以孔子首先说，从根本上小人讲的只是私利，只是个人的利益，只是个人的那点好处，眼皮子底下的那点好处；而君子他站位高，他考虑的是大的原则、大的道理、大的利益，国家的利益，人民的利益，是一种美好的理念。其次也是一个非常重要的分析，孔子说"君子坦荡荡，小人长戚戚"。坦荡荡，君子很光明，光明正大，所以他很坦率、很坦然；而小人戚戚是什么意思？嘀嘀咕咕，小人整天想的是自己的那点蝇头小利，整天想的是，他的瞎话，不要让人家发现；他卖的假货，不要让人家揪住辫子，不要出事。别人远远地看了他一眼，他就觉得是不是发现了他的什么问题了，是不是发现他干的坏事了，他嘀咕。这种嘀咕的人，光从外表看不能够说得很准确，但是多多少少看得出来，有的人老躲避别人的目光。这样的人，虽然不能完全从这一点来判断，但是我们从目光上，也能看出一个人境界的高低。

孔子还有一句话也非常可爱，他和他的一个学生谈论的时候曾经就说过君子无忧惧。君子没有什么东西可发愁的，君子也没有什么可害怕的。为什么君子就不发愁、不嘀咕、不害怕呢？孔子的解释也特别美好，君子为什么无忧无惧，因为他"内省不疚"，简单地说他没有做过亏心的事情，他没有负疚感。负疚感是因为做过对不起他人的事，做过一些损人利己的事情，甚至是损人也未必利己的事情。如果做过这种错误的事情、害人的事情、欺骗的事情、不合乎道德常理甚至是不合乎法律的事情，他就有负疚感，他自己会老有一种要出事的感觉。但是君子没有这种感觉，他并不是为自己的一点儿蝇头小利而奋斗，而是为了一种理念和原则而奋斗。理念和原则不是他一个人的事情，也不是直接就对他个人的利害造成重大影响的事情。所以他不需要忧虑，他也无惧，因为他充满文化的自信，充满道德的自信，充满价值的自信。

孔子在另外一些篇章中没有专门提君子，但是他也讲了什么样才是符合君子的精神面貌、精神状态的。比如"知者乐水，仁者乐山"，一个懂得仁爱、懂得智慧的人，他对大自然也有一种亲和的感情，他既爱山又爱水，他有一种乐观的、美好的思想情绪。孔子又说"逝者如斯夫！不舍昼夜"。光阴就这么一点一点地过去了，不管是白天还是黑夜，时光都在这样流逝。我们从这两句话也得到一个启发，就是君子有一种和天地相融合的感情，他对大自然有一种关照，而且大自然让他有所警惕，也给他一个推动。"逝者如斯夫！不舍昼夜"，这说明光阴似箭、日月如梭，等于在督促自己、推动自己，作为一个君子，各种有意义的事情要抓紧做，不能拖延，不能懒惰，所以"逝者如斯夫！不舍昼夜"带有一种勉励的情感和内涵。而乐水又乐山，带有一种积极的、自信的勉励，自己的一生一定要有意义，要有一定的成就这样一种决心。所以说君子是坦荡荡的，而不会长戚戚了。

我们是不是每天都能做到坦荡荡？我们照照镜子自省一下，有没有忧和惧？如果我们也都能够做到坦荡荡、积极、乐观、亲和，既热爱生活，又热爱大自然，自我督促，不敢松懈，就像看到河水东流一样，知道时间是一去不复返的，那我们就是君子了。

《论语》教你如何处理人际关系

子曰："君子周而不比，小人比而不周。"

——《论语·为政》

子曰："君子和而不同，小人同而不和。"

——《论语·子路》

子曰："君子求诸己，小人求诸人。"

——《论语·卫灵公》

子夏曰："小人之过也必文。"

——《论语·子张》

子曰："巧言令色，鲜矣仁。"

——《论语·学而》

我们已经说到了，君子和小人至今仍然是我们生活中重要的词汇。尤其是讲到了"君子坦荡荡，小人长戚戚"，君子的精神状态是阔达、阳光、直爽、积极、友善。下面我们谈一谈另一个问题，就是孔子很注意君子和小人在对待人际关系上，在对待事情的成败得失上，在对自己的把持上的不同。

孔子有一句非常有名的话："君子周而不比，小人比而不周。"什么意思呢？君子团结的面很广，很周到，跟大家都保持一个良好的、友善的态度。但是"比"在这儿不是当比较讲，而是指一种小集团、一种拉拢。所以过去讲不好的人凑到了一块儿，拉拢到了一块儿，因为某种利益形成了他们的集团性，"朋比为奸"而做一些不应该做的坏事。"小人比而不周"，小人永远不可能很周到地跟大家都团结，因为他总是拉拢小部分人来得到本来不应该得到的那些私利，所以他比而不周，他不可能各方面都照顾到。

与这句话关系非常近，而且也给人很大启发的一句话是："君子和而不同，小人同而不和。"君子是高雅的，是讲文明的，是与人为善的，君子之间是互相尊敬的，所以君子之间可以和谐相处。但是君子之间又不见得相同，因为每个人的背景，受到的教育、地位、处境，看问题的角度、个性、习惯、学养，都会有一些不相同的地方。因此提出一个问题，你看到的是这件事情的积极的、好的一面，我从另一面也提出来我的看法，需要注意哪些方面，或者哪些地方值得警惕、值得预防，这是很正常的。君子的这个不同，不是互相敌对，不是个人之间的意气用事。君子是在大的一致的这个基础上，能够有互补，能够相互之间有所提醒，相互有所交流。

在文化生活方面，我们国家一直强调百花齐放、百家争鸣，其实就是和而不同。不能同，不能大家都一个味道，可以从各个不同的角度，从各个不同的门类上，来对一个事物进行分析；但同时不应该形成分裂，不应该形成敌对，不应该形成恶性的竞争。能够有一种和而不同的精神，那么我们的文化生活、我们的精神生活、我们的社会生活就会有更好的状态。

小人为什么同而不和？小人是一些利益集团，甚至是一些不讲规矩、不讲法律的人。这些人共同牟利的时候，他们就绑在了一块儿，就像是生死同盟一样，所谓不求同年同月同日生，只求同年同月同日死，变成一个江湖集团，甚至是变成一个犯罪集团。这样的同又很容易不和，因为他们坏事办成了，非法利益到手了，到手以后他们分赃不均，每个人都感觉自己吃亏了，他们都是自私自利又贪婪无耻的人，显然他们是同而不和（表面上看着很相同，实际上他们并不和睦），甚至有所谓台上握手、台下踢脚这样的现象发生。比如《智取威虎山》中坐山雕带的那一伙土匪，他们就是同而不和，看起来一团和气，但是一发现栾平是被共军俘虏过的,立刻就变成仇人,就委托杨子荣把栾平给枪毙了,这样的同而不和太可怕了。

有时候我看到这儿,也觉得挺有意思。我就想孔子这一辈子走了很多个诸侯国家,都没有得到真正的理解、信任,没有发挥出他很大的作用。但是另一方面,他有很多学生,其中有七十二个贤人,他跟他的学生在一起讨论问题,有所交流,有所教授,他们确实很快乐,他们说的话很高尚,也给人很多的启发。那么孔子是什么时候和小人接触过,跟这些人是怎么接触的?我不知道。但是他说的一个是"小人比而不周",小人可以拉拢一些人,但是他们绝不会做到很周全、很周到、很全面。另外一个是"小人同而不和",小人互相之间可以表示关系很好,但是他们不是真正的和谐,他们没有一种高尚的、高雅的相凝聚的理想,他们早晚有一天必然因为分赃不均、因为互相猜疑而坏事。

孔子还有一个说法是:"君子求诸己,小人求诸人。""君子求诸己"的意思是,君子有什么任务,碰到了什么困难,碰到了什么挫折,会先想自己能不能做得更好一些;小人碰到什么事,总想别人的责任,老想让别人做好了他能够得到利益,他来拿别人摘的桃子。君子觉得任何事情先从自己做起,有没有完成都是自己的责任,自己是不是做到了最好,在说别人自私的时候先想想自己有没有自私的表现;而小人却整天埋怨别人,什么事都是别人给搞坏了的。

孔子的一个学生子夏讨论的一个问题,我觉得也很有意思。他说"小人之过也必文",就是小人有了什么过错一定会掩饰,"文"在此处的含义同花纹的"纹",就是在上面画花纹,小人做不到是什么就说什么。类似的话其实孔子也在别处多次强调过,如"巧言令色,鲜矣仁",就是说一个人巧言令色,满嘴跑火车;或者各种稀奇古怪的忽悠,装腔作势,这样的人很少能做到仁德,所以孔子不赞成一个人瞎忽悠,不赞成一个人不实事求是。孔子认为一个人说什么话、做什么事应该朴素一点、朴实一点,而不要加太多的佐料。

有一次讲座,我谈到"巧言令色"的问题,一个小学生朋友向我提了一个疑问,这位小同学说,现在有时候求人办点事,你多少也得有点巧言令色,你面色得好看一点，说话得好听一点，得让人爱听，让人高兴，这样人家才会帮你的忙；如果你的样子直不棱登傻不棱登，人家就不愿意帮助你了。我觉得这个小朋友提的问题太可爱了。

我想孔子所说的"巧言令色"绝对不是说你见到什么人，尤其是见到比你年岁大的、比你影响大的人物的时候，你可以不礼貌。因为孔子还讲色难，讲一个人对自己的容色、对自己的表情应该有所掌握，用现在的话说该微笑的时候得微笑，该快乐的时候应该显出快乐，见一个人你不能让那个人讨厌你，你不能让那个人看着你觉得扫兴，和一个人说话，不能人家不爱听什么你就说什么。所谓"巧言令色"实际上指的是虚伪，装腔作势，指的是为了自己的利益让人家上圈套，不是说你见人家笑了一下，你话说得幽默一点，人家听了以后爱听，就是巧言令色。说话声音清晰一点，脸上的面容看着让人舒服一点，这当然没有什么不对的，而且我们必须要做到礼貌待人、文明待人。

这里我也愿意提一个问题，就是遇事先反省自己。我们能不能做到遇到什么困难先想想自己怎么改进，而不是先埋怨旁人，我想这也是一个很重要的问题，如果能够做到，那么我们就确实有点君子之风了。

怎么判断一个人的好坏

子之武城，闻弦歌之声。夫子莞尔而笑曰："割鸡焉用牛刀？"

子游对曰："昔者偃也闻诸夫子曰：'君子学道则爱人，小人学道则易使也。'"

子曰："二三子！偃之言是也。前言戏之耳！"

——《论语·阳货》

棘子成曰："君子质而已矣，何以文为？"子贡曰："惜乎！夫子之说君子也。驷不及舌。文犹质也，质犹文也。虎豹之鞟犹犬羊之鞟。"

——《论语·颜渊》

子曰:"质胜文则野,文胜质则史,文质彬彬,然后君子。"

——《论语·雍也》

曾子曰:"可以托六尺之孤,可以寄百里之命,临大节而不可夺也,君子人与?君子人也。"

——《论语·泰伯》

子曰:"君子食无求饱,居无求安,敏于事而慎于言,就有道而正焉,可谓好学也已。"

——《论语·学而》

曾子有疾,孟敬子问之。曾子言曰:"鸟之将死,其鸣也哀;人之将死,其言也善。君子所贵乎道者三:动容貌,斯远暴慢矣;正颜色,斯近信矣;出辞气,斯远鄙倍矣。笾豆之事,则有司存。"

——《论语·泰伯》

孔子在《论语》当中谈到的君子和小人的差别,以及一些最熟悉的故事、最熟悉的说法,我们在前面已经讲到了。现在再讲几个很有趣的话题,比如孔子说他到过一个很小的地方,叫武城,他的弟子子游在那儿做管理、治理的事。孔子发现那里的弦歌之声非常大,给人以深刻印象,孔子就笑了,他说:"割鸡焉用牛刀?"他的意思是这个地方的音乐搞得太夸张了。大家要注意,这里的"音乐"指的不是老百姓听歌奏乐,说的是为政者,就是当地的官府官方,通过奏乐来表达一种礼仪,是一种典礼性质的音乐。

孔子说这搞得太过了,这时候子游就说,老师您给我们讲过"君子学道则爱人",意思是君子是有地位、有格局、有教养的人,他学习了大的道理,学习了一些最基本的法则、规律之后,他就会更加爱惜别人;"小人学道则易使也",小人没有那么高的文化和地位,但是他多懂一些道理,你管理起他来也会好得多,因为他的破坏性、野蛮性小了,他的文化性、道德性、纪律性增加了。这说明不管什么人都要学道,这个学道也包括要学习在典礼、仪式上奏乐和礼仪。

因此，武城这个地方虽小，但是它重视礼仪和音乐，这不是一件坏事。

孔子听完子游的话就说，他之前是戏言。"戏言"在这里的意思是没有经过认真地考虑，这在《论语》里是非常罕见的一个例子，孔子有一点自我批评，自己说完话，听到弟子不同的意见，接受了弟子的意见。孔子的"君子学道则爱人，小人学道则易使也"这个说法虽然我们感觉在人与人的平等上差一点，但是这句话说得很实在、很务实。另外我们说平等，主要是指一个人在公民权利上的平等、在社会地位上的平等、在应该得到的尊严上的平等，并不是指他们的知识、教养也都要相同，或者各方面的能力、分工也都相同，这当然也是不可能的。

孔子类似的说法非常多，他在很多地方提到"文"和"质"的关系，"文"就是指一个人表面的各种言语和行为，一直到他脸上的表情，这是表现在外边的。"质"是表现在里边的，就是他的品质、他的本质、他的整个的为人的"质量"。《论语》里有一个故事就是讨论"文"和"质"的关系，有一个叫棘子成的大夫和子贡讨论，棘子成说一个人质地好、品德好就得了，还要文干什么呢？还要形式上的、表面上的那一套礼节，包括言语的能力、表达的能力、行为举止等这些东西干什么呢？子贡就说，你这样说话太可惜了，一个人的文正好表现他的质，一个人的质也体现了他的文，文和质应该是统一起来的。

孔子还说过，如果一个人品德很好、质地很好、为人很好、心眼儿很好，但是他不会表达，不足够文雅，没有美好的行为举止和言谈话语能力，这样是"质胜文则野"，那么这个人显得就粗野一些，就是教育程度不够。"文胜质则史"，如果一个人的举止、言谈、礼貌、形容、状态，胜过了他实际的品质，他又会说，又忽悠，又满脸的笑容，但是他没有什么真货，没有什么干货，那么这样的人"则史"。专家们解释，这个"史"是指夸饰，就是夸张的修饰，就是这个人表面上能说会道、有说有笑，但是他的真货少，这也是很遗憾的。

那么什么样的人好呢？就是文质相辅、文质兼备，叫"文质彬彬"。这里"彬彬"的意思就是说这个人的行为举止非常合适、非常适宜。"文质彬彬"这个词我们到现在还很喜欢，我们现在用这个词的时候是说，一个人温文尔雅、文绉绉的，既没有暴力倾向，也不显得盛气凌人，客客气气、谦虚谨慎，是一位谦谦君子。但实际上，在《论语》里最早出现的"文质彬彬"是指两方面，就是你的外表、你的行为、你的言语、你的举止、你的容貌是非常美好的，即你的"文"这方面好；另外你的忠诚、你的恭敬、你的仁爱、你的道德，这方面也是非常厚道、非常诚恳、非常值得信赖的。

曾子曾经说过，一个人如果可以托六尺之孤，就是一个很小的孩子，你敢于委托给他；可以委托他百里之地，你可以把方圆一百里的一块土地交给他来管理，这样的人就是君子。可以信赖的人，给别人办事很忠诚的人，能够完成领导给他的任务的人，这样的人才是君子。所以文质彬彬本来的含义不是光说一个人文绉绉、温文尔雅，而是一个人的外表和内涵相一致，人很诚恳，也很和善，一举一动都挺合适，心口是如一的，这样的人才是君子。

所以孔子说"文质彬彬，然后君子"，是指你能够做到"文"和"质"这两方面相互统一、相互配合，然后可以说你是君子了。我只看见你能说会道，颇有聪明才智，我不相信你一定是君子。我只看见你少言寡语，显得很木讷，显得很听话，我也不敢说你是君子。你得文质里外都合格，才是君子。这是孔子的君子观，是文与质、内与外、形式与内容相统一的君子观，但是也有一些其他的角度。

在《论语》的其他地方，孔子强调的是行动，是一种实践型的君子观。他说君子"敏于事而慎于言"，就是君子做事很有效率，很快、很机灵，比说话做得好。还有一个地方说"讷于言，而敏于行"，"讷"就是说话有点结结巴巴，一个人说话上稍稍差一点，但是执行力很强、行动力很强。

《论语》里还有一段我特别感兴趣，是说曾子生病的时候，他的朋友问他做人的道理，曾子就说："鸟之将死，其鸣也哀；人之将死，其言也善。"意思是"我"快死了，"我"要把"我"最好的话告诉你。"君子所贵乎道者三"，对于君子来说，最珍视三方面的道德，第一条是"动容貌，斯远暴慢矣"，就是你要注意你自己的容貌，在任何时候不要急躁、暴躁或者轻视别人。慢就是轻慢，这里当轻视别人讲，就是你的容貌处处让别人不感到不安，不感到受威胁，所以不要暴慢。第二条是"正颜色，斯近信矣"，意思是你还要注意你的表情，要有一种诚恳的表情，不是轻浮的、随随便便的表情，不要说难听的话，要随时注意取得旁人的信任。第三条是"出辞气，斯远鄙倍矣"，要注意你说话的口气、用词是否得体，你的口气要妥当，"远鄙倍"就是在这样的口气当中，没有和别人作对的意思。"倍"，在这里当背叛的"背"，是指不是为了和别人作对，也不是鄙视别人，也不是觉得别人都傻，就你一个人机灵。所以说曾子的这个说法也是和孔子一致的，就是要求内容和形式的和谐。

现在我提一个问题，就是：我们自己有没有在一些小事上不谨慎，引起了误解，引起了别人的不信任，甚至引起了别人的反感？我们有没有这种经验和教训？欢迎大家思考。

孔子心目中的"君子"形象

子曰："人无远虑，必有近忧。"

——《论语·卫灵公》

子曰："道听而涂说，德之弃也！"

——《论语·阳货》

子曰："躬自厚而薄责于人，则远怨矣！"

——《论语·卫灵公》

孔子曰："君子有三畏：畏天命，畏大人，畏圣人之言。小人不知天命而不畏也，狎大人，侮圣人之言。"

——《论语·季氏》

孔子曰："君子有九思：视思明，听思聪，色思温，貌思恭，言思忠，事思敬，疑思问，忿思难，见得思义。"

——《论语·季氏》

孔子曰："君子有三戒：少之时，血气未定，戒之在色；及其壮也，血气方刚，戒之在斗；及其老也，血气既衰，戒之在得。"

——《论语·季氏》

孔子曰："侍于君子有三愆：言未及之而言谓之躁，言及之而不言谓之隐，未见颜色而言谓之瞽。"

——《论语·季氏》

关于君子和小人的话题，我主要讲孔子对君子的一些劝诫和忠告。君子，用现在的语言来说，就是当时孔子所认为的社会精英，他们有更多的学识、更多的见识，他们受到过文化、道德的良好教育，他们也有更大的影响力，因此孔子对他们的要求就比较高。在《论语》里有一些非常诚恳、"恰中要害"的对君子的要求。假定你已经是君子了或者往君子的方向走了，你有更高的责任感、更高的对自己的要求、更大的影响，那么这个时候孔子会给你提一些什么样的建议，什么样的忠告呢？

孔子在《论语》里说"人无远虑，必有近忧"。这句话现在还活在我们的生活当中，就是任何事你都要看得稍微远一点，跟下棋似的，得多看几步。不能只是当时有利，或者当时被欢迎，就觉得了不起了。从长远来说，你所说的话、你所做的事情会不会有不良的后果，你要考虑到。正因为你考虑得太近了，你以为将来的事是将来的事，你没有想到可能很快就会出问题。不要以为得到一点小便宜、占点好处是很普通的事情，后果可能很严重。甚至有人以小时候家里太穷了为借口，说见到别人的什么好东西就去偷去抢，难道家里穷是违法的理由吗？难道家里穷是做坏事的理由吗？所以，你要有远虑，要看到长远的后果，对自己有一个要求。

《论语》里说："道听而涂说，德之弃也！"就是如果你把道路上听来的东西四处传说，尽是相信一些假信息，甚至是一些别有用心的胡说八道，你就背弃了道德，是道德所唾弃的，离成为一个真正有德之人越来越远了。比如我们常常听到对张三李四不雅的一些说法，难道马上就要相信吗？相信不相信也不要再传播，因为没有根据、没有查证，很可能是错的。孔子的这个说法对我们也很有教育意义。

孔子又说："躬自厚而薄责于人，则远怨矣！"就是你对自己的要求应该是做一个厚道的人，多检讨自己，而不要随随便便地、很夸张地去责备别人，这样你也就不会播种怨仇，你就不会让别人讨厌你。这个说法，我觉得在一定程度上是正确的。遇事，先反省自己，不要诿过于人。

孔子还有些话很重要，值得我们反复思索。他说"君子有三畏"，有三样东西君子是要有所敬畏的。一是"畏天命"，用今天的话说就是我们要敬畏客观规律、敬畏人心。过去把这些说成是天命，因为它们好像是高高在上的、无法抗拒的上天的旨意，这是古时科学不发达所致。二是"畏大人"，就是要敬畏圣贤。孔子那个时代喜欢讲唐尧、虞舜、夏禹，而且孔子本人还特别敬畏周文王和周公，孔子甚至说自己有几个月没有梦见周公，他都觉得有点遗憾。他经常做梦梦见周公，这样的一些大人物、这样的一些圣贤为天下、为家国、为大众立下了规矩和法则，树立了价值观念。对于这些圣贤、大人物所留下来的法则也要有所敬畏，所以第三个敬畏就是"畏圣人之言"。当然在某种特殊情况之下，譬如在革命时期，我们夺取政权的时期，强调的是我们无所畏惧，是吧？那是专指对敌人、对困难而言。因为如果你这也畏那也畏，你就办不成大事了。但是在另外一些情况下，我们又要有所敬畏，如果你没有什么敬畏，那你也许就变成一个说大话的人，也许就变成一个蛮干的人。

除了三畏，还有九思，《论语》里还写有九方面的思考和追求。第一个思是"视思明"，你看什么东西要看清楚。第二个思是"听思聪"，你听什么东西要听明白。第三个思是"色思温"，你的表情、你的脸色应该比较温和，既不是冷漠无情，也不是咄咄逼人。第四个思是"貌思恭"，你的形体、你的样子，应该是恭恭敬敬尊重他人。第五个思是"言思忠"，你说话应该说得很诚恳，是衷心为别人好。第八个思是"忿思难"，你感到愤慨的时候，想一想这件事本身是不是有什么难处，先不要动不动就拍桌子打板凳地愤慨。当然，也可以从另一个角度思考，你的愤慨会造成什么不良的后果？你要考虑一下。尤其是最后第九个思，"见得思义"，你要能得到某些好处，你有所获得，你能占点便宜了，这个时候你要考虑符不符合原则，如果不符合，那么就绝对不接受所得，坚决谢绝。比如别人给你送礼，绝不能随便接受。

孔子说："视思明，听思聪，色思温，貌思恭，言思忠，事思敬，疑思问，忿思难，见得思义。"从某种意义上来说，"九思"就是我们现在说的在调查研究、处理各种问题上的一种认真的态度，别马虎。"视思明"，你说你看见了，你看清楚了吗？这人的长相，你看清楚了吗？你随便做证说就是他干的，你有把握吗？"听思聪"，你听见一句话，你觉得这句话说得不对，但是如果是你听错了呢？有没有这种可能？"言思忠"，你说的话是不是真诚的、可靠的？你自己说的这句话，你对得起你自己的良心吗？你对得起别人对你的信任吗？"见得思义"，你能获得某些东西，但是它符不符合大的原则，符不符合大义？如果你获得的那些东西并不符合大原则，是由于你拉关系所得到的，是由于别人有求于你而向你行贿所得到的，那你怎么能接受？这九个方面是否都能够想到，包括表面的"貌思恭"，孔子、孟子都非常重视这个，就是你脸上的表情，你应该自己有所讲究，不能够马虎，不能够满不在乎，不能够嬉皮笑脸，也不能够装腔作势。所以如果真正能够像儒家所说的这几方面都做到，你就快成为一个道德高尚的人了。

《论语》里面还说"君子有三戒"，孔子说得也挺好玩。他说少时"血气未定，戒之在色"，你刚进入青春期，你血气未定，你生理上还没成熟，这个时候不要被男女之事搞得头昏脑涨，所以要戒色。壮时，就是到了壮年，孔武有力，要戒斗。这个时候血气方刚，容易和别人争斗，容易动不动就和别人变成对立面，这个也要慎重，要有所警戒。但是不是说就不斗争了，我想孔子也不是这个意思，孔子的一生当中也和许多坏人、坏事、坏的思想、坏的观点有所斗争，他说要戒是说你要谨慎。人老了以后身体开始走向衰老、衰弱，这时候他说得特别有意思,"戒之在得",就是因为你人老了,受到尊敬,这个人向你致敬,那个人给你送礼,所以越是在人老了以后,越要想一想自己所得到的东西、所接受的东西符不符合自己真实的情况。老了不能贪心,什么都想要,好事都到自己这儿,各种利益都到自己这儿,那样的话就是老而无德,越老你就越让人看不起。所以孔子说,你少年时代要戒色,壮年时代要戒斗,老年时代要戒得,当然只是说大部分情况是这样的,也不是绝对的。

另外他还有一个说法很有趣,他说"侍于君子有三愆",就是你跟君子在一块儿,有三方面的错误要注意。一是"言未及之而言谓之躁",你说话的条件还不成熟,没有达到火候,不到火候你就对君子说这话说那话,这是一种急躁的表现。二是"言及之而不言谓之隐",如果到了火候,你该向君子讲一些话,提一些忠告,但是你不说,你这是藏着掖着,你不爽快、不诚实,这叫"谓之隐"。三是"未见颜色而言谓之瞽",你跟君子交换意见的时候,你不注意君子的表情,不注意君子的相貌,这个时候你只知道一味地发挥自己的话语,这样的人叫没眼力见儿,"瞽"就是盲人,那你就成了盲人了。不该说的时候你说了,你这是急躁;该说的时候不说,你这是藏着掖着;说的时候你不注意对方的反应,你这是盲目。这些说法是指说话要讲究方法和时机,非常有道理。当然,现在来看也有说得不足的地方,就是说要坚持原则,不要考虑个人的得失。

其实在《论语》的其他部分也有这方面的说法,孔子讲得还是很全面的。但是孔子说的这些东西也有很多经验之谈,至少是值得我们参考的。我想向大家提一个问题,就是我们自己在说话的时候,有没有该说的时候没说,不该说的时候说了,而且说的时候没有眼力见儿,有些话本来可以说得让人容易接受一些,结果说得使别人讨厌?有没有这种情形?让我们考虑考虑。

四、君子的中庸之道

中庸就是一切都恰到好处

子曰:"饭疏食,饮水,曲肱而枕之,乐亦在其中矣!不义而富且贵,于我如浮云。"

——《论语·述而》

季文子三思而后行。子闻之,曰:"再,斯可矣。"

——《论语·公冶长》

或曰:"以德报怨,何如?"
子曰:"何以报德?以直报怨,以德报德。"

——《论语·宪问》

子贡问:"师与商也孰贤?"子曰:"师也过,商也不及。"
曰:"然则师愈与?"子曰:"过犹不及。"

——《论语·先进》

阅读《论语》的时候,我最深刻的印象就是孔子把各方面的问题都说得恰到好处,说得准确、合适,添一分就胖了,减一分就瘦了。比如,孔子说"不义而富且贵,于我如浮云",他的意思是如果不是很符合原则、正义、君子的理念,却获得了事业上的成功,富贵了、有地位了,这个对他来说就跟天上的一块云彩飘过一样，没有多大的意义，他也不会多看一眼。

这话我们听着很普通，但是仔细想一想，其实他说得非常有分寸。第一，孔子很高尚、很高雅，他根本不在乎富贵不富贵；第二，你要富贵，你得符合大义，符合原则，符合正义，你不但要在地位和财富上取得成功，而且在道德和文化上也取得成功才行。他可以这么说，"不义而富且贵，于我如毒瘤""不义而富且贵，于我如臭大粪"，但是孔子并没有这么说，他没说什么很极端的话，没有说什么很愤怒的话，他只说是"于我如浮云"。

因为在任何社会情况下，任何历史条件下，都有人靠小聪明，甚至靠运气，赶上时机他就富贵了，他并没有什么真本事，也不值得人真正地佩服，但是他也没有违法，因此你也用不着痛骂他。本身贫穷的人不要轻易流露仇富的情绪，不要流露"红眼病"的情绪。所以孔子说"于我如浮云"，孔子是多么高尚、多么文雅、多么超然，让人佩服不已。

再比如说，有一个叫季文子的，他做事是"三思而后行"，孔子听着就笑了，说想到两次就行了。因为这里会有另外的一个问题，你什么事都再三斟酌，什么事都左右为难，这也不是我们所提倡的。孔子在另外的地方也说过，一个人做事要简单明快、是非分明，该处理就处理，所以他说不必三思而后行，两思、再思就好了。但是这句话还有一个有趣味的地方，现在三思而后行已经成为一个格言了，我们接受了三思而后行，也可能是社会越来越复杂了，做什么事我们应该有更深入的考虑，所以孔子说两思我们觉得还不过瘾，还不够，还是三思而后行更好。所以我们的理解跟孔子的说法、跟《论语》的原文并不完全一致。但是孔子说法的这种恰到好处、不左也不右、不过分也不含糊是让人非常佩服的。

再比如，有人说应该以德报怨。"以德报怨"这个词在老子的《道德经》里就有，就是当别人对你做了坏事的时候，你要反过来对他做好事，要做有利于他的事，要做让他感谢的事，要做让他忘不了的好事。别人对你越坏，你越要对他好。这个说法也很有意思，就是你要爱你的敌人。当人家打了你的左脸，你干脆把右脸也转过去让他打，但这是比较夸张的说法。听了老子这个说法，孔子也笑了，孔子说不一定以德报怨，你能"以直报怨"就行了。请注意，中国汉字"德"里已经有了"直"的字形和字意。孔子说以直报怨，就是他们对你使坏，害了你，或者败坏了你的名誉，或者挑拨离间了你和其他人的关系，这种情况之下，你不太可能还感谢他，还给他帮忙，但是你对他应该很正直。你不能因为他对你做过一点坏事，你也干脆跟他较真儿，你也用不太高尚的方法对付他，比如你造我的谣言，我也造你的谣言；你挑拨我和别人的关系，我也挑拨你和别人的关系，那不行，一个好人是不会这样做的，所以孔子"以直报怨"。

像这些例子都给我们一种感觉，就是孔子说话做事那么靠谱，那么恰到好处。这个恰到好处在2500多年前孔子的儒家学说里，就叫作"中庸之道"。"中"，古人说"中"不见得是正中间，"中"就是准确的意思，就是恰好的意思。"庸"，就是正常和可持续的意思。现在"平庸"被当作一个贬义词来使用，但是古代"庸"代表一种正常的情况、一种符合常识的情况、一种可持续的情况，它不是突然的、吓唬人的、新奇古怪的、荒谬绝伦的。又准确又正常还能够持续，这叫中庸。

孔子还有一个很重要的论述叫"过犹不及"。他有两个很好的弟子，一个叫子张，子张这个人做什么事都比较认真、比较严肃、比较努力，经常把一件事做得过了一点。而另一个弟子子夏就比较宽容、比较厚道、比较灵活，做事就差一点，没有达到应有的标准。子贡就问孔子：子张和子夏这两个人对比，你怎么看呢？你怎么比较他们？孔子就说子张做事有时候有点过于用力。可是子夏有时候又太轻松、太随意了，没有完全达标。子贡就说，子张是不是比子夏好一点呢？因为他做过了、做认真了，他比没达标不是更好吗？但是这时候孔子却说，过就是不及，不及就是过，过的效果和不及的效果是一样的，就是说你做什么事都不能太过了。

这句话是毛主席最喜欢的一句话。我们知道毛主席在革命的年代，对孔子是有一些批评的。但是毛主席非常欣赏这句话，认为"过犹不及"是一个哲学的范畴，是一个反对左倾和右倾偏差的范畴，因此"过犹不及"是非常有意义的。而且"过犹不及"是把量和质联系起来，就是不同的量，它却可以有某种相同的质，这是很有哲学意味的一个名言。

后来我们传统文化当中还有一些类似的名言，比如说"不为已甚"，就是做什么事不要做得太过，做得太过你自己反倒会非常被动。还有一个说法不是孔子的，最早可能和佛学进入中国有关系，但是佛学进入中国也和中国的儒学相联系，互相起作用，发生了一些变化，这句话是我们中国人很喜欢的一个说法，叫留有余地，就是给自己留下一点空间。有这样的故事，一个小和尚很认真学佛，很多事他不懂，老是弄不清楚。他的师父就跟他说，你先办件事吧，你拿一个葫芦或拿一个容器装满水，然后我再给你二斤盐，你把这二斤盐放到水里面都化开。于是这个小和尚就用葫芦装满了水，又放进盐，然后过来找师父，说：师父、师父，这盐它不化。师父说：你搅和搅和。小和尚没法搅和，水已经都装满了，没有搅和的可能了，所以盐没化就掉下去了。师父说那还不容易吗，你把那水倒出一点去，留一点空，叫留有余地，留有余地你不就能搅和开了吗？

你留下了空间，留有了余地，不为已甚，没有把事做得过分，没有让它满到不可开交的程度，你就有操作的可能了，你就有发挥主观能动性的可能了。所以中庸之道里包含着对不为已甚、留有余地、过犹不及的一些看法。

我给大家提几个问题：为什么会过犹不及呢？难道努力不好吗？难道努力和努力不够、努力过多是一样的吗？难道人的精神不应该充分发挥吗？请大家思考。

中庸之道与君子之道

仲尼曰："君子中庸，小人反中庸。"

——《中庸》

季康子问政于孔子曰:"如杀无道,以就有道,何如?"孔子对曰:"子为政,焉用杀?子欲善而民善矣!君子之德,风;小人之德,草;草上之风,必偃。"

——《论语·颜渊》

子曰:"参乎!吾道一以贯之。"曾子曰:"唯。"

子出。门人问曰:"何谓也?"曾子曰:"夫子之道,忠恕而已矣!"

——《论语·里仁》

这一节我们讲中庸之道,特别是中庸之道与君子之道的关系,中庸之道与我们的政治文化的关系。

孔子的儿子是孔鲤,孔鲤的儿子是子思,子思有一个重要的著作就是《中庸》。在《中庸》里他提出:"君子中庸,小人反中庸。"他把中庸之道说成是君子的一个特点,同时他提出小人做不到中庸。为什么君子中庸,小人不中庸呢?让我们探讨一下,这是一个很有趣的问题。首先,因为孔子在《论语》里讲过这个话,他说"君子之德,风",这个"德"在这里应该是当功能讲、当作用讲,君子的功能和作用是风,就像风一样;"小人之德,草",小人的作用和功能,就像地上长的草,"草上之风,必偃",风一刮,草就都一边倒了。

孔子说"君子之德,风",什么意思呢?风是发力者,风是主动者,风是决定方向的力量。当然古代不会对风有更深入的研究,古代就认为风是一个主体,是运动的主体。风往东刮,就有一种往东的力量;风往西吹,就有一种往西的力量。君子是提倡一种东西、反对一种东西的一些人;君子是有道德、有文化、有知识、有格局、有情怀、有影响的一些人。所以君子说什么事就好比刮起了风。比如君子告诉我们仁义道德是好的,坑蒙拐骗是坏的,那么谁要是被扣上了坑蒙拐骗的罪名,他就站不住脚了。小人是被动的,他不是主体,而是被动体,草偏过来倒过去,不是它自己要偏过来倒过去,是风吹动了它。小人容易一边倒,他自己不能主动地判断,他也没有那个知识、那个道理。我想这是小人没办法做到中庸的第一个原因。

第二个原因，小人不可能很全面、很周到地看问题，行事比较简单、比较草率，而且越是小人越容易随大流，简单地说，就是跟着起哄。比如我们常常看到这种情形，一个运动员得了奖，一大堆人就对这个运动员崇拜得五体投地；某个时候这个运动员失败了一次，于是就会出来一大堆人把他骂一顿。这也是随着风倒，这样容易片面，不可能考虑到各个方面，不可能看得很长远。然后我们还要说小人有一种心理，他们的地位相对来说不是很高，他们的学问相对来说比较狭窄，他们自己选择的能力有限，往往是跟着风闹腾，越是小人闹腾得越厉害，他们要不闹腾就根本没有人注意他们。西方有这么一个谚语，就是说在市场上大喊大叫的、闹腾得厉害的，这样的人往往是卖假货的，他的货如果不大喊大叫就没人看好。

最后还有一个原因，小人相对来说是比较纠结的，有一股子怨气，对比他们高明、比他们更成功的人不服气，心理不平衡，这种怨气也容易使得他们把话说得很绝对、很夸张、很闹腾、很闹心，所以他们很难做到中庸。相反的，君子有足够的学识、足够的担当、足够的责任心，他们觉得任何一件事情都应该恰到好处，不应该过分，所以他们就比较容易做到中庸、全面，容易做得周到，而不是看见一点就闹，也并不需要咋咋呼呼，搞得很刺激。这是子思在《中庸》里提出来的一个看法。

西方的政治学从理论上来说（请注意我说的是从理论上来说，不等于他们就都做到了，有很多事有这种理论，但是未必做到，中国也有这种情形，有这种文化、这种理念，但是不见得做得到），有一个很核心的命题，就是多元制衡，是说一个理论很偏激不要紧，你往东边偏激，还有往西边偏激的；你往南边偏激，还有往北边偏激的，最后卡在那儿，保持一种平衡，它靠多元来制衡，来互相牵制、互相约束。当然，如果弄好了它是互相补充，弄不好的话也可能是互相恶性竞争。在中国几千年的封建社会里，我们没有多元制衡的传统，没有这样的习惯，而且诸子百家时期（或者被称作子学的时期）正是春秋战国，人们受四分五裂、互相争权夺利之害，因此中国培养的传统是，想要让这个社会安定，想使人民过比较好的生活，必须统一。我们强调的是天下"定于一"，这是孟子的原话，还有孔子的话是"吾道一以贯之"。

实际上，从秦朝以后，中国历代的封建王朝都认为只有社会稳定了，能够一元化，这个社会才会比较好，政治才会比较好，老百姓的生活才会比较好。在这种完全统一的看法之外，也有一种不同的看法，中国人有句话叫"三十年河东，三十年河西"，就是说如果这三十年，某一种说法特别占优势，那么过大约三十年，会来回地有一些变化。中国有些平衡常常表现在时间的纵轴上，那么这个三十年河东，三十年河西，在时间的纵轴上，社会风气会有变化，某些价值的强调会有变化，某些理念的强调会有变化，甚至实力的消长也会有变化。所以，在这种情况下，中庸就非常必要。就是说，你只有中庸，做得尽量准确，做得尽量正常，做得尽量可持续，在这种情况之下，你的一个理论、一些措施、一些作为，你的为人才能够经受得住河东河西变化的考验。你不但在大风的情况下，能保持一定的定力，而且仍然保持着一种自我调节、自我调整的空间，这就叫留有余地，这就叫不为已甚，这就叫过犹不及。相反，如果你在某种风向下做得太过分了，这样你就会变得非常被动，稍微有点什么变化，你就会站不住。

孔子几千年来仍然有这么大的影响，他能受到这么多中国人乃至外国人的重视和崇拜，这不是偶然的，他是用自己的中庸之道来避免片面、避免偏激、避免把平衡完全搞乱、避免自己进退维谷。中庸之道，就是说，你既不要做得不足，也不要做得过分。处理问题的时候，比如某个人某件事犯了错误，或者某件事立了功，都要处理得合适准确，不要因为他犯了错，就把黑帽子都往他脑袋上扣，也不能因为他有了成绩，就把不是他的荣誉也往他身上弄。另外，过去的领导强调遇到问题要冷处理，不要趁着最热乎的时候，或者争论最激烈的时候来处理，最好稍微等一等，等这件事过一过，哪怕咱们事后再处理，这样就比较容易恰如其分。这都是中国自古以来的中庸之道给我们的启发。

中庸之道在中国能够得到这么高的重视，而且至今仍然有一定的道理，这并不是偶然的。现在我提一个问题，就是：中庸之道和应有的这种鲜明的倾向，我们怎么能够结合起来？中庸，又不能中庸到什么事都模棱两可、不负责任，是吧？谁也不敢得罪，八面玲珑，那不叫中庸之道。所以，我们如何做到又有中庸之道，又有鲜明的、正义的、正确的选择和坚持呢？

选择的多样性

子贡曰："有美玉于斯，韫椟而藏诸，求善贾而沽诸？"子曰："沽之哉！沽之哉！我待贾者也！"

——《论语·子罕》

子谓南容："邦有道，不废；邦无道，免于刑戮。"以其兄之子妻之。

——《论语·公冶长》

南容三复白圭，孔子以其兄之子妻之。

——《论语·先进》

子曰："宁武子，邦有道，则知；邦无道，则愚。其知可及也，其愚不可及也。"

——《论语·公冶长》

子曰："笃信好学，守死善道。危邦不入，乱邦不居。天下有道则见，无道则隐。邦有道，贫且贱焉，耻也。邦无道，富且贵焉，耻也。"

——《论语·泰伯》

子曰："不在其位，不谋其政。"

——《论语·泰伯》

子曰："邦有道，危言危行；邦无道，危行言孙。"

——《论语·宪问》

子曰："直哉史鱼！邦有道，如矢；邦无道，如矢。君子哉蘧伯玉！邦有道，则仕；邦无道，则可卷而怀之。"

——《论语·卫灵公》

中庸之道并不是一个固定的模式、一个固定的做法。中庸之道是动态的，它本身是机变之道。机，就是机会、时机；变，就是变化。机变就是随时根据时机、根据场合、根据状况而有所变化。简单地说，它也是务实之道、灵活之道。

孔子之所以要教学，要研究很多问题，发表一些见解，他不是为了做一个学者，也不是为了做一个专家，他是为了挽救世道人心，挽狂澜于既倒，使东周那个乱哄哄的互相屠杀、争权夺利的局面能够结束，回到一个稳定和谐、人们能够安居乐业的局面。

《论语》里有一段话很有名。子贡问孔子：如果有一块非常漂亮的玉石，是把它藏在一个盒里，收藏起来好呢，还是把它卖出去，卖给懂玉的人好呢？子贡这个问题实际上是问孔子本人，因为孔子的美德、知识、品质就像美玉一样美好，那么孔子你这块美好的玉要不要为社会效力、为社会所用呢？孔子的回答让人感觉他有点迫不及待，他立刻就说："沽之哉！沽之哉！"就是我等着卖呢的意思。孔子非常清楚，自己这些像美玉一样的才能、品质是要贡献给社会、贡献给君王、贡献给应有的政治生活的。

所以有人用现代的语言、现代的说法说：孔子怎么是个官迷呢？不，他不是官迷，他非常诚恳，他非常大方，他很明确应该在政治上有所作为，这样的话才能够使自己的主张对人民有好处。这么说孔子是不是非常急于参与社会，参与政治，参与官场，急于为朝廷或者为一个诸侯国家来做事呢？也不是，孔子的中庸之道恰恰表现为不只是一种选择，有往前走的选择，也有往后缩的选择。中庸之道，不把自己捆死，不使自己陷入片面，这方面孔子的说法非常多。

在《论语》里，孔子几次提到一个叫南容的人，他说南容："邦有道，不废；邦无道，免于刑戮。"南容如果到一个较有道的邦国，这个邦国是有章法的，是讲道理的，是正常在运转的情况，他不会把自己废弃，而是要有所贡献，有所作为。如果他到了一个邦国，而该邦国是没有章法的，是不讲道理的，是只讲歪理的，是没有正常秩序的，这种情况之下他会很谨慎，不让自己惹上事，不让自己受刑罚，不让自己被杀戮。孔子认为这样的人还是比较靠谱的。《论语》中说孔子把自己的侄女——他哥哥的女儿——嫁给了南容，可见，孔子认为南容靠谱。《论语》里面还讲到南容反复阅读《诗经·大雅·抑》里的一首题为《白圭》的诗，圭是玉做的，有一定的形式，对人来说有某种规范作用。《白圭》这首诗说的是白玉沾上了污点，你是可以把它擦掉的，可是如果你用不恰当的言语伤害了别人，你很难擦掉。这说明南容这位先生对自己有所要求、有所自制，不胡说八道，孔子很欣赏他这一点。

当然更流行的一句话是孔子讲宁武子的。"邦有道，则知"，如果这个邦国讲道理，有章法，宁武子就很聪明，他就参政议政；"邦无道，则愚"，如果这个邦国不讲道理，只讲歪理，他一下子就傻了，两眼一发直，说话也结巴了，成了一个傻子，他就不掺和什么事了。他不会因为一个邦国的环境的问题，做自己不应该做的事情，就是说他可以智，但是不该智的时候他就不智，不要什么时候都显得聪明，这样才是正确的。

孔子还说，一个好的人、一个君子应该做到"笃信好学，守死善道。危邦不入，乱邦不居。天下有道则见，无道则隐"。"笃信好学"，"笃信"就是诚信，应该很诚实，应该很有信用，而且应该好好学习或者一心学好，这都可以叫好学。"守死善道"，就是哪怕是死了也要走善良、正确、正义的道路，不走歪门邪道。"危邦不入"，无道的邦国，混乱又危险，不要随便进去。"乱邦不居"，如果一个邦国正处于一种混乱的状态，尽量不要住在那里。"天下有道则见"，天下是讲道理的、有章法的，我要表现我自己，这个"见"在这里当表现的"现"讲，就是要表现自己。"无道则隐"，如果这里没有章法可言，乱成一团了，就收缩，就藏起来了。

隐的文化、隐士的文化在中国也是一个很有趣的内容，甚至还有很绝的说法。"小隐隐于野"，一个小人物，你就往农村、往山沟里躲，就把自己藏起来了。"中隐隐于市",中等的隐士就可以住在城市里,住在大地方,可是不能多说话,不随便掺和什么事情,同样不要让别人那么注意。更妙的是"大隐隐于朝",就是你在朝廷里,你在君王的身边,但是你也要注意隐,自己没有想周到的事情,不要随便说;没到时候,时机不成熟,不要随便说。这种隐的文化在中国也很有地位。

"邦有道,贫且贱焉,耻也",一个讲道理、讲章法的邦国,你又贫又贱,你没有地位,没有财富,说明你没有任何的成绩,没有任何的表现,这是一个士人、一个读书人的耻辱。可是"邦无道,富且贵焉,耻也",如果这个邦国正混乱,你却在这儿大富大贵,这也是一种耻辱。这种情况下你应该低调,你应该少显摆自己,你应该凑合过得去就行。

孔子还说:"不在其位,不谋其政。"你不要干预跟你没有直接关系的事情,那样的话你很容易把一件事情做坏。他还说"邦有道,危言危行",邦有道的时候,你敢说也敢做,你不怕触犯什么忌讳;"邦无道,危行言孙",邦无道的时候,你的行为可以很正直,但是说话要很谦虚,要低调,千万不要在那儿胡说八道,在那儿咋咋呼呼自找麻烦。

他又说"直哉史鱼",有一个叫史鱼的人特别正直、耿直、直爽,"邦有道,如矢;邦无道,如矢",邦有道的时候,他像射出去的箭一样,该怎么走就怎么走;邦无道的时候,也是该怎么走就怎么走,决不东张西望,搞一些曲折拐弯的花心眼儿、花招。他另外说到蘧伯玉,"邦有道,则仕",如果邦有道,他就去做官。"邦无道,则可卷而怀之",如果邦无道就不做官了,就把自己卷起来藏起来了。这个"卷"字,我觉得用今天的说法也有可参考的地方,就是我卷铺盖走了。毛主席也说过,什么叫军事?打起仗来,打得赢就打,打不赢就走。意思是打仗也不是你见个敌人就打,你先得估量好了,打得赢就打。如果情况对你很不利,你就要避免和他决战。中国革命在抗日战争当中,在几次国内的革命战争当中取得胜利,就和这个打得赢就打,打不赢就走的实事求是的、务实的态度是分不开的。

孔子的思想也是这样，他随时都要选择最适宜的、最恰当的方法，而不是一个二愣子，每一件事他都能做得准确，也才能够坚持下去、持续下去。这些说的主要是做官的态度，你不做官，你做生意、做学问也一样，你需要随时调整自己的策略，调整自己的方法，使自己处在最佳的状态、最安全的状态，也是最有希望的状态。

孔子眼中的圣贤

> 逸民：伯夷、叔齐、虞仲、夷逸、朱张、柳下惠、少连。子曰："不降其志，不辱其身，伯夷、叔齐与！"谓："柳下惠、少连，降志辱身矣。言中伦，行中虑，其斯而已矣。"谓："虞仲、夷逸，隐居放言。身中清，废中权。我则异于是，无可无不可。"
>
> ——《论语·微子》

这一节讲一讲孔子对于圣贤、大人物的看法。首先我们要说在孔子那个时代，社会精英、圣贤不仅仅限于君王。君子当中顶尖的、最高端的人物，孔子称他们为圣贤。当然对圣贤的看法也不一样，也有把尧、舜、禹称为三圣的，认为他们把当时的社会管理得非常好、非常安定，而且尧、舜禅让天下也做得非常漂亮，所以也称他们为圣贤。

在《论语》里有一段讲逸民，逸民就是一些边缘化的人物，一些在主流社会生活、政治生活当中已经出局的人物，孔子认为这些人也有值得探讨聚焦的价值。孔子并没有说他们是圣贤，但是到了孟子一代就把孔子说的这些逸民说成是圣贤了。我们现在要讲的是孔子所说的这些逸民。伯夷、叔齐原来是商朝晚期的一个叫孤竹国的君王的儿子，伯夷是大儿子，叔齐是小儿子，另外中间还有一个兄弟，不知道他的名字了。伯夷的父亲想把王位传给他的小儿子，伯夷一听，觉得非常好，但他要留下来孝顺他的父亲。等他父亲生病一去世，他就跑得远远的，表示自己决不会在这儿和自己的小兄弟争王位。但是叔齐又是"悌"的模范，他尊敬自己的大哥，他说这个王位应该传给大哥，即使父亲说了传给自己，自己也得先让给大哥，自己不可以当王，他也跑了。二人互相谦让，最后就剩下那个中间的儿子继承了王位。

他们跑了以后躲在一个很远的地方，结果碰到了武王伐纣。伯夷和叔齐觉得非常失望，他们认为虽然商纣王有很多缺陷，但是周武王是臣子，臣子怎么能够派兵打君王呢？当然现代人可以说这是一种封建思想，因为武王伐纣还是正义的。于是这两个人坚决不和周朝合作，宣称"耻食周粟"，就是以吃周朝出的粮食或者是周朝朝廷发的粮食为耻辱，两个人又跑到首阳山上去了，在那儿只吃野菜，不吃粮食，最后饿死了。

孔子就赞扬这两个人"不降其志，不辱其身"。就是他们对事物的判断，他们对事物的取舍，不降低标准。他们是商朝的臣子，必须忠于商纣王，商纣王再坏，也还得忠于他。他们身为商朝的人，不想给周武王当臣民，他们认为给周武王当臣民是对自己的侮辱，所以他们宁可饿死，非常清高。孟子也说他们是"圣之清者也"，是圣贤当中最清高的人。

另外还有柳下惠，柳下惠本来叫展获，他在柳下那个地区生活过，死后又被赠给一个名称叫惠，所以人们就称他柳下惠。柳下惠在老百姓当中流传最广的故事除了他坐怀不乱，不被女色所干扰，还有孔子说的他能"降志辱身矣"，他不怕放低自己的要求，也不怕受到侮辱，因为他在鲁国做过很小的小官，他也努力做。他也非常耿直，按他自己认定的理念和原则办事，他曾经三次被撤职，但不着急，也不生气。以后有了机会，不管做多小的官，受到什么样的侮辱，他一样可以忍辱负重，做事情仍然很耿直，仍然按照自己认为正确的原则做，不干黑心的事，不干同流合污的事，不干蝇营狗苟的事。所以，他虽然官小，但是孔子认为他是一个大名人、一个带有圣贤性质的人物。

另外《论语》里还提到了虞仲、夷逸。虞仲是周文王的祖父——亶父——的儿子，因为亶父想把王位传给虞仲的弟弟季历，虞仲知道父亲的意思，怕在继承的问题上造成麻烦，他就跑到比较偏远的蛮夷地区，而且把头发的样式也改了，把服装也改了，意思就是他已经不是中原的人士了，他也不是周国的人士了，他是边远地区的一个完全边缘化的人。孔子形容他是"隐居放言"，他自己隐居起来了，好像这人就没有了一样。因为他隐居了，也不是什么重要的人物了，只是边远地区的老百姓，他说话就比较放得开，所以他说话不少。但是他能做到"身中清，废中权"，就是说他自己的身体还是干干净净的，他不做坏事，不做对不起本国的事，不做对不起老百姓的事。他仍然很清高、很干净。他虽然把自己的主流地位作废，但仍然有很多权衡，知道哪些事可以做，哪些事不可以做。他不是一个二愣子，也不是一个傻子，做什么事说什么话仍然很有章法，很有道理，无懈可击。所以说像这样的人物也是不一样的，孔子承认圣贤就是逸民，就是边缘化了，仍然可能有不同的选择。

《论语》中还记载了几次孔子想接受某个有权势的人物的聘请去做官，引起了他的学生子路的不满，说这个君王名声很不好，老师怎么能上那儿去做官呢？但是孔子说他去做官，他并不是一个傻子，对方也不是傻子，对方要尊重他，就得让他按孔子的理念做。孔子去做官仍然是为了做好事，仍然是为了巩固东周的地位，而不是让对方的野心得逞，他去做官是保留他能做好事的可能性，而且他不是一个随便让人控制的人。在具体做法上他可以和各种各样的人合作，但是做起来他要努力遵循他自己的理念、自己的追求。所以孟子说孔子是"圣之时者也"，他是最懂得在不同的时机采取最恰当的方法、最恰当的做法、最正确的选择的这样一个人。

五、孔子"仁"与"礼"的主张

《论语》中的孝悌思想——仁义

> 有子曰:"其为人也孝弟,而好犯上者,鲜矣!不好犯上,而好作乱者,未之有也。君子务本,本立而道生。孝弟也者,其为仁之本与!"
>
> ——《论语·学而》
>
> 子夏问孝。子曰:"色难。有事,弟子服其劳;有酒食,先生馔。曾是以为孝乎?"
>
> ——《论语·为政》
>
> 子曰:"生,事之以礼;死,葬之以礼,祭之以礼。"
>
> ——《论语·为政》
>
> 宰我问:"三年之丧,期已久矣。君子三年不为礼,礼必坏;三年不为乐,乐必崩。旧谷既没,新谷既升,钻燧改火,期可已矣。"
>
> 子曰:"食夫稻,衣夫锦,于女安乎?"
>
> 曰:"安。"
>
> "女安,则为之!夫君子之居丧,食旨不甘,闻乐不乐,居处不安,故不为也。今女安,则为之!"
>
> 宰我出。子曰:"予之不仁也!子生三年,然后免于父母之怀。夫三年之丧,天下之通丧也。予也有三年之爱于其父母乎?"
>
> ——《论语·阳货》

孝悌，"孝"是孝顺的孝，"弟"我们现在的写法是一个竖心旁，一个"弟"字，但是古文里有时候就直接写成"弟"。孔子认为，人的美好心性、道德、文化的起点是从家里的"孝亲"和"悌兄"开始的。"孝亲"就是对自己的父母的孝道，"悌兄"就是兄弟姐妹相互之间的友好友爱。

有子曰："其为人也孝弟，而好犯上者，鲜矣！"就是说在家里面讲"孝"和"悌"的人，到了社会上不会犯上作乱，不会成为一个破坏性的负面因素。"孝悌"是人的各种美德、好的思想的出发点，而我们的学习，所谓"学而时习之"，所谓"好学"，是"孝悌"这种美好人性的发展、扩充。

孔子的理论非常纯正，他认为孝的结果是一个人懂得感恩、懂得服从，尤其是懂得尊敬、爱护、忠实于自己的父母。这个"忠实"将来到社会上会发展表现为对君王、对朝廷、对工作、对各种长上的一种忠实和尊敬。我们可以说"孝"是忠敬、忠恕、忠义、忠信的：忠敬是指孝里面有忠实，又有尊敬；忠恕，宽恕的恕，就是既能够忠实，又能够体谅他人；还要有忠义，不但对长上是忠诚的、忠实的，是可靠的，而且是讲正义的，是坚持正确的原则、正确的道理的；忠信，简单地说是既忠诚，又可靠。这个"悌"也包含了友爱，包含了尊敬，包含了信义。

儒家还喜欢讲恭敬、辞让，就是遇到好事要知道谦让，不要什么事都削尖脑袋钻过去，先要看看别人有没有需要，懂得礼法。你有了这种尊敬的心情，你有了这种孝顺的心情，你有了这种忠诚的心情，那么表现在你的行为上，你就是合乎文明礼貌的，你是有法度的、有规矩的、有程序的。孔子认为这是一个人修身最重要的部分。

《论语》中提到"子夏问孝"，子夏是孔子的一个学生，他问什么是孝道，孔子就讲了一套。孔子说了什么？这个也特别好玩，你想不到这个孔老夫子是这样说的，他说"色难"，这个"色"可不是讲的女色或者是性方面的色，他讲的是容色，即脸色、面色、颜色，就是脸上的表情。孔老夫子说最重要的是要注意好自己的表情。"有事，弟子服其劳"。"有事"，兄弟或者子女可以帮助提供这个劳务。"有酒食，先生馔"，有酒和吃的东西，先请父母、兄长享用，做到这样是不是就算孝了？孔子说不见得，如果伺候你的父母，你脸上显得不耐烦；如果伺候你的兄长，你一会儿看一下表（当然古时候没表），根本就静不下心来好好地爱你的父母、兄长，这样不能叫孝。因为这个仅仅是赡养，仅仅是给吃的、给喝的、给零花钱，这样并不足以看出你的孝道。

"孝道"更主要的是尊敬和爱心。这个恰恰是孔子所主张的，对社会最重要、对国家最重要，对个人的修养也最重要的一条——"仁爱之心"。"孝"也是仁爱之心，这个很自然，你想想从你生下来，面对一个陌生的世界，肯定是你的父母先照顾着你，先管理着你，先喂养着你，否则你那么弱小的一个生命怎么活下来？人能够不感恩父母吗？

在孔子编纂的《诗经》里，其中写到孝道的、写到人对父母的感恩心情的非常之多，非常感人。所以从孝上能够出来仁——仁爱之心、仁者爱人。你有了仁爱之心，你就不仅仅对你的父母有一种尊敬和喜爱，而且对各种长上或者是自己的平辈都有一种友爱、敬爱、亲爱，就全了。这样的话，这个社会就比较健康、比较美好，因为人和人之间的关系是一种美好的关系。

孔子对"孝"的讲究、对"悌"的讲究，不但产生了人的一个根本的德行、根本的观念——仁爱的思想，而且还产生了孔子的另外一个很重要的概念，对于他来说就是"敬"，就是恭敬，对各种事物有所恭敬、有所尊敬。为什么？因为孔子认为"孝"不仅仅表现在父母活着的时候对父母恭敬、照顾、无违（现代人所说的"孝者顺也"，不要违背父母的意志），更要表现在父母不在人间的时候要好好地处理后事。一个是好好地埋葬，还有一个是要好好地祭奠。孔子很有名的一句话是："生，事之以礼；死，葬之以礼，祭之以礼。""生，事之以礼"，"事"在这里当服务讲，指父母活着的时候你要按照礼法的要求来，提供你作为子女应该给予父母的服务。父母去世了，要"葬之以礼"，就是按照礼法的要求来处理他们的遗体，办理丧事，提供一个好的葬礼、好的结束。这样既体现了父母作为人的尊严，也表达了子女对父母的感恩。孔子还提出来要"祭之以礼","祭"就是祭奠。父母去世了，子女应该有的祭奠、应该有的怀念、应该有的表达，也要按照礼法的要求来处理。更通俗地说，就是埋得好好地埋，哭得好好地哭，拜得好好地拜，这才表达了一个真正孝子的心情。

孔子把"生，事之以礼；死，葬之以礼，祭之以礼"看得非常重要。后来的朝代也特别重视孝道，汉朝的时候就提出了"以孝治国"，所以汉朝的许多皇帝（除了汉高祖、光武帝）死后，谥号里都有一个"孝"字，因为他们认为"孝"是最能体现一个人品德的标准。

在古代，还有很严格的规定，父母去世，官员要回去守丧三年，这三年不能再做官，不能够办喜事，不能办婚宴，整整三年要思念自己的父母，为自己的父母而痛苦，要保持这种悲哀，保持这种痛苦。孔子的一个叫宰予的学生就此还跟孔子发生了一段争论，宰予说守丧三年的提法太严重了，好多事都耽误了，守丧一年就行了。孔子听了以后非常愤怒，说一年怎么行，你生下来你父母抱着你也是三年，给你那么大的恩惠，要不抱着你三年，你能长大吗？

当然现今来看，具体的做法不可能按2500年以前的规矩来办了。但是孔子的这个思路特别好，仁义道德并不是天上掉下来的要求，也不是神、非人间的地方来的命令。仁义道德是从生活中，从家里对父母的"孝"、对兄长的"悌"里产生出来的。仁义道德就是最美好的人性，就是人的出发点，就是敬的出发点，就是人类美德的出发点。

《论语》中的孝悌思想——仁爱

孔夫子强调"仁"，从"仁"又追溯到仁爱的感情、仁爱的思想、仁爱的心理起源。他认为"仁"起源于"孝悌"，孝悌非常重要，"其为人也孝弟，而好犯上者，鲜矣"，一个人既能孝顺父母，又能够友爱兄长，这样的人将来到了社会上是很少和上级找别扭、找麻烦的。"而好作乱者，未之有也"，这样的人制造动乱就更不可能了。

后来的朝代都特别重视孝悌，当然也产生了一些问题，也发生过一些特别动人的故事。比如，宋朝特别提倡孝道，其中最令人感动的是岳飞的故事。他孝顺母亲是非常有名的。他母亲生病的时候，他就伺候母亲吃药，伺候母亲吃饭，几乎一直在母亲的身边，所以他是一个大孝子。我们应该想到岳飞表现得那么英勇，不怕一切困难，甚至于受到奸人的迫害还能够坚持和金人抗争到底，也和他要实现母亲的愿望、母亲的嘱托是分不开的。可以说他的孝是扩张、升华了的，他从对母亲的孝发展表现为对祖国的孝、对朝廷的忠、对国民的忠。岳飞的孝是千古之佳话，令人感佩。

但是让人觉得非常哭笑不得，让人感到非常无奈的是杀岳飞的赵构，就是南宋的第一个皇帝宋高宗，他也是一个孝子。北宋时曾以开封为国都，开封在"靖康之难"中被金人占领了，赵构撤退到了江南杭州，建立了南宋。但是宋高宗的母亲在"靖康之难"中被金兵俘虏了，而且在金人那边受到了许多的屈辱（当然由于我掌握的史料缺乏，具体的情况我也说不清楚）。赵构认为自己是孝子，想到他母亲所过的生活，就觉得非常痛苦，不能忍受。所以他以尽孝为由表示：由于要对母亲尽孝，所以他主张议和，他宁可退让。他跟金人订了一些苛刻的、对南宋非常不利的条件，可以说是低声下气、委曲求全，最后把他母亲接回来了。接回来以后，还搞了盛大的欢迎仪式。他从来没有想过怎么能够捍卫住南宋，怎么能够和北方来的敌人做斗争，而是认为他已经是大孝子了，他把他母亲接回来了。所以有人就说，同样是孝，岳飞是"保卫国家"，宋高宗赵构是"出卖国家"。所以同样是孝，在不同的社会情况下，不同的价值观念下，也会产生不同的效果。

中华文化关于"悌"的讲究，在戏曲中也常有表现。这方面我在生活中也有直接的体会。我有一个很好的朋友，他兄弟姊妹五个人，他有一个大哥，比他大十几岁。父母在病重知道自己快不行了的时候，对他的大哥有一个嘱咐："你还有四个弟弟妹妹，你要争取让他们能够成长好，能够活好，而且能上学。"他的大哥在极端痛苦的情况下，向父母做了承诺："我只要一息尚存，一定负起责任，把四个弟妹抚养长大，使他们能够独立生活。"四个弟妹都长大了，功课都不错，也都上了大学，现在也都结婚了，都过得不错。这时候他大哥已经快六十岁了，一辈子没有结婚。他大哥说："我很难找一个妻子，因为结婚以后她就要抚养四个弟弟妹妹，这个担子非常之重，所以我就一直没有结婚。"在最小的妹妹结婚以后，他大哥把四个弟弟妹妹叫到家里，说了一句话。他大哥说了什么呢？他大哥说现在自己想结婚。就这一句话，四个弟弟妹妹全跪下了，因为他们深深地知道大哥为了他们的幸福付出了一生的代价。我听了这个故事以后，包括现在提起来，都是热泪盈眶。而且这样的故事在中国不是只有一个人，不是一种特殊的情况，在秦腔《迟开的玫瑰》里面也描写了类似的故事。那个故事里是一个大姐把几个弟弟妹妹抚养大，可见这样一种感情已经深入人心。

但是这种感情我们又觉得个人牺牲太大，今后可能有更好的办法，比如国家对于孤儿在养育方面、在扶助方面、在支持方面会有各种各样的政策。我们应该看到这种孝悌对社会的安宁，对人们的幸福，对老人、对孤儿都会增加很多的温暖、增加很多的安宁，会使这个社会增加很多的幸福感。这个幸福感不是外来的，它是内在的东西，是好的道德、好的人生观、好的仁爱观会使人增加幸福感。

那么孔子为什么要下那么大的功夫来提倡一个我们今天看来很普通的"孝"和"悌"呢？这恰恰是因为孔子生活的春秋时期，当时东周王室政权式微，已经没有管理和统治的能力了，各个诸侯国家之间乱成一团，整天是流血、打仗、阴谋，今天这几个诸侯国家结盟，明天那几个诸侯国家打起来了。这个时期，各个诸侯国内部也不断地发生争权夺利的事：儿子杀了父亲，兄弟之间残杀，臣子杀了君王。

孔子对于这样的局面非常痛心。他认为没有起码的世道人心的优化，没有起码的孝悌，没有由孝悌发展出的忠诚、恭敬、仁爱、互助，没有这种思想观念、情感心理的转变，要想让社会安定，想让老百姓过上美好的、幸福的生活是非常困难的。所以孔子一直提倡从"孝悌"出发来构建一个仁爱的社会，构建一个安宁的社会。儒家都认为人是性善的，人的本性里、人的天性里，从婴儿时期就会有对父母的孝的感情，就会有对兄长的悌的感情。因此，一个人从小时候的、具体的、最自然的感情做起，就能够走上美德的道路，走上善的道路，走上仁义道德的道路。

什么叫得体

子之燕居，申申如也，夭夭如也。

——《论语·述而》

君赐食，必正席先尝之；君赐腥，必熟而荐之；君赐生，必畜之。侍食于君，君祭，先饭。

——《论语·乡党》

疾，君视之，东首，加朝服，拖绅。
君命召，不俟驾行矣。

——《论语·乡党》

问人于他邦，再拜而送之。

——《论语·乡党》

康子馈药，拜而受之。曰："丘未达，不敢尝。"

——《论语·乡党》

子见齐衰者、冕衣裳者与瞽者，见之，虽少，必作；过之，必趋。

——《论语·子罕》

什么是得体？"得体"就是正好适合那个时间、那个地点、那种情况下，所应该达到的、应该做到的各个方面、各个细节。《论语》里面反映了孔子做任何事情都非常注意文明礼节恰当得体，比如里面提到孔子"燕居"，燕居一般解释为自己闲居，不是在朝廷，不是在有什么任务的场合。孔子燕居，"申申如也"。"如"说的是他很自然，又舒服又和气的样子。因为他自己闲居，不显得紧张；但同时他这种轻松又不是那种懈怠型的，没有歪着，没有斜着，还很正经。又正经，又舒畅，又和谐，这真是一个人在家里闲居时的样子。

后来人们还有一种说法叫作闲居衣整，就是你在闲居的时候，穿戴整齐，站有站相，坐有坐样，因为你是一个圣人、一个有重大影响的人，即使是在闲居的时候，也不能露出一种流里流气的样子来。

《论语》里讲了大量的孔子对待君王、对待朝廷的态度，在各种行为上有几点就挺有意思。孔子说"君赐食"，如果是君王赏给你一些食物，"必正席先尝之"，你必须先坐得端端正正的，然后尝一点，表示对这个食物的欣赏和对君王的感谢。如果是"君赐腥"，如果君王赏给你的是生肉，"腥"指的是生肉，"必熟而荐之"，你先把它做熟了，做熟以后，先用国君赐给你的肉食向天地、祖宗献祭，再接着吃。"君赐生，必畜之"，"畜"意为养。君王赐给你一只鸡，是一只活鸡，你得养起来，也是表达一种重视、感谢，不是说拿来以后一刀先给宰了。

"侍食于君"，如果这一天国君要你陪他吃饭，这个时候你就要规规矩矩地在那儿坐好，国君吃饭前要先祭祀，祭天祭地，也许还要祭祖，或者是祭神。在国君祭祀的时候，你就开始动筷子，或者用勺子或是调羹，你先吃两口。这个最有趣，咱们可以共同来研究一下。因为从我的主观看，国君赐你一起吃东西，你应该等着国君一起吃；国君祭祀的时候，你就老老实实地在旁边坐着就行了。但是孔子说你先吃一点，先替国君尝一下，这可以解释为你作为臣子，先替国君吃入口的东西，万一有点什么味道不太正，给人的感觉不太好怎么办呢？你有这个责任和义务先吃，这是一种解释。

另一种解释，就是你跟国君不是一个级别。国君虽然叫了你一块儿吃饭，他要先行礼祭祀，祭祀当中对上天、对祖宗有些祝愿你并不了解，你也不配跟国君一块儿祝愿。所以你就先吃，哪怕做个样子在那儿吃，以示你和国君不是一个同等的待遇。

还有一种说法，就是国君在那儿祭祀的时候，如果你不知道干什么好，也不允许你在那个时候先吃东西，是不是显得有点呆板、有点多余？

更有意思的是，后边还提到如果你生病了，国君来看望你，你怎么办？你发着烧，或者哪儿疼痛哪儿有外伤，遇到这种情况，你要头朝东躺好，要加朝服。什么意思呢？就是把上朝的正装盖在身上，因为你生着病，不是说要穿朝服，而是盖在身上，说明你是朝廷的一个臣子，是国君的下属。国君来了，你把朝服盖在身上，明确自己的身份；而且过去的朝服它有一个很宽的腰带系在身上，此时你是生病卧床休养，不能站起来也不能干什么，但是腰带也摆在了朝服上，这证明你一切都准备好了，是一副等待国君前来的样子。

另外，孔子和老乡们在一块儿的时候举了一些例子，也挺好玩。说是乡下举行一种带有消灾、除秽，甚至是驱鬼的仪式时，孔子认为不一定要参加，因为身份不一样。这种仪式是不是最妥善的仪式，不敢肯定；是不是有某些迷信或者是相传的一些观念在里面，也不敢肯定。但是如若参加就应该规规矩矩地参加，要尊重乡里这种仪式。要穿戴整齐，要穿上朝服，然后站在举行仪式的地方的东边的台阶上，端端正正，以示对这个仪式的尊重，但又不是完全的、百分之百的参与，不用完全按乡下的仪式来。

这让我想起自己在新疆的经历。新疆有些少数民族同胞是穆斯林，他们在某些聚餐、送行，尤其是婚丧嫁娶、婴儿新生，也有一些仪式。我被邀请参加的时候，我就坐在旁边，安安静静，态度亲和严肃，不多说话，不东张西望，也没有任何不敬的表现，我觉得这也是继承了《论语》所教的孔子的传统。

还有一些特殊的情况，孔子做得特别好。一种是"问人于他邦，再拜而送之"，意思是你委托一个人，比如这人到另外一个诸侯国去，你说那诸侯国有一个你的朋友或者亲属，如你的哥哥或者弟弟在那儿，见了面代你向他问好。如果你委托这个人替你问好，那么你要给这个人多行一次礼，再拜，行礼要行两次以上。然后这个人走的时候你要"再拜而送之"，你也要表现出足够的礼遇和礼节来。这个原因在于，既然你托人家替你问候，向别人做最礼貌的表示，那么你先对这个你要委托的人表示足够的礼貌。

《论语》里面还写到孔子在车上看到穿丧服或者凶服的人，就是你一看对方穿的那身服装，你就知道他的家里，或者他的乡里出了大事，出了坏事的，这个时候，不认识人家，但是孔子会马上用手扶着这个车，身子挺直，向前微倾，就像对他表示一种问候、一种关切、一种要和他分担忧虑的感觉，这也是一种很礼貌的表现。人家处在一种很悲哀的情况之下，你不能够显得完全无动于衷。孔子还说，他刚一上车就站得很正，既不东张西望，也不指手画脚，更不大声说话。这个太好了。

我觉得咱们今天在乘坐一些公共交通工具上也有这个问题，有的人在公共交通工具上肆无忌惮，说话说得很低级，而且东张西望很不礼貌。确实，孔子是真文明，我们需要向孔子学习。

孔子的饮食讲究与君子风范

食不厌精，脍不厌细。

食饐而餲，鱼馁而肉败，不食。色恶，不食。臭恶，不食。失饪，不食。不时，不食。割不正，不食。不得其酱，不食。

肉虽多，不使胜食气。

唯酒无量，不及乱。

沽酒市脯，不食。

不撤姜食，不多食。

——《论语·乡党》

祭于公，不宿肉。祭肉不出三日。出三日，不食之矣。

——《论语·乡党》

食不语，寝不言。

——《论语·乡党》

虽疏食、菜羹、瓜祭，必齐如也。

席不正,不坐。

——《论语·乡党》

读过《论语》的人都知道,孔子对吃饭有所谓"八不食",即在八种情况之下拒绝吃;甚至于扩张一下,或者是"十不食",在十种情况下他都不能随便地吃。他有很多说法,"食不厌精,脍不厌细",食物做得越精细越好;肉、菜,尤其是肉,切得越认真越合格越好,要用心,刀工要细。"食饐而餲",如果食物有点儿腐败了,有点儿不好的气味了;鱼有点儿变质了,肉有点儿不新鲜了,"不食",不吃。"色恶,不食",如果颜色看着不对了,也不能吃。"臭恶",气味闻着不对了,也不能吃。"失饪,不食",如果烹调得不到位,不食。"不时,不食",不是在吃饭的时间,不是吃这种菜、这种饭的节令,不吃。"割不正,不食",如果这个菜做出来,把它切割或者是装到盘子里,弄得歪歪斜斜、乱七八糟的不成样子,也不吃。"不得其酱,不食",得不到它应有的那个调味汁,也不吃。

"肉虽多,不使胜食气",肉虽然可以吃很多,但是不能胜食气,有人解释为不能比粮食和菜还多,但是我更愿意把它解释为"气",因为中华文化认为干什么事都有一个气,就是你的主观吃东西的需要和功能。你不能因为肉多,就不但把你自己的食欲填满了,还引起相反的感觉来了!因为肉虽多,你吃了半天都不想再多吃了,等于你吃饭的劲头受挫。再馋的人、饭量再好的人,如果你给他预备的食物太多,他一看吓一跳,这就是胜了食气,饭把人压倒了。不是人要吃饭,而变成了饭等着你来,要是把吃饭弄得太奢靡了,吃饭的人心里头气就被压制了。

"唯酒无量,不及乱",喝酒并不限制数量,但是不能喝乱了,不能喝醉了。"沽酒市脯,不食",买来的酒不能随便喝,因为不知道它清洁的程度;买来的脯,指干肉或肉为了保存做了一些处理,从外边铺子里头买来的肉,不像自家做的肉可靠、清洁,所以也不吃。"不撤姜食,不多食",就是你在吃东西的时候要有姜，因为孔子喜欢吃姜，认为姜能够帮助消化，但不宜多吃。

"祭于公"，至于在公家、在朝廷、在官方用来祭祀的肉，"不宿肉"，祭祀完了以后可以赏给大家吃，而且拿了以后要当天吃，因为它已经存放了一段时间了，再放时间长了就不新鲜了，所以不要再经过一夜。"祭肉不出三日"，祭祀的肉，祭祀完了三天之内你一定要想办法把它吃掉。"出三日，不食之矣"，超过三天就不吃了。

"食不语，寝不言"，吃东西的时候不要说话，睡觉的时候也不要说话，这个观点放到现在有一些不同。现在吃东西是一项交际活动，不说话是不可能的。但是吃饭的时候话太多，你一个人占领了全席，就听你一个人说话，这个也让人烦，也不是最文明、最礼貌的，所以食不语、寝不言，我们可以按照今天的理解来加以参考。

"虽疏食、菜羹、瓜祭，必齐如也"，虽然只是用了蔬菜，用了菜羹菜汤，用了点瓜果，这里面包括不包括果，咱们还不知道，吃饭前也要取一些祭祀一番，祭祀要像斋戒那样严肃恭敬。祭祀完了以后，你也照样跟吃斋一样，很严肃，很讲规矩，用端端正正的态度来食用这些做过祭祀的东西。

还有，孔子提到"席不正，不坐"，座席摆放得不端正，不就座。再引申开，吃东西的时候，也得端端正正，不能吊儿郎当，歪歪扭扭的样子。

这些规则都非常可爱，但是年轻的时候我并不明白，那时候我想，吃饭要讲究到这一步吗？要这么讲究，咱们在很多情况下都不能吃饭了。要这么讲究，吃饭花费的时间就多，有时候早晨赶着去上学，中午赶着吃饭，下午又要赶着去上课，晚上回到家里，家庭作业很多，又忙又累，急着吃点儿东西，随便吃两口，还得接着做作业，吃饭能做到这么正式吗？

我曾经有过怀疑，有过不理解。但是随着年龄的增长，我对孔子对吃的讲究越来越理解了，越来越服气了。孔子对待吃的态度，不仅仅是一个讲卫生的表现，孔子说这肉坏了，您别吃；大街上随便买的熟食，甚至于买的酒类、来源弄不明白的饮料，您也别喝。因为古代酒业并不发达，有些人也不会做酒。

我觉得这些从卫生安全上来理解，都是非常正确的。

除此，我们吃东西还可以从一个更高级的意义上理解，就是我觉得在世界上没有比吃饭更应该唤醒自己的一种感恩的心情。我们对这个世界是要感恩的，请想想，我们每天要吃三顿饭，这三顿饭里面我们要吃那么多东西，这些东西如果世界上没有，我们吃得着吗？如果农民不去种植，渔民不去打捞，牧民不去畜养，我们吃得着吗？如果不把这些好吃的东西运过来，我们吃得着吗？如果没有厨师，我们吃得着吗？如果不是厨师做的而是妈妈做的，我们更应该感恩；夫妻两个人，很多情况下是妻子做的，你应该感恩；你老了，是孩子们给你做的，你应该感恩。

因此，在每一顿饭里面都有世界，有你的亲人朋友、工人、农民和各行各业的人，他们的劳动提供的帮助。至于有神论者，对一些有宗教信仰的人来说，他们更加重视吃饭，很多有宗教信仰的人在吃饭前、吃饭后都有一定的仪式，有一定的敬礼、礼拜的方式，有一定的语言，来表达对他们所信仰的神祇的那种感恩的心情。即使你是无神论者，也会有一个对大自然的、对世界的、对劳动的、对亲人的、对人民的感恩。所以我们应该把吃饭看成一件重要的事情，我们要在吃饭的时候唤醒我们身上的那种文明，那种感恩，那种敬畏，那种亲切，那种对自己进入一个更高的文化层次的要求。

所以孔子这么讲究吃饭很好，当然这也需要有一定的物质条件。如果我们处在饥寒交迫之中，处在一个衣食无着的情况之下，想搞得很正规、很感恩，我们是做不到的，因为我们是在狼狈当中，饥寒交迫，在这种窘境中，能找到点儿什么先吃两口再说。

所以从这个意义上来说，我们更要感恩，因为我们多数人现在温饱的问题解决了，我们不是在一种狼狈之中、饥饿之中来享用我们的食物，而是在一种小康的、走向小康的情况下来吃东西的，我们怎么能够不快乐？我们怎么能够不感恩？让我们好好想一想每一顿饭，让我们好好地感谢这个世界。

中国人为什么很重视"礼"

> 子曰:"道之以政,齐之以刑,民免而无耻;道之以德,齐之以礼,有耻且格。"
>
> ——《论语·为政》

《论语》里有很多孔子对于"仁"和"礼"的讲解。孔子有一句非常有名的话,表示他对治国平天下的理解。他说"道之以政,齐之以刑,民免而无耻","道"在这里当引导、领导来讲,就是说你要用行政的手段进行引导,进行引领。"齐之以刑",就是用刑法的手段,用惩办的手段,来规范邦国里的事物,规范邦国里的人民。这样的话,"民免而无耻",人民就不会去做那些违法的事情,不会去做那些会受到惩罚的事情,即使做了不符合规范、不符合礼法的事情而受惩罚,也不觉得害羞、觉得耻辱,因为你用的只是行政和惩罚的手段。

那么孔子理想的治国平天下的手段是什么呢?他说是"道之以德",你用道德、用美德来引领。"齐之以礼",用礼法、用礼貌、礼数来规范。"有耻且格",老百姓自觉了,如果做违法的事情、不文明的事情、不符合道德规范的事情,是丢人的,是很耻辱的。"且格"也就是有了一定的格调了,有了一定的高度了,所以叫"有耻且格"。把"礼"提高到治国平天下的一个很关键的部分,在其他国家或者其他重要人物的理论中,把"礼"提到这个程度的很少见。

"礼"确实还有很大的作用,它的作用是什么呢?孔子主张人的心性,应该以仁爱为核心,人的风度、人对自己的要求、人的自律,应该以君子为标准。古代行政不叫行政,叫为政,为政就是治国平天下,应该以一种仁爱和文明的态度。这些东西外化的表现就是"礼",就是彬彬有礼,大家都讲礼貌,大家都讲谦让,大家都讲美德,成为一个有高度、发达、礼貌的邦国。

"礼"这个词至今影响非常深,在我们的生活里仍占有很重要的地位。在先秦时期，一个词就用一个字，比如"仁"，比如"礼"，比如"齐"。到了近现代，尤其是到了现代，我们用口语用白话文，一个词喜欢用两个字表达。我们现在探讨一下，从孔子强调"礼"到今天，这个"礼"都包含了一些什么样的词？都包含了一些什么样的内容？我们首先就会想到礼貌，礼貌是一种人和人相处——尤其是陌生人之间相处——应有的敬意、善意。礼，可以说是一种行为的规范，尤其是人际关系的规范；貌，指人的面容、举止。礼貌没有特别的规定性，但这是现代文明社会对一个人最起码的要求，而且不分男女老少，不分地位，就算你是一个很小的孩子，你表现得很礼貌和表现得粗野无礼，给人的印象完全不同。

现在我们还常用的一个词是礼仪，就是"礼"表现为一种仪式，仪式可能是非常重大的。现在来说，一些重大节日，都有很正规的仪式，这种仪式有它固定的内容，甚至于对着装都有要求。和礼仪连在一起的说法，就是礼乐。在孔子那个时代强调的音乐不是老百姓的民歌，不是你自己在那儿敲锣打鼓，而是在一些重要的典礼上要奏乐，奏乐才能够显出礼仪的庄严，显出礼仪的正规，显出一定的感染力来。我们今天在一些重要的仪式上也是要奏乐的。

所以孔子讲的奏乐，是礼的一部分，是礼的一个有机组成部分。礼仪、礼乐包括了人与人相处，包括了邦国历史上的一些重大的节日、重大的活动，也包括了现在的人对先人、对天地的祭奠。你如果去过天坛，应该知道那是祭天的地方；你如果去过地坛，应该知道那是祭地的地方；你如果去过中山公园，那里的五色土也是表达对土地的尊敬、祈祷。

还有礼节，礼节比礼貌更明确一点，带有规定性。礼节尤其强调下对上、活人对自己的祖先，行为、动作、言语必须符合礼节的要求。比如古代见了君王，要行拜叩之礼，有的还不止拜叩一次，要三拜九叩，这可以说是一种礼节。还有一个很重要的词叫礼法，就是把礼变成法律，把礼变成规则。如果你违反礼法的话，你会受到惩罚。你可能受到君王的惩罚，也可能受到本族族长的惩罚。

我在新疆的时候，西北地区还很喜欢用一个词叫礼数，对于礼你要心中有数,礼数我觉得是讲礼的一种系统。这个系统就像数字一样:第一,它很明确;第二,它有先后的关系,先后的次序很鲜明,不能随便更改,不能随便变化。另外它又不只是一件事情,就像数字一样,它是清清楚楚的几加几等于几,几减几等于几,哪个在先哪个在后,都很清晰,用现在的话来说,礼数是一个系统工程。

礼行,是指一些礼的活动,比如说结婚,既有仪式又有一些有关的活动,这是一种礼行。比如说生孩子、生育、添丁,就是家里添了人口,有的地区过三十天的所谓满月的活动,也有的地区过的是四十天的活动,这也是一种礼行。

"礼拜"这个词就带有宗教性了。用一种礼仪、礼节、礼行、礼数的活动来表达你对神灵,或者是天地,或者是祖先的崇拜,这称为礼拜。世界各大宗教对礼拜都有所研究。

礼遇,就是说对别人要讲礼貌,要使他感到自己被尊重。还有一个词是敬礼,是通过一定的姿势,一定的身体动作,来表达对对方的敬意。比如鞠躬、握手,比如脱帽礼、注目礼,比如军礼,还有一种抚胸之礼,这都是一种敬礼或者礼敬的方式。

近几十年来,我们在强调精神文明的时候,其实也有一个礼貌的问题。我们还专门提倡过要学会用礼貌用语,比如,要说再见、谢谢、对不起。现在也有这种问题,一件事明明可以做得很好,但是偏偏不用有礼貌的说法,比如在一个公共场合,在那儿写上"严禁吸烟",虽然可以这么说,但是又不是用专政手段来管理的。什么叫严禁?就不如说"请勿吸烟",也达到了同样目的。类似的还有,当然这是很多年前的事情了,有时候公园里广播宣布,现在公布游园须知:一、不准随地小便;二、不准大声喧哗。你想想人家买票进公园,是为了在这儿得到一个美好的休息,你现在预计他随地小便,要吵闹别人,这样的预计和预防显得不那么礼貌,不那么文明。我们在这些方面能够改善的地方还很多。

最后我还要提到"礼"里有一个"贬义"词,就是"礼教",是我们在

"五四"的时候提出来的,对于中国的旧的礼教的批评。因为旧的礼教当中对人的束缚太多,尤其是对妇女和儿童的束缚太多,所以,礼教曾经在一个时期成为一个很不好听的词。

现代人应如何掌握分寸

靡不有初,鲜克有终。

——《诗经·大雅·荡》

颜渊曰:"请问其目。"子曰:"非礼勿视,非礼勿听,非礼勿言,非礼勿动。"

——《论语·颜渊》

曾子曰:"慎终,追远,民德归厚矣!"

——《论语·学而》

王孙贾问曰:"'与其媚于奥,宁媚于灶',何谓也?"子曰:"不然,获罪于天,无所祷也。"

——《论语·八佾》

上一节我们说到孔子非常崇拜、尊重西周之礼,说那时候的礼是"郁郁乎文哉",他认为西周时期,周文王、周公都代表了很高的文化水准、道德水准、仁爱水准、礼义水准。在这里我顺便说一下,古人喜欢强调中国是礼义之邦,"义"在这个地方不是当正义讲,而是当"义礼"讲,礼义之邦是什么?就是讲文明、讲道理、讲礼法、讲正义的国家。现在有的时候大家不太注意,写成中国是礼仪之邦,这是完全错误的。中国并不是一个最讲礼仪、典礼形式的国家,中国讲的是礼义,礼义在外表现出来是礼,礼貌的礼,在心里头表现出来的是大道理、是原则,当然这种大道理和原则也包括了正义。

西周对中国文明史有重大意义,它在各个方面都有新鲜感和完整感,有一种一切历史从这里开始了的感觉。《诗经》中有一句话,我们古代的圣贤和诸子百家也很喜欢引用,叫作"靡不有初,鲜克有终","靡"是没有的意思,"靡不有初"是任何事情都有它的开始的意思。"鲜克有终",很少能够有很好的结尾。这句话非常深刻,就是很多事情都有虎头蛇尾的情况。因为开始的时候,你当然是经过充分的准备、思考,做了充分的努力。但是时间长了以后,随着时代发展,要随时进入新的阶段,要接受挑战、接受考验,要不断地自我调整、自我变化,不断创新,否则不管多么好的东西,它也不会有好的结果。所以到了东周的时候,孔子回过头来一想西周的事情,他对西周更加尊重,更加怀念。

孔子对于"礼"还有一些说法,比如"非礼四勿",就是"非礼勿视,非礼勿听,非礼勿言,非礼勿动"。"勿"就是不要的意思。如果这件事情不符合礼法,不符合礼的文明、礼的规范,就不要做。非礼勿视,恶意的、下流的、罪恶的一些图画、情景,不看;非礼勿听,谣言、挑拨离间的话、诽谤别人的话,连听都不听,这也可以说是防止或者是杜绝有害信息;非礼勿言,不传播不符合和谐、秩序、文明、高尚的东西,不说这些东西;还有非礼勿动,或者说非礼勿行,不礼貌、不文明、不正规、上不得台面的言语、行为也不说不做。

有些官员变贪腐,就是一个非礼的过程,就是说不符合文明、不符合规矩和秩序、不符合和谐和稳定的话,传播不符合礼的要求的消息,做一些造谣生事的事情,本人还有其他恶劣的行为。孔子早早地就告诉我们,要把持住自己,要杜绝有害信息,不要做那些低级、下流、不文明的事情。当然也有另一面,人有时候也需要知道事物的各个方面,你需要知道一些高端的事情,也需要知道一些低端的事情,就是有一些罪恶、野蛮、犯罪的行为、事情、理论或者语言,你也要有所了解。

我们提倡采取一种比较开放的态度,但是我们更强调的是要能消化和选择。第一,要能消化。不能说看到了毒品,你就变成了一个吸毒犯、贩毒犯,你不是这样的人,所以要能消化。第二,要能选择。世界上的事物有好的也有坏的,有真的也有假的,你要有所选择。所以,我们今天强调的不是一个简单的非礼勿怎么样，而是我们要会消化、会选择。既要掌握全面的情况，包括好的情况与坏的情况、善的情况与恶的情况，也要有消化能力、选择能力。

孔子的这四句话"非礼勿视，非礼勿听，非礼勿言，非礼勿动"，对于中国的传统有很大的影响，对中国人也有很大的影响。在多数情况下，他这些话是很有用的。因为有时候一种非礼的现象存在，不是你所能扭转的，但是至少你要保持距离，有时候这种距离保持得越大越好。

曾子还有一个有意思的说法，讲到人的丧事，尤其是父母的丧事的时候，他说要做得很好，要"慎终，追远"。"终"是指人的死。人活一辈子是件大事，那么这个人去世了，他这一生结束了，也是一件大事。因此我们要很谨慎地、很认真地、一丝不苟地办好丧事，尤其是办好自己父母的丧事。"追远"，就是我们的眼界要远，我们不能忘记祖上的艰苦奋斗、艰苦创业，给我们开辟的道路，给我们留下的遗产。同时也不能够忘记抚育我们的子孙，我们希望他们有开拓的空间，有前进的方向，希望他们能有更美好的生活。所以"慎终，追远"这四个字非常美好、非常高级、非常高尚，值得我们琢磨它的滋味，值得我们去学习这样一种精神，不但有开辟、开创的精神，而且有坚持做好的精神，要有善始善终，既好好地开始又好好地结束的精神。

孔子讲到和"礼"有关的，还有一句很有趣的话，我想在"仁"和"礼"这几讲快要结束的时候，我们来谈谈。卫灵公手下的一个大臣，叫王孙贾。王孙贾问孔子：大家说"与其媚于奥，宁媚于灶"，你对这句话有什么看法？"奥"是古代称呼位于家宅的西南方向的大神、主神，"媚"是取悦、讨好的意思，"灶"是灶王爷。意思是有什么事你与其去求大神，比如拍玉皇大帝的马屁，不如找你附近的灶王爷，给灶王爷多磕几个头，多烧几炷香，求得灶王爷对你的满意。这话多少有点像现在的一句话，叫作县官不如现管，就是具体管这件事的人比谁都重要。你好高骛远，你想跑到玉皇大帝那儿去，玉皇大帝管不了你那么小的事，你还不如找灶王爷，你还不如找具体管事的小官，他们就管得了你这件事。

结果孔子说不一定，他说"获罪于天，无所祷也"。如果你在天道面前犯了罪，那时候你跟谁祈祷，你取悦于哪个神都没有用，哪个神都帮不了你。孔子的这句话有点愣，实际上他没有针对那个问题回答，他对于媚于奥、媚于灶都不感兴趣，关键是你自己所做的要符合天道，要符合天理。否则你找大神、小神都没用。这表现了孔子态度很鲜明、很正义，也很坚持天理的一面，所以不可以"获罪于天"。

那么我们也共同思考一个问题，就是：在今天我们怎样能够做到"非礼勿视，非礼勿听，非礼勿言，非礼勿动"？我们把握到什么样的分寸最好？请大家和我共同思考。

六、孔子对学习的主张

孔子的学习观（上）

> 子曰："吾十有五而志于学，三十而立，四十而不惑，五十而知天命，六十而耳顺，七十而从心所欲，不逾矩。"
>
> ——《论语·为政》
>
> 子曰："兴于《诗》，立于礼，成于乐。"
>
> ——《论语·泰伯》

这一节我们讲的是孔子的学习观。孔子的学习观是一个最富有整体性和全面性的学习观，可以称之为全覆盖的学习观。什么意思呢？第一，从时间上来说，孔子认为人生的全部过程都处在学习的过程当中。第二，从个人来说，孔子认为学习包括了一个人人生的各个方面，包括处理问题、思考认识等各个方面。第三，从学习方法来说，也包括了各个方面，既包括了求师、读书，也包括了与人相处，从实际生活当中学习，从顺利和挫折的经验或教训当中来学习。所以，它是一种特别全面的、宏大的学习观。

首先他认为人生是一个学习过程，他很有名的话是"吾十有五而志于学"，十五岁的时候有志于学，有了自己的追求期待，有了自己对人生方向的掌握。这个方向是什么？就是要学习。什么叫学习？就是全面地发展，全面地培养自己的品质、能力、经验等。十五岁以前，他自己还没有完全认识到学习的必要性、学习的方向，是在大人的安排之下学习的，这时他的学习带有某种被动性。但是人到十五岁，应该有一种学习的愿望、学习的主动性。

"三十而立"，三十岁就能够站得住脚了。这个站得住脚是什么意思呢？站得住脚，就是要开始构建自己的人格，要开始培养自己的独立性、自己的先进性、自己不断学习向上的一种愿望。三十岁的时候要大体上能够站得住脚，能够分清大的是非善恶，还有大的"愚"和"志"，就是办什么事是聪明的，办什么事是愚蠢的。

"四十而不惑"，这个可太有意思了。孔子认为学习的过程是一个不断地解除困惑的过程。人年轻的时候好多事没见过，碰到一件什么事，自己不知道该怎么处理。比如你的某个同事，他的个性跟你很不相同，你怎么处理呢？或者你在事业当中碰到了挫折，或者你受到了超过你实际表现的夸奖，顺利给你开绿灯，你又觉得有点太过了，这些东西都会带来人生的困惑。但是孔子说四十岁基本上就不那么困惑了。这也符合后世的大师，比如韩愈这样的人的观点，他认为当老师的有一个很重要的任务是解惑，解除学生的困惑。所以人生的过程是一个学习的过程，学习的过程是一个励志的过程，是一个构建人格的过程，也是一个逐渐减少困惑的过程。

"五十而知天命"，说到了五十岁而知天命，这和古代人的寿命偏短有关系。到了五十岁，应该了解你所掌握不了的更重大的、更高大上的那些规则、那些规律，你可以把它解释成超人间的力量，也可以把它解释成世界的规律、大自然的规律。我们今天还更喜欢说一个词，就是了解"历史的法则"。当然在孔子那个时代，他还不会说历史的法则，他说的是天命。就是从最高高在上的苍天那里，已经决定了事物的趋向，乃至于你自己的命运。知天命，还有什么意思？就是不较劲了，对自己所碰到的各种事情不那么委屈了，不那么怨恨了，能够实事求是地按照自己所处环境的可能性来安排自己的生活了。不较劲了，就知天命了。

"六十而耳顺"，那么到了六十岁，听得进去话了，能接受别人对自己的忠告、教诲了，能够自我反思，能够有一种自我调整的能力了，也有不较劲的意思，也有一点自己清醒了的意思。解惑是在四十岁，知天命是五十岁，是十年之后，二十年以后才能做到耳顺，说明耳顺是不容易的，听得进去话、接受得了忠告是不容易的，这是很有意味的。学会说话不容易，学会听话在某种意义上更不容易，所以孔子这位老先生对事物的分析都不是偶然的。

"七十而从心所欲，不逾矩"，到了七十岁，自己心里想干什么就干什么，但是不会违反规则，不会违规、违法，这个"逾矩"也可以不全看成人间的那些规矩，而是天道，是超过个人一地一时一世的那些自我打算、自我安排、自我考虑的东西，从而能达到一个自由的境界。也就是说，孔子认为一个人的人生过程是学习立志构建人格的过程，是一个解除困惑和失误的过程，是一个日益掌握历史的规律、客观的法则的过程，是一个听取各种忠告、各种善言、各种智慧的过程，更重要的是一个从必然王国到自由王国，是从自己被动地生活到自己主动地生活的过程。他把这个人生的过程整个看成一个学习的过程，用现在的语言来说，是要构建学习型的人生，这个说法太可爱了，这是人人都可以做到的，就看你有没有那个精神了。

孔子对人生还有一个说法，我们前面也提到一点，孔子说一个人"兴于《诗》"，他说他的人生的境界是《诗》的境界，《论语》里谈到的《诗》指的是《诗经》。孔子说一个人从《诗》得到了启发，其知识、精神生活慢慢地就开始了，《诗》是最普及的，是最容易让人接受的。"立于礼"，独立人格在于懂得了礼，就是我们说过的懂得了礼貌、礼节、礼仪、礼法、礼数，等等，一个人做到了这些就站得住了，别人也能跟其打交道了。一个人懂规矩了、懂礼貌了，就是文明人了，是有智慧的人了，不是粗暴野蛮的人了，这样的话可以"立于礼"。一个人的精神最后要完成要达到什么程度呢？要"成于乐"，要达到礼乐的程度。因为孔子所谈的乐不是指民歌，至少主要不是指民歌、民谣、吹喇叭那些东西，他更多的指的是一些重大的典礼中奏出来的音乐，那种音乐里有一种正规、正气，有一种精神的力量，因此人在音乐里的崇敬的感觉、满足的感觉、精神上得到了沐浴升华的感觉是别处所没有的。

孔子对学习讲得多么好！那么我也提几个问题，就是：我们自己到了人生的什么阶段了？有志于学了没有？构建了自己的人格了没有？是不是还有很多的困惑？是不是还有听不进别人的话的时候？我们在生活中感到的是随心所欲的自由，还是处处碰壁、处处倒霉？我们自己好好想一想，好好琢磨琢磨，看看我们能从孔子的话里得到哪些体会。

孔子的学习观（下）

子曰："君子不器。"

——《论语·为政》

子曰："三人行，必有我师焉！择其善者而从之，其不善者而改之。"

——《论语·述而》

子曰："十室之邑，必有忠信如丘者焉，不如丘之好学也。"

——《论语·公冶长》

我们前面一节讲了孔子把整个人生看成一个学习的、成长的、树立"志"的、构建人格的、解除困惑的、了解高尚的法则规律的、能够听进去别人说的话的、能够接受各种的忠言和智语的过程，更是一个从必然王国走向自由王国的过程。我们就碰到一个问题：现在这个社会比过去相对来说复杂了，人们长寿了，人生的路程也更长了，就觉得孔子说的那些话，有的好像还不容易做到。

比如说"十有五而志于学"这个可以做到，甚至于可以提前做到。如果你是一个很自觉的学生，七八岁就非常愿意好好学习了，起码觉得学习好光荣，会受到夸奖，受到鼓舞。"三十而立"，至少到了三十岁你应该能够自立，能够安排自己的生活，这个大致上也能做到。"四十而不惑"，这事就麻烦了，你八十岁也有惑的时候，就看什么事了。有些事你不惑，有些最基本的常识、最基本的礼貌、最基本的是非，你是知道的，而且不用等到四十岁。比如看见一个东西很好，你不能随便碰，更不能拿走，这个用不着等到四十岁。当然孔子说的不惑是更大的方面。"五十而知天命"，更困难了，你总闹不清楚，总有自己解决不了的问题。我想这个三十岁、四十岁不是一个数学的概念，也不是一个生理的概念，而是一个过程的概念。当然在不同的社会，不同的文化积淀，不同的环境里，有的人走得快一点，相当年轻就已经很懂事了，也有的人就慢一点，或者还会有反复，今天不惑了，过两天碰到新的情况、新的问题又惑了，惑了一阵子，忽然又恍然大悟了，也有这种情况。今天听着别人对自己的忠告、对自己的批评，听着很爱听，觉得对自己帮助很大，过了一阵子，又有不服气的想法出现了。这些都是自然的。

孔子说的是一个人成长的大致路径，这个路径他讲得非常好，讲得非常有意思。从人生、从时间上来说，它是全覆盖的。从个人的修养、个人学习的目的来说，它也是全覆盖的，最重要的是你的基本品质、基本能力、基本的文明程度、基本的价值追求，用现在的语言来说，孔子更注意的是通才教育（海外更多的叫通识教育，就是共通性的这些知识）。他没有特别去教某一种技能，他自己也曾经说过，他种地不如老农，种菜种花不如园丁，也许他的专长是赶车。

实际上孔子这样说的目的是从更根本的问题上来考虑，从更具有普遍意义的精神品质上来考虑的，所以孔子有一句话叫"君子不器"。这句话在今天会引起人的困惑，君子不器是什么意思？就是君子是从全局、从总体上考虑修身齐家治国平天下的，君子不是一个工具，不是为了某一个具体的工程项目所做的一种工具型的操作。君子是一个主体，是一种精神的主体，是一种道德的体现，是一种价值的代表，这个说法对于孔子来说是很重要的。

当然我们今天对于很多技术型的工作是需要重视的，许多专业型的工作也是需要重视的。你只有仁爱、只有道德，没有一两手绝活，没有什么很专门的修养，这样的我们也觉得遗憾。这个也许是孔子那个时代对社会分工、技术专业还不太了解、不太重视，那是两千五六百年以前，我们不能因此苛求孔子，但是孔子要求一个人从总体上全面地培养自己是正确的。

孔子对他的学生也是这样，他既让他们懂得仁爱，也让他们懂得各个实际方面的道理。他尤其注意从实际生活当中学习，这实在是非常可爱的。比如他说"见贤思齐"，你看见好人、看见圣贤，那你就要想办法树立自己的看齐意识，你要想办法跟圣贤看齐；"见不贤而内自省"，如果你看到一个人说话没有礼貌，做事很自私，遇到这种情况，你不是要先说这人不好，而是要先自省，思考自己有没有这种缺点。比如这个人爱夸张，自己有没有夸张的时候，你也想一想。这既是一种品质的教育，又是一种从生活中学习的生动活泼、联系实际的学习观。

当然大家知道孔子还有很有名的话，孔子说"三人行，必有我师焉"。古代的"三""九"有时表示不确定数，就是表示多，三个人或者很多人在一起生活，这中间一定能找到自己的老师，是能够找到自己学习的榜样的。就是除了向老师学习、向书本学习，你还要向生活中你所接触到的各种人学习，从中找出人家的长处来向人家学习，每个人都会有长处。

有一次我说到这个题目，有一位小朋友提了个好可爱的问题，她说有时候这三个人确实都太差，这三个人正好都没有教养，怎么跟他们学习？这个小朋友说得真好，当然不止三人，有时候即使是更多的人，都比较差的情况也会有的。我想这要从两方面思考：第一，我们要注意发现别人的优点；第二，别人有很多缺点，我们可以作为自己的警戒，警告自己不要犯同样的错误。同时我们也要看到，有些有缺点的人也可能在某一方面比你强，比如他体力比你好，那也值得学习；他干某个活儿干得挺好，这个也值得你学习；他能吃苦、不怕冷、不怕热、不怕累，也值得你学习。我想我们应该从大的精神上来理解。同样三人行，这不是一个数学命题，说街上找三个人来，有一个一定是你的老师，这是不可能的，孔子的意思是要发现他人的优点，从而学习。

孔子还有一句话，他说"十室之邑，必有忠信如丘者焉"。有一个十几户的村落，或者一个类似的人居处，一定有人在诚恳、可靠、守信方面和他一样。

他又说"不如丘之好学也",但是他们一多半不如我好学。这个话太好玩了,因为我们看整部《论语》里,孔子都很谦虚,孔子没有什么表扬与自我表扬,可是这儿他来了一句自我表扬。请注意孔子的自我表扬,没有说别的,没有说他干过什么大事,没有说他在鲁国当过大司寇,也没有说他提出了什么主张。他对自己最自信、最赞赏的是两个字——好学。

好学是不容易做到的,好学也是最重要的。你要好学呢,那么没有的你也可以掌握,已经有的你永远可以前进,不会遗忘,不会扔在一边。所以孔子对学习本身的理解是如此全面,如此周到,如此富有整体性。

最后我提一个问题,我们会不会在生活中学习呢?我们会不会随时发现接触到的普通人的优点,并且向人家学习呢?让我们共同来思考。

学思结合

子贡曰:"贫而无谄,富而无骄,何如?"子曰:"可也。未若贫而乐,富而好礼者也。"

子贡曰:"《诗》云:'如切如磋,如琢如磨',其斯之谓与?"子曰:"赐也,始可与言《诗》已矣!告诸往而知来者。"

——《论语·学而》

有匪君子,如切如磋,如琢如磨。

——《诗经·卫风·淇奥》

子曰:"人能弘道,非道弘人。"

——《论语·卫灵公》

子曰:"默而识之,学而不厌,诲人不倦,何有于我哉?"

——《论语·述而》

子曰:"视其所以,观其所由,察其所安,人焉廋哉?人焉廋哉?"

——《论语·为政》

子曰："学而不思则罔，思而不学则殆。"

——《论语·为政》

　　孔子最注意的是启发他的学生们自己来思考，而不是死记硬背。孔子是最反对、最讨厌教条主义的，他认为学习不仅仅是为了获得具体的一个知识、一个信息，更重要的是要有自己的头脑，要学会分析。孔子曾经说过一句非常美好的话，就是学习要会切磋琢磨。这句话的由来是，有一次子贡问孔子，一个人如果能够做到"贫而无谄"是不是就好了？"谄"就是一个人低声下气地取媚于别人。子贡又问，一个人不管多么贫穷，也不谄媚别人，不低声下气，有自己的尊严；当然有钱也不骄傲，这样是不是就好了？孔子说："未若贫而乐，富而好礼者也。"意思是这样是不错的，但是还可以做得更好，就是贫穷照样很乐观，因为贫穷是一时的事情，没有什么了不起。"我"的精神、"我"的道德、"我"的才能，各个方面都不差，"我"仍然是快乐的，仍然是充满自信的，所以贫也要乐。"富而好礼"，这更是一句非常美好的话，如果一个财富上很成功的人，非常注意文明，注意尊重他人的人格，不因为自己的富有盛气凌人；虽然富有，但是知道进退，知道谦虚，知道文明礼让，这样的人是最好的。

　　话说到这儿已经非常精彩了，但是还有更精彩的。子贡说您这么给我一指导，让我想起《诗经》里面的一句诗，"有匪君子，如切如磋，如琢如磨"。"匪"是指文采斐然；"切"是加工一个骨头，使它成为一个器具；"磋"是把一个象牙加工成一个器具；"琢"是加工玉石，该去的去掉一点，或者把瑕疵去掉，或者把它做成一个什么形状；"磨"是加工石头。这句诗就是说这位文采斐然的君子，他每天像加工骨头、加工象牙、加工玉石、加工石头一样地研究、探讨自己的学问，努力提高自己的品德修养，使自己的缺点越来越少，优点越来越多。这样的人，他会越来越光彩照人。

　　子贡说，您给我这样的一个指导，让我觉得我们之间就是切、磋、琢、磨，我才对各种事物的理解又进了一步。孔子听了以后很高兴，说，你从《诗经》能够联系我们的学习，联系我们的实际，联系我们的生活，而且能够得到这样的体会，你能做到这样，我们可以谈谈《诗经》了。从《诗经》你要得到一种思想的营养，你要得到一种精神的光辉，你要有所升华，就像经过了加工以后，玉石也好，石头也好，象牙也好，骨头也好，都会更加美好、更加漂亮、更加成才。我只是讲到要"贫而乐，富而好礼"，但是没有讲到《诗经》，你们能够往前又有所发展，这样理解《诗经》真是太好了。"如切如磋，如琢如磨"就是师生、同学、朋友相互之间共同商议、相互交流、相互补充，使自己的学问越来越渊博，使自己的精神品质越来越高尚。所以现在"如切如磋，如琢如磨"仍然是讲学习的，尤其是讲共同学习的一句非常美好的话。

孔子还讲过要"举一反三"，比如一个桌子有四个角，讲一个角以后你就应该明白另外三个角。如果"我"给你讲了一个角，另外三个角你根本不去联想，不去考虑，那"我"实在不愿意再给你继续反复地讲另外三个角。当然这是一个通俗的解读了。

另外，孔子还说过一句话，叫"诲人不倦"。如果"我"给你讲过一个角，你还不明白，你问这个是不是也叫角，"我"还是会回答的。但是他注意知识的横向的贯通和联系，孔子讲过一句很有用的话，他说"人能弘道，非道弘人"，就是你学习一个道理，你学习一个原则，这种情况下你要善于弘扬它，你要善于充实它，你要善于把这样一个"道"联系实际，有所发挥，能够给你自己精神上更多的营养和鼓励。"非道弘人"，如果你自己没有这种主动性，没有这种思考、分析的能力，你学了这个道理，学了这个原则，学了这个法则，以为这个法则就能把你给抬举起来，你就成了大学问家了，那是不对的。仅仅靠学问，你提高不了，你应该在学习当中使一个道理提升，使一个认识提升，就像"贫而无谄"，穷了不谄媚，"富而无骄"，富了不骄傲，能够发展到"贫而乐，富而好礼"，这就是人弘道了，这是人的发展。

孔子还有一句有名的话，他说见到什么问题，见到什么现象，要"视其所以"。看看它为什么会是这样，就是它的原因是什么，它最初是什么样子。"观其所由，察其所安"，就是你要看看它为什么会这样，你还要了解它一开始的状况，一开始是什么样，怎么最后变成这样的。然后你要分析原因，你要分析其居心是什么，动机是什么。如果你做到了这几步，你就不会觉得什么事情是不可理解的。这也说明孔子强调理解，强调要知道事情的来龙去脉，这对于学习的人来说是非常重要的。孔子强调学习，更强调思考，他说"学而不思则罔"，你只是学，只是吸收大量的信息，但是你不会思考，不会分析，这样的话你是会惘然的、迷惑的。"思而不学则殆"，你只一个劲儿地胡思乱想，你不吸收那些客观世界、大千世界的信息，这样的话就非常危险了，就会走火入魔。

什么是"学而不思"的人？就是那些网虫、那些有网瘾的人，从头到尾地看一大堆信息，实际上什么也弄不清楚，弄不明白，糊涂人又自以为什么都知道，不就成网虫了吗？但是孔子用的是"罔"。"思而不学则殆"，这得用点英语了，你胡思乱想又没有足够的信息，没有起码的知识，这不就"殆"了吗？英语就是die，死了。咱们网上不是开玩笑说"you zuo you die"？你老是胡来，你就要搞死。胡作胡殆，谁作谁就找死。所以孔子的话早就跟现在的话相合了，既要汲取信息，又要善于分析选择。

讲到这里，我也提一个疑问：我们怎么能把学习和思考结合起来呢？

大人物也会说"不知道"

子曰："我非生而知之者，好古，敏以求之者也。"

——《论语·述而》

子曰："温故而知新，可以为师矣。"

——《论语·为政》

子曰："见贤思齐焉，见不贤而内自省也。"

——《论语·里仁》

子曰："圣人，吾不得而见之矣；得见君子者，斯可矣。"

子曰:"善人,吾不得而见之矣;得见有恒者,斯可矣。亡而为有,虚而为盈,约而为泰,难乎有恒矣。"

——《论语·述而》

子曰:"知之为知之,不知为不知,是知也。"

——《论语·为政》

子曰:"默而识之,学而不厌,诲人不倦,何有于我哉?"

——《论语·述而》

这一节我要讲的是孔子在学习上的恒心、热情和实事求是的精神。孔子曾经声明,"我非生而知之者","我"不是一生下来就知道好些事,就懂很多道理,有很多见识,"我"不是那样的人。"我"是什么人呢?"我"靠的是什么呢?"好古","我"喜欢知道过往的种种经验,也就是说"我"重视人们所留下的各种精神财富、精神资源。"敏以求之者",就是"我"很喜欢迅速地、尽快地、有效率地去求得这些过往的知识。

孔子又说"温故而知新,可以为师矣",就是当我们谈过往的那些事的时候,目的并不是为了回到古代,而是要懂它的道理、懂它的精髓。懂了以后能够联系实际,能够正确地处理我们现实生活中所遇到的各种挑战、各种麻烦、各种问题。所以"好古,敏以求之",好古,不是去死记硬背,不是去硬套,而是要用一种很敏捷的方式去学习、去体会过往人的种种经验和教训。

孔子离现在几千年了,但他的言论现在还是有非常深刻的、生动的实际意义。譬如"见贤思齐",学习不仅仅是看书、看报、开会,而且你要看看别人是怎么做人、怎么做事的,看到好的地方你就赶快学,这个对我们来说很重要。相反,有的人不是"见贤思齐",而是"见贤思嫉",见着别人好,就嫉妒,那就太不像话,太不像样子了。再譬如,孔子说的儒家所提倡的"闻过则喜",这一点我觉得能做到太不容易了,有些东西做起来还容易一点,但是往往会闻过则不快、闻过则脸红、闻过则冤枉、闻过则生气。所以孔子说了那么多美德,我们如果真是每一件都认真地做到,那么我们的生活、精神面貌确实就会完全不一样了。

孔子又说"圣人,吾不得而见之矣",即"我"想看到唐尧、虞舜、夏禹,或者是看到周文王、周公那样伟大的圣人,但看不到了,"我"没有生活在那个时代。"得见君子者,斯可矣","斯"就是那样也行了,"我"见不到圣人,"我"能见到君子,见到有修养讲文化的人,见到有见解、有头脑的人"我"也就很满意了。

"善人,吾不得而见之矣",孔子强调那种大善人也没有见过,但是"得见有恒者,斯可矣"。虽然"我"看不到大善人,但是"我"能看到有恒心的人就行了。这句话下面有一个解释,前面说见不到圣人,"我"希望"我"至少能见到君子,这个大家容易理解,君子是比较自觉的,比较有修养、有境界、有格局的。那么孔子怎么会由善人联系到有恒心的人,联系到坚持与不坚持来呢?孔子说因为现在有这种现象,"亡而为有","亡"当无讲,就是什么知识都没有,可是他做出一副什么都知道的样子,装腔作势。这样的人大家想想,我想你们也见过,什么都没有,可是又装腔作势像那么回事。

"虚而为盈",本来很空虚,但是假装很充实,那点知识、那点学问都是连蒙带唬的、道听途说的,抑或是学舌的,可是样子还挺威风,显得挺厉害,这就叫"虚而为盈"。"约而为泰","约"就是贫乏,本来很贫乏却假装还挺丰富,好像什么都难不住的样子,这挺逗。

孔子提倡做高大上的人,但他对于装腔作势的、不懂装懂的、连蒙带唬的那种人也很了解,就好像和那些人也打过交道。所以他说那样的人"难乎有恒矣",意思是那样的人没法坚持。为什么呢?那种人一上来能够很有号召力,但是慢慢地就现了原形,显出窘态来了,不可能总能掩饰自己的无知、贫乏、愚蠢。这点我们琢磨一下,发现孔子说话很客气,他没有再往深里说,但是这几句话就已经够有分量了。谁要是让他说上这几句话,恐怕会无地自容的。"亡而为有",你什么都没有,却假装什么都会;"虚而为盈",你很空虚,却假装很充实;"约而为泰",你很贫乏,可是假装很丰富,你这样会坚持不下去的,终归是要暴露,是要出洋相的。

孔子讲得非常好,他还有一句名言,至今非常响亮。一句什么名言呢?他说"知之为知之,不知为不知,是知也",意思就是你知道就是知道,你要承认,还有很多东西你不知道、不清楚,你没有这方面的专业背景,也没有这方面亲力亲为的经历,因此你就没有权利多说这方面的话,不知道就是不知道。承认自己有所不知,有所不解,不能很好地理解,不能把它分析清楚,这样的人"是知也",这才是真正的"知"。

当然古代这个"知"的另一个读音是"智",就是智慧。智慧是因知识而来,知识要靠智慧来消化,来把握,来使用。所以知者智也,智者知也,这既是知又是智。所以真正有智慧的人是不会认为自己什么都懂,也不会做出一个万事通的样子,而是明明白白地承认自己有所不知。

我想伟大的学者、伟大的圣贤,他们都有这方面的特质。例如古希腊的苏格拉底,他也说过,你如果问他知道什么,他知道的就是什么事他都不知道,就是自己的知识太少了。能够认识到自己的知识太少了,这是最重要的知识,也是最重要的智力。中国有句古话,叫"学然后知不足",你真正学习了,你才知道世界上有多少事你不明白,你才知道自己所掌握的那点信息不算什么,和大千世界、和古往今来的历史相比,你所掌握的、你能够说明白的、你能够和别人切磋的都实在是太少了,这也是一种谦逊的态度。

这是一个非常有趣的问题,因为知和不知既是截然相反的,又是互相联系在一起的。孔子说"知之为知之,不知为不知,是知也",就是说在你的知当中,包括要知自己知不知,知其不知,知己不知。这个在概念上是非常有趣的,一个哲学的,既带有悖论,又带有千古无疑的明确的判断在里面,即你要知其不知。相反的有一种情况,是不知己不知,不知己不知的就自以为知了,自以为是了,你明明懂得很少,偏偏在那儿胡说八道。古人有个词我也很喜欢,叫"大言其实",意思是话说得很大,好像什么都明白,实际上是欺骗世界,欺骗群众。"大言其实"是不可以的，实事求是才是可以的。

孔子在表达自己对待学习、对待教学的态度的时候，还有很多名言，比如说"有教无类"，说的是你只要肯学习，总能从学习中得到成长，得到进步，而不用管你的出身如何，不用计较你的底子如何。又比如"因材施教"，同样是他的学生，孔子根据每个人的不同，教导的时候抓住各自的特点。孔子还有非常美好的话，叫"学而不厌，诲人不倦"。自己对学习永远不会感到疲劳，永远不会感到腻歪，因为没有比学习更能够让人感受到自己的成长，感受到自己的进步，感受到自己越来越有精神的力量，所以学习是永远不会腻歪的，学习是永远不会疲倦的。"诲人不倦"就是教别人，永远不知厌烦、倦怠，永远不会偷懒。人有了这样一种精神——学而不厌，诲人不倦，那你怎么可能不成为一个大人物？

现在提一个问题，我们自己来想，在学习上我们有没有自己"强不知以为知"，就是明明自己知道得不多，但总以为自己万事通、万事明，以消息灵通人士自居，在那儿传播一些明明自己不知道的事情，犯不懂装懂的错误？有没有这种情况？我希望没有，有也没关系，我们改正。

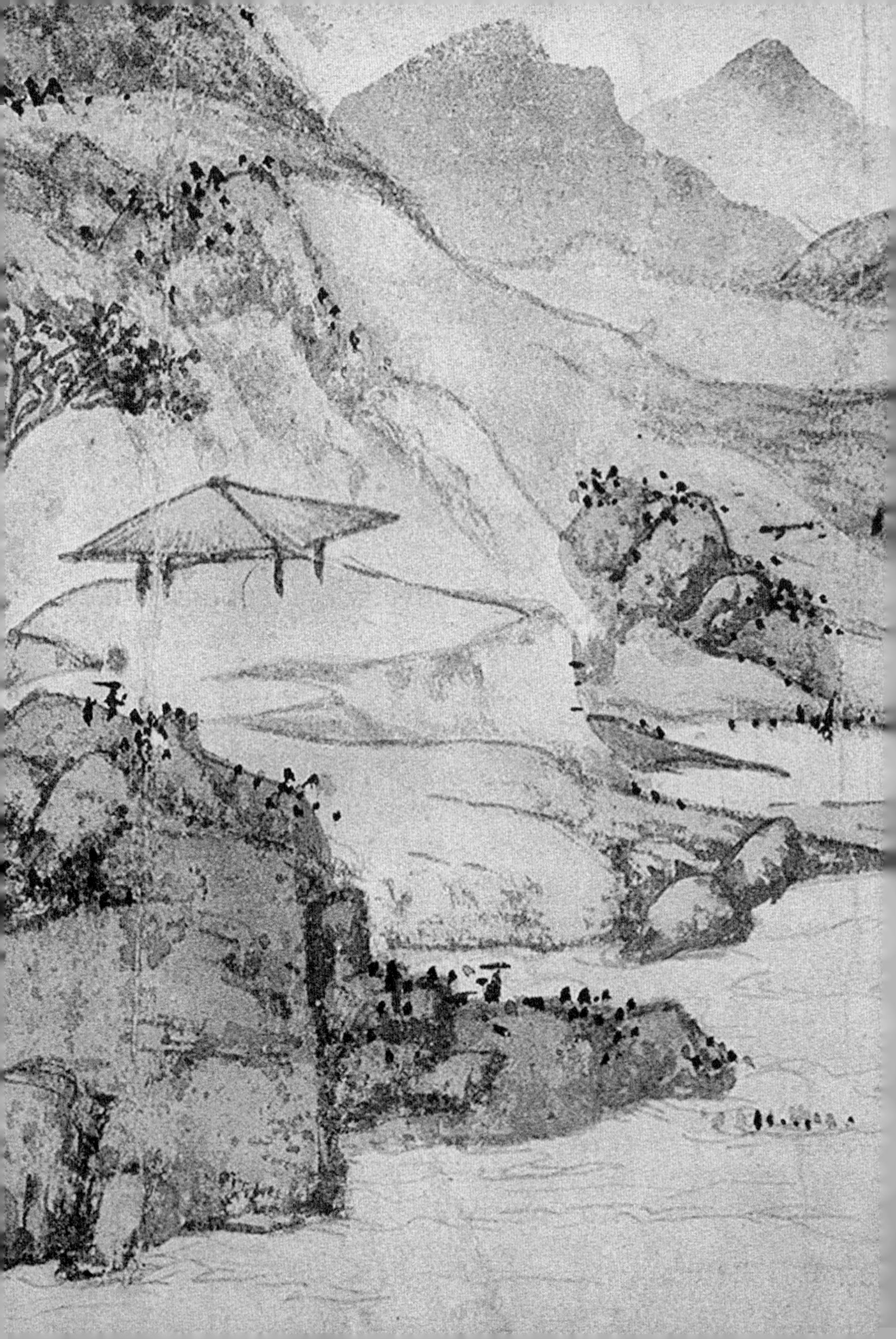

第二章

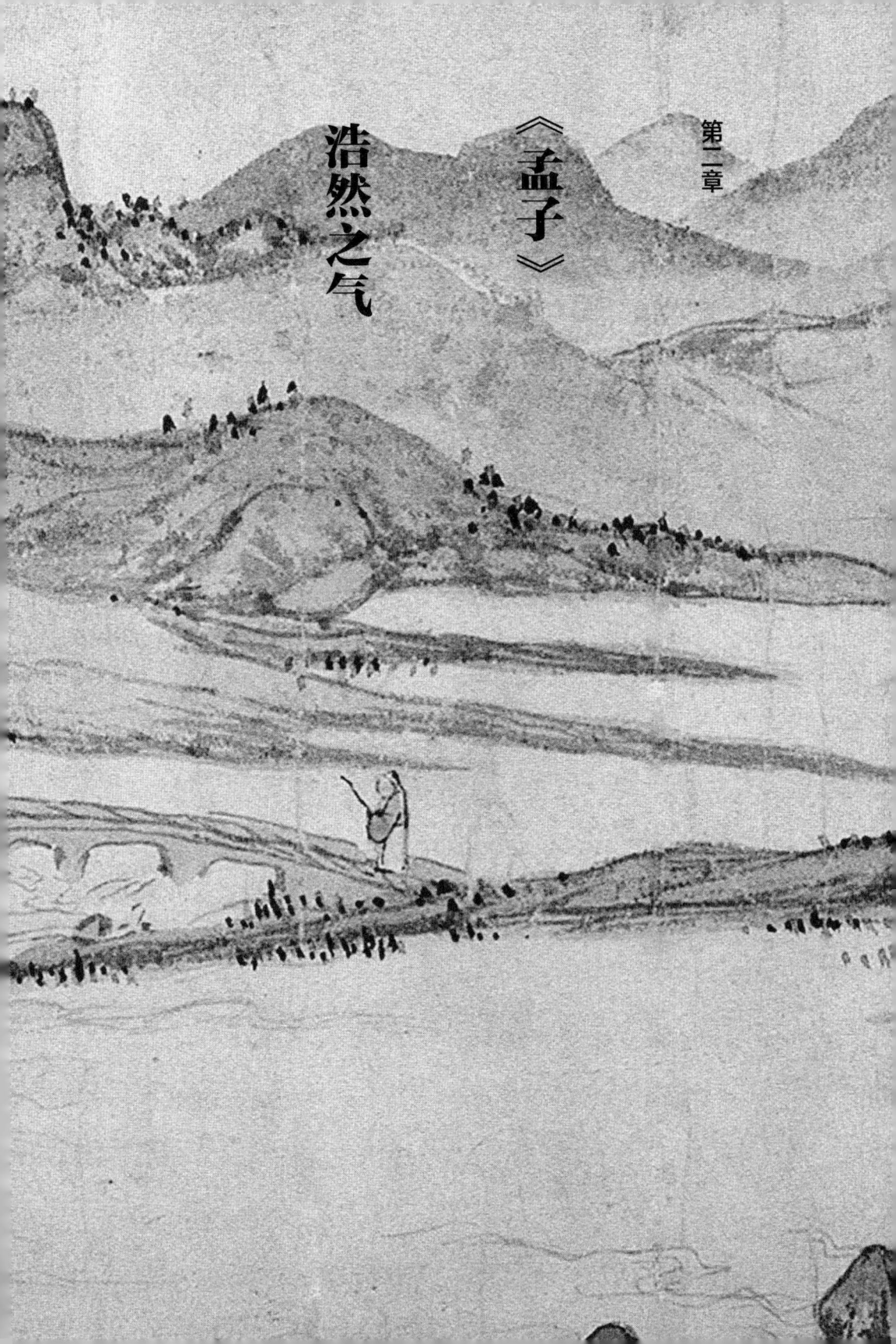

《孟子》浩然之气

一、孟子的义利观

浩然之气，至大至刚

"敢问夫子恶乎长？"

曰："我知言，我善养吾浩然之气。"

"敢问何谓浩然之气？"

曰："难言也。其为气也，至大至刚，以直养而无害，则塞于天地之间。其为气也，配义与道。无是，馁也。是集义所生者，非义袭而取之也。行有不慊于心，则馁矣。我故曰：告子未尝知义，以其外之也。必有事焉而勿正，心勿忘，勿助长也。无若宋人然：宋人有闵其苗之不长而揠之者，芒芒然归，谓其人曰：'今日病矣！予助苗长矣！'其子趋而往视之，苗则槁矣。天下之不助苗长者寡矣。以为无益而舍之者，不耘苗者也；助之长者，揠苗者也，非徒无益，而又害之。"

"何谓知言？"

曰："诐辞知其所蔽，淫辞知其所陷，邪辞知其所离，遁辞知其所穷。生于其心，害于其政；发于其政，害于其事。圣人复起，必从吾言矣。"

——《孟子·公孙丑上》

在孔子之后，儒家的另一位大师、另一位伟人，被称作"亚圣"的，就是孟子。

孟子说了很多有哲理的话，关于他的记载比孔子多。孟子非常著名的一句话是"我善养吾浩然之气"，就是孟子特别善于培养、滋养自己的浩然宏大、正直充沛的一种精神、一种气势、一种风格。

在《孟子·公孙丑上》里，公孙丑问孟子有什么特长，孟子回答说，"我知言，我善养吾浩然之气"，"我"善于分析别人说的话，善于培育"我"自己的浩然之气。公孙丑问，什么叫浩然之气？孟子说"难言也"，这话一下子说不清楚。"其为气也，至大至刚"，这股气非常宏大、非常刚强。"以直养而无害"，如果你用道德、用正义培养你的浩然之气的话，则无害。不要去妨碍你自己的浩然之气，"则塞于天地之间"，这股正气就在天地当中，到处都有你的正气。"其为气也"，它作为一种气，要"配义与道"。和气同时存在的是义，是大道理，是道，是天地之道，是天地的法则，是真理。这些东西和气配在一起，"无是，馁也"，这样的话它就永远不会气馁，它就永远不会衰退，它就永远不会萎缩。

这个气在中国的传统文化中还不太好讲，但是又能说得很明白。比如说一篇文章，人们说作者这个文气好，你看孟子文气就好，前言后语，态度鲜明。我们还喜欢用"高屋建瓴""势如破竹"这类词，这个瓴就是瓦做的瓶子，就是在大屋顶上，高高在上，水来了以后唰地就流下了。势如破竹，解决问题，就像拿着一把快刀，把一根竹子顺着就砍下来了，从头砍到底，讲这种气势。

孟子就有这种气势，他这种文气里头感情充沛、逻辑清晰、材料丰富，加之他自己的自信，我们就会说文气很壮，文气很雄伟，而不是那种结结巴巴、欲言又止的文气，是一种充满自信的、充满着能量的文气。比如现在我们还喜欢说，这个人气场很大，他往那儿一走，显得是那么回事。他的举止、言谈、行为的记录、学问，都使他有别人所没有的那种巨大的影响、那种权威，我们会说他气场很大。换另一种人，东张西望，鼠目寸光，缩头缩尾，这样的人就没有这个气。

我们认为这个气既是一个物质的概念，又是一个精神的概念。什么意思？因为作为人，你的精神状态会影响你的生理状态，你的心理状态也会影响你的生理状态。比如说恐惧时，你会心跳加快，面色苍白；羞耻时你身上会出冷汗，脸上会潮红。在某种不好的情况之下，你血压会升高，手脚会冰凉；在一种很好的情况之下，你会很自在，精力充沛、目光有神、面色从容等。

精神的表现、力量、状态、贫富，会影响你的功能、体能、体态，会影响你的呼吸、脉搏，出不出汗，自我感觉等。这个浩然之气可以说是在一种最佳的精神状态下，同时也达到了自己生命最美好、最有信心的状态。你有很好的学问，比较有信心，你又站到了正义的方面，站到了符合原则、符合道理、符合真理的情况之下，你没有做任何亏心的事，你用不着惭愧。你既不因私利而嘀咕，又不因自己做错了哪一件事、说错了哪句话而恐惧。这种情况下，你就会感觉到在你身上与世界之间有一种浩然正气。这种浩然正气使你什么都不怕，充满信心，使你能够战胜一切邪恶的东西、猥琐的东西、狭隘的东西，或者是欺骗的坏的东西。

孟子的这个说法对中国人，尤其是中国的读书人，影响非常之大，有一些烈士，有一些仁人志士也受了孟子的影响，强调自己有浩然之气，其中最有名的就是文天祥。他本来是宋朝的一个读书人，也是一个官员，落到了元军的手里，被囚禁几年，最后被杀掉了。他在被囚禁的过程中，写出了《正气歌》——万古流芳、充满正义和牺牲精神的一首诗。

文天祥说"天地有正气"，由天和地出发，天和地产生一种浩然正气；"杂然赋流形"，它体现为各种各样的形状，各种各样的体态；"下则为河岳"，如果往下看，它可以指地球上的江河山岳；"上则为日星"，天上这种正气就是太阳，就是星星。

"于人曰浩然"，那么这种正气到了人身上就是浩然之气；"沛乎塞苍冥"，它很充沛，它很充实，它在天地之间。

之后文天祥提到"地维赖以立"，就是说地上的各种东西，靠了浩然之气，才能够站立住;"天柱赖以尊",天上的天柱,天是被很多柱子撑起来的,这些柱子是什么?就是正气,正气就像柱子一样把天撑起来了,使天充满了尊严。"三纲实系命",三纲就是君为臣之纲、父为子之纲、夫为妻之纲,人间的一些主要的道理、主要的秩序靠正义形成了三纲这样的天命。"道义为之根",有了觉悟、有了认识的人,道义的根底也是正气。文天祥为什么能够在生死考验面前这样有尊严,这样从容不迫、不怕一切痛苦?因为他有一身浩然之气。孟子的浩然之气的学说和表述,影响着一代一代的中国人。

当然在近代的革命志士、抗日英雄里,也有许许多多这样充满浩然正气,不畏艰险、不惧敌顽的光辉例子。比如描述当年东北抗日战争之艰苦的一句诗——"火烤胸前暖,风吹背后寒",这过的是什么样的生活?大家可以想象。杨靖宇被日寇俘虏后杀害,日方的医护人员将其解剖了,发现杨靖宇的肠胃中只有一些草籽儿和几片草叶,日军为之震动。而被关押在重庆渣滓洞集中营的那批地下党员,尤其是以江姐为代表的烈士,他们受尽酷刑,但是仍表现得那样坚强,可以看作浩然正气的范例。

义利分明

> 孟子见梁惠王。王曰:"叟!不远千里而来,亦将有以利吾国乎?"
>
> 孟子对曰:"王!何必曰利?亦有仁义而已矣。王曰:'何以利吾国?'大夫曰:'何以利吾家?'士庶人曰:'何以利吾身?'上下交征利而国危矣。万乘之国,弑其君者,必千乘之家;千乘之国,弑其君者,必百乘之家。万取千焉,千取百焉,不为不多矣。苟为后义而先利,不夺不餍。未有仁而遗其亲者也,未有义而后其君者也。王亦曰仁义而已矣,何必曰利?"
>
> ——《孟子·梁惠王上》

《孟子》这本书一开始就提出了一个大问题,而且建立了一个对立面,这一点和《论语》很不一样。

一上来说什么呢？孟子见到梁惠王，梁惠王就说，老先生，你从那么老远的地方来，能给我们出点什么主意，做点什么事，对我们魏国有利？这话我们现在听起来觉得很自然，他是魏国的国君，当然首先要考虑魏国的利益。现在的世道也是这么说，国际上有人讲什么朋友、敌人的事都是暂时的，国家的利益是永久的。

孟子不赞成这种说法。孟子听到梁惠王问他能做些什么事，有什么建议对魏国更有利，立刻予以批判。孟子也够绝的，他回答说何必一上来就讲什么利益呢，还不如讲讲仁义。如果一个诸侯国，君王说"何以利吾国"，怎么样对"我"国家有利；大夫们说"何以利吾家"，干点什么事能对"我们"家有好处；老百姓问"何以利吾身"，怎么样对"我"自己有好处，"上下交征利而国危矣"，上上下下都只盯着抢这点利益，这样的话这个国家是非常危险的。一下子孟子把重视利益、盯着利益、抢夺利益说成是国家危险的根源，这当然有孟子的道理。孟子生活在战国时期，已经经历了天下大乱你争我抢，为了抢夺利益儿子可以杀爹，兄弟可以反目，丈夫可以杀妻子，这样的故事在东周列国当中太多了，所以他说非常危险。

后面孟子讲的事例相当惊人，你想不到他接下来用的什么逻辑分析："万乘之国"，他说一个有着一万辆战车的国家（那个时候经常用战车数量来衡量一个国家的实力，尤其是武装力量），"弑其君者"，在这样一个国家里，有人要起来造反，要颠覆这个国家，把君王杀掉。什么样的人才能杀掉君王呢？"必千乘之家"，你得有一千辆战车，相当于十分之一的国力，否则你不可能去杀君王。正因为你的军事实力非常大了，你才有贪念、有野心，要争夺国家的权力，要杀国君。孟子为什么要说一个"千乘之家"？意思是如果你不是一个大大的得利者，你不是一个大大的既得利益的拥有者，你不可能在你的国家滋生篡位的野心。"千乘之国"，规模很小的诸侯国叫作邦国，一个有着一千辆战车的邦国，"弑其君者"，能够杀掉国王、篡位的"必百乘之家"，他得有上百辆的战车。"万取千焉，千取百焉，不为不多矣"，孟子说这样的野心家在万乘之国，拥有千乘，占国力的十分之一；在千乘之国，拥有百乘，也是占了国力的十分之一。这样的人够发达了，他得的利够多了，他一个人占据一个邦国十分之一的财力、物力、军力，这多可怕。可是他得了这么多的利，为什么还会有篡位之心？正因为得了这么多的利，他才有野心，有贪心，有不臣之心。所以孟子说，一上来就谈利，大家都谈利有什么好处？"苟为后义而先利，不夺不餍"，你把仁义道德、把义利放在了后边，为后义，大家都谈利益，所以就产生了争夺和贪婪的思想。然后孟子又说"未有仁而遗其亲者也"，如果大家都不谈利，而是谈仁、谈仁爱，一个仁爱的人，他怎么会篡夺自己亲人的权位？他怎么能不顾自己的父母，不顾自己的兄弟，不顾自己的骨肉？"未有义而后其君者也"，一个讲道理讲原则、讲法度讲规律、讲义的人，他怎能忘了他的君王？他怎能变成他君王的对立面？"王亦曰仁义而已矣，何必曰利"，孟子劝梁惠王见别人，先讨论仁义，不要一见面就先问对自己有什么利，对国家有什么利，那样讨论的结果，把大家的追求都集中到利益上去了，不是好事，那样是危险的。

让我们分析一下孟子这段话，这段话跟我们现在的说法有很大的不同。因为我们现在讲人民的利益、国家的利益、党的利益、民族的利益，我们都是讲利益的，我们讲的利益是大公无私的利，是为了全体，为视野广阔的利，不是自己那点蝇头小利，眼皮子底下的那点利。这个说法不一样，这是第一点。

第二点，孟子所处的具体情况。孟子最痛恨的是一心一意考虑自身利益，不考虑他人利益的人群。为了自身的利益而恶性竞争，甚至不惜流血屠杀，可恨。

所以孟子一上来给梁惠王一个当头棒喝，利益永远没有满足的时候，哪怕在有一万乘战车的国家，你已经有一千乘了，你还可能篡位，你还可能弑君。你在有一千乘战车的国家得到了一百乘的实力了，你仍然不满足，这是有可能的。

孟子这话说得有一定的道理，就是你要有一个道德的底线、文明的底线、规则的底线、法度的底线（当时法律也还没有制定那么详细，但是起码有一个词叫法度），就是你做什么是合法的，什么是非法的，是有一个标准的。

孟子强调这个义，这个义是什么意思呢？我可以把它大概地总结一下。义就是指义理道德，义就是内涵，就是原则。比如当我们说含义的时候，就写这个义气的义，我们这里讲的义不是义气，而是讲原则、道理、价值。理就是道理，理就是法则，理就是对事物、对外界、对社会的把握和理解，所以要强调。

尤其是把这两个字放在一起叫义理，即大原则、大道理。表面上看离你很远，不像那个利一下子你就得到了好处，但是如果你不符合这个大原则、大道理，你得了多少利早晚都完蛋。譬如说曾经得势的奸臣、得势的大太监，他们当初的利益简直是不得了，但是最后落得满门抄斩、家破人亡的悲惨下场，在历史上有不少这样的事。

所以孟子强调义理，这个道就是把义和理哲学化。道是什么呢？道就是事物根本的运动趋势，就是事物的根源和归宿；道就是对事物最大的预见，所以我们也可以从哲学的意义上来说，你做一件事符合不符合天道，就是这件事本身具有的比你的人的能力强大得多的不可逾越、不可改变的哲学的本体、哲学的法则、哲学的逻辑，这是道。

过去古人既讲功能也讲修养，也就是说孟子认为原则、道理、法度、哲学、修养，它们的作用大于一时的得失。那么现在我们回想一下，在我们的生活中有没有"原则道理"和"利"发生矛盾的情况？比如说一个你不太熟悉的人，他非要给你送礼，你收到他的礼物，你觉得对你有利，对你们俩的关系也有利，但是不太合乎大义，遇到这件事怎么处理好呢？

鱼和熊掌不能兼得

曰："王之所大欲，可得闻与？"

王笑而不言。

曰："为肥甘不足于口与？轻暖不足于体与？抑为采色不足视于目与？

声音不足听于耳与？便嬖不足使令于前与？王之诸臣皆足以供之，而王岂为是哉？"

曰："否。吾不为是也。"

曰："然则王之所大欲可知已，欲辟土地，朝秦、楚，莅中国而抚四夷也。以若所为求若所欲，犹缘木而求鱼也。"

王曰："若是其甚与？"

曰："殆有甚焉。缘木求鱼，虽不得鱼，无后灾。以若所为求若所欲，尽心力而为之，后必有灾。"

曰："可得闻与？"

曰："邹人与楚人战，则王以为孰胜？"

曰："楚人胜。"

曰："然则小固不可以敌大，寡固不可以敌众，弱固不可以敌强。海内之地方千里者九，齐集有其一。以一服八，何以异于邹敌楚哉？盖亦反其本矣。"

——《孟子·梁惠王上》

孟子曰："鱼，我所欲也，熊掌，亦我所欲也；二者不可得兼，舍鱼而取熊掌者也。生，亦我所欲也，义，亦我所欲也；二者不可得兼，舍生而取义者也。生亦我所欲，所欲有甚于生者，故不为苟得也；死亦我所恶，所恶有甚于死者，故患有所不辟也。如使人之所欲莫甚于生，则凡可以得生者，何不用也？使人之所恶莫甚于死者，则凡可以辟患者，何不为也？由是则生而有不用也，由是则可以辟患而有不为也，是故所欲有甚于生者，所恶有甚于死者。非独贤者有是心也，人皆有之，贤者能勿丧耳。一箪食，一豆羹，得之则生，弗得则死，呼尔而与之，行道之人弗受；蹴尔而与之，乞人不屑也。万钟则不辩礼义而受之。万钟于我何加焉？为宫室之美、妻妾之奉、所识穷乏者得我与？乡为身死而不受，今为宫室之美为之；乡为身死而不受，今为妻妾之奉为之；乡为身死而不受，今为所识穷乏者得我而为之，是亦不可以已乎？此之谓失其本心。"

——《孟子·告子上》

前面孟子一见梁惠王就争论起来了，梁惠王希望孟子讲讲做点什么事情能够对他更有利。但是孟子认为集中精神谈利是危险的，要谈义，要谈义理，要谈大原则、大道理。有人说孟子非常喜欢辩论。孟子说自己并不是好辩论，是不得已，因为经常碰到和他的理念不一样的人。这一点和《论语》有明显不同。《论语》中，孔子侃侃而谈，不时加以引领、分析，尽量说得很亲和，很恰当。

刚和梁惠王辩论没有多久，孟子又和齐宣王辩论上了。因为齐宣王表示他还有大欲，还有很大的愿望没有实现，但他自己还不说。孟子也很聪明，说自己明白了，齐宣王是要开疆扩土，要征服秦、楚。因为齐国在那个时期是一个大的诸侯国家，能够相媲美的也就秦国和楚国这两个较大的邦国。

孟子接下来很尖锐、很犀利地批评齐宣王没有从实行仁政、从获得人心这一点上来追求邦国的发展，而是想靠军事的力量谋取邦国的发展。他还问齐宣王：一个小的邦国进攻一个大的邦国，打仗能胜利吗？答：不能胜利。孟子继续分析：虽然齐国是一个大的邦国，但是在东周当时那种情况下，齐国的面积、人口、军力也不过就占九分之一，用九分之一的实力去和其他九分之八的邦国作对，必然是失败的，这是缘木求鱼，甚至比缘木求鱼还糟，因为缘木求鱼虽然抓不着鱼，但不会造成多么大的危险。可是齐国要是和天下其他的诸侯国都作对，其他诸侯国联合起来就可以灭掉齐国，齐国是有危险的。

孟子挺厉害。我们看《论语》，孔子到各地去，有时候受到冷落，有时候受到误解，有时候受到抵制，最倒霉的情况莫过于此。而较少遇到孔子和人辩论，有权力的诸侯乐于接受这种事情。可是孟子见到君王，经常和君王辩论，而且辩论起来毫不含糊，锋芒毕露，决不向这些君王低头。孟子很牛，这一点跟孔子相比，他显得牛一些。

孟子在另外一个地方又提到过，他说大家都认为晋国和楚国是富国。晋国和楚国的君王，他们有财富，掌握着权力，我既没有财富，又没有掌握着权力，但是我掌握着仁义。我的资源、我的实力就是我的仁义。我有仁义，我有道德，所以我不把晋国、楚国君王的权力、财富放在心上，放在眼里，我认为我更有把握讲出用王道来统一天下的真理。

孟子有一股子冲劲儿，有一股子牛劲儿，我想这也是历史发展的结果。孔子那个时候提出了一些儒家的主张，做得并不顺利，有一些人对孔子也并不重视。孟子非常忠实于孔子，非常信仰孔子，到了他那个时代很可能需要更明确一点，需要把调子提高一点，需要刺激一下那些有权力的人，那些人不懂得仁义道德的重要，不懂得亲民、掌握人心的重要。所以孟子多少是有意识地抬高自己的调门，表现出一种自信、坚决性，表现出他的至大至刚。而且孟子不惧怕把一些问题尖锐化。辩论的时候，孟子有句非常有名的，也是众所周知的话——"鱼，我所欲也，熊掌，亦我所欲也；二者不可得兼，舍鱼而取熊掌者也。"他说人生，有时候碰到一种两难的处境，想吃鱼，又想吃熊掌，但二者不可兼得，只能吃一样的时候，孟子说他就不吃鱼了，吃熊掌。当然在今天吃熊掌还面临一个对野生动物保护的问题，恐怕现在不能够说吃熊掌，但是孟子那个时候，可能还不存在这个问题。

孟子说这话的目的是什么？接着就是："生，亦我所欲也，义，亦我所欲也；二者不可得兼，舍生而取义者也。"这可了不得了。他不但把义和利对立起来加以分析，甚至于在某种情况之下，他把义和生命对立起来加以分析。他说有时候你要想活着，就要违背自己的理念，违背真理，违背原则。而你要想坚持真理，坚持原则，就要牺牲生命。可是遇到这种情况，孟子宁可牺牲生命。

他说人都喜欢生，但是有些东西比生还重要。人都不喜欢死，但是有些东西比死还令你厌恶，令你恶心，是你所受不了的。举例来说，一点吃的东西，吃了你就能活，这个是非常自然、可以接受的事情。但是如果一个人用很没有礼貌的方式呵斥你来吃，那对不起，我们饿着也不会吃那个东西，我们不能够接受这种呵斥。如果一个人用脚把吃的东西踢给你吃，用这种无理的方式，哪怕是一个乞丐，已经饿了三天了，也不会吃。

孟子认为人是有尊严的动物，人是有羞耻心的动物，人不应该做让自己感到羞耻的事情。如果人做了让自己感到羞耻的事情，生不如死，活得难受，活得屈辱，没有尊严。孟子的这些观点在中国有很大的影响，一个人为了一种原则，为了一种理念，为了真理，为了正义，为了天理，宁死也不屈，宁死也不能干不仁不义、不符合道德、不符合诚信、不符合自己的追求、不符合自己的承诺的事情。

《礼记·儒行》中有一句名言叫"士可杀而不可辱"，就是一个受过教育的人、一个有志于为天下而做一些贡献的人，由于政见不同或者阵营不同，你杀了他是可以的，但是如果你轻视他、侮辱他，那他是宁死也不会接受的。关于这一点孟子讲得非常坚决，告诉我们生命固然是很重要的，但是有比生命更重要的东西，这也是全世界的仁人志士的共同观点。譬如匈牙利诗人裴多菲的著名诗歌——"生命诚可贵，爱情价更高。若为自由故，二者皆可抛。"对孟子而言，就是若为大义故，为最高的道理、真理、信念，可以不要生命，也可以不要爱情，可以舍生而取义。自鸦片战争以来，在我们国家一百多年的斗争中，诞生了许多舍生取义的英烈。到现在，我们同样需要思考一下，遇到利与义的矛盾的时候，甚至于遇到生与义的不可得兼的时候，我们应该怎么样坚持原则？

二、民心至上

天时地利人和

> 孟子曰:"天时不如地利,地利不如人和。三里之城,七里之郭,环而攻之而不胜。夫环而攻之,必有得天时者矣;然而不胜者,是天时不如地利也。城非不高也,池非不深也,兵革非不坚利也,米粟非不多也;委而去之,是地利不如人和也。故曰:域民不以封疆之界,固国不以山谿之险,威天下不以兵革之利。得道者多助,失道者寡助。寡助之至,亲戚畔之;多助之至,天下顺之。以天下之所顺,攻亲戚之所畔;故君子有不战,战必胜矣。"
>
> ——《孟子·公孙丑下》

孟子关于天时地利人和的观点,是一个非常普及的,至今人们都爱谈的观点。这个观点的意思是天时不如地利,地利不如人和。我们不论是谈历史还是谈现实,不论是谈政治还是谈军事,不论是谈创业还是谈求职,不论是谈个人的前途发展还是谈一个社群、一个地区的发展,都会想到天时地利人和这三个方面。

天时指的是天气、天象、时令、季节。有时候讲的是一种似乎超人间的形势,对做事有利或不利。比如我们有一句俗话,一个人遇到点麻烦,说他赶上点儿了，这个"点儿"指的就是天时，不是钟点，意思是各个方面的因素使你碰到了麻烦。反过来说，我们说这个人运气太好了，这里也有我们平常说的天时。

地利指的是有利的地理条件。从军事上说，讲究要利用地形地势；从文化上来说，要了解，要善于把握这个地区的文化特色。

至于人和，就是说你的人气有多旺，你能团结多少人？你能不能够做到跟大家、众人、百姓、能人取得最好的合作？这是一切事物成败的一个主要的因素。

孟子是怎么说天时地利人和的呢？他说一个三里见方的内城，一个七里见方的外城，围起来攻打这个城，硬是打不下来。能够把一座城包围，能够向一座城发起进攻，证明已经占了天时，已经在形势上有某种实力的优势，才可能把一座城包围起来进攻。城墙修得特别好，甚至还有山川之险，或者还有沼泽地让攻打的那一方打不过来，这是地利。所以有时候仅仅有了天时了，有了实力了，形势有利了，照样完不成任务，照样受挫，照样攻城攻不下来，耗费了大量的人力物力，这叫天时不如地利。

反过来说，如果城墙修得很高，护城河挖得很深，兵马训练得很好，武装力量也挺厉害，存的粮食也不是不多，可是"委而去之"，最后被人家攻下来了，守城者把城扔下了，狼狈逃窜，是什么原因？是地利不如人和。

虽然有这么好的攻势，这么好的护城河，这么训练有素的士兵，还有很多后勤物资，但硬是让人家攻下来了。因为人家士气旺盛、战术精良、指挥得当、团结一心，所以人和比地利更重要。毕竟人是和人打交道的，谁能获得更多人的赞助、帮忙、支持，谁就能获胜，人和比天时地利都重要。

孟子这些话，相当令人信服，因为人间的事情首先决定于人的因素，其他地形地物，天气时令，好不好对不对，各方面的舆论形势是不是有利，这些都没有人的因素那样切实见效，那么重要。

天时首先表现为上天给了你一个时机，给了你一个有利于你的形势。比如说三国时期，诸葛亮分析曹操靠的是天时，因为曹操是挟天子以令诸侯，那个时机使他显得力量最大。地利，孙权仗的是地利，因为他有长江这样一道天然的防线，尤其他的水军占有绝对优势。然后诸葛亮分析实力相当勉强，当时最弱的是刘备，但是刘备占了人和，刘备在团结人方面有相当的修养，也有相当的成就。

赤壁之战，孙权充分地利用了地利，利用他对长江的气候、风向这些方面的理解，利用他的火攻的本领，打败了曹操。而孙权能做到这一点，恰恰是由于人和。刘备派来的诸葛亮和孙权能够使蜀吴结盟，形成统一战线，孙权和刘备联合起来打败了曹操。这就可以说是地利加上人和，把仅仅靠天时的曹操给打败了。

中国的抗日战争也是这样。日本利用了当时的形势，欧洲已经被希特勒搞得一塌糊涂，无暇外顾。美国当时并不想掺和第二次世界大战的事，只想过自己的日子。而且当时美国和苏联都与日本签立了中立条约，就是不参与中日战争，不出售武器给中国，更不可能从军事上援助中国。但是中国靠的是什么？

我们领土广大，有战略的纵深，这是地利。而日本再厉害，想把中国一口咽下去，但是咽不下去，在地利上日本并不占优势。在人和上，日本入侵中国了，对不起，八路军也好，新四军也好，游击队也好，国军也好，全找机会对抗日本。虽然还达不到把日本消灭的程度，至少能拖住，拖了十四年，直到日本最后彻底失败。所以天时地利人和之论，至今听起来仍然很实在、很可信。

孟子讲到这儿以后，他又分析说"域民不以封疆之界"，想把老百姓都吸引住，都保留住，尤其是在诸侯混战时期，"域民"，想让老百姓在你这块地域生活，"不以封疆之界"，不是靠边界，不许他们跑，光靠这个是不行的。"固国不以山谿之险"，想把国家搞得很坚固，不让敌方攻过来，光靠山岭很险峻，溪流河水一道又一道，能守住这个国家吗？不能光靠这个。"威天下不以兵革之利"，当时天下实际上指的是以东周为中心，想在天下树立权威，使各个邦国的人都敬畏你、惧怕你、臣服于你，你不能仅仅靠武装的力量，还得有别的方面。

孟子后面的一句话也非常有名，叫"得道者多助，失道者寡助"。"得道者多助"，你能够掌握真理，你做的事情符合章法、符合历史规律、符合民心，你就会得到四面八方的帮助。"失道者寡助",相反,你失去了民心,失去了人民的支持,你的行事不符合历史的规律,倒行逆施,做的是人民所不喜欢的事情,那样的话你就寡助,你就成了孤家寡人,你就只能躲到一个旮旯而已,一边生气,一边哭泣去吧。

所以孟子说,得道的时候,天下顺之,整个天下都顺着你的意图来发展;可是你失道的时候,亲戚都背叛你。如果你失去了人心,如果你失去了民心,如果你不符合历史发展规律,如果你干的是招人恨、招人讨厌的事情,就是你的亲戚、儿女、兄弟姐妹都会跟你对着来。

"以天下之所顺,攻亲戚之所畔",用天下都佩服都顺从的得道者的力量、符合正义方的力量,攻击连亲戚都想背叛、都想作对的失道者,这样当然是得道者胜利。

于是孟子下面又有一句名言,他说"君子有不战,战必胜矣"。君子都是很文明的人,都是很懂道理的人,都是特别讲礼貌的人,遇到什么事,常常不想战斗,不想马上就应战。可是战则必胜,只要战就一定胜利,因为是君子,不轻易和人对立,一切按照道来办,按照真理来办,按照历史的规律法则来办,按照民心来办。

得民心者得天下

> 得天下有道:得其民,斯得天下矣。得其民有道:得其心,斯得民矣。
> 得其心有道:所欲与之聚之,所恶勿施尔也。
> ——《孟子·离娄上》

我们前面讲过,天时不如地利,地利不如人和。什么叫人和呢?对于一个权力系统来说,对于一个掌权的人来说,对于一个君王来说,人和就是民心。

孟子另外一个很有名的,可以说家喻户晓的说法,叫"得民心者得天下",

谁赢得了民心，谁能够让老百姓的心向着，向其靠拢、凝聚，谁就能得天下。至于天下，古代并不了解这个世界几大洲、几大洋的情况，当时认为中国的东方、南方都是海，西方、北方有一些小的番邦，这些番邦在文化等方面要比中原落后得多。这样的一些地方，就是整个世界了，就是天下。

得天下其实就是统一中国，能够使春秋战国时期群雄并起、互相争夺的局面，变成像唐尧、虞舜、夏禹时期一样，像西周时期一样，成为一个和平的、稳定的、统一的世界。

孟子说"得天下有道"，要想得天下，得有自己的道路，有自己的规律，有自己的法则，有自己的方法，叫作道术。道是从大的方面来说，术是从具体的方法来说，说得天下是有道术的。"得其民，斯得天下矣"，得到了民人（因为当时"人民"这个词，还并不具备现代这个意义，也还没有被普遍使用，所以我在谈古代经典文献的时候，经常用"民人"这个词），就能得到天下。

天下是什么？天下是壮丽山河。它能说话吗？它会表示拥护或者反对吗？它不会的。其他的建筑，如房屋、宫室，乃至于武器，它们会说话吗？它们会表示拥护或者反对吗？它们不会。弓箭、刀枪，它们能说话吗？它们也不说话。能够决定是拥护你还是反对你？是服从你的权力、你的管理、你的引领，还是反对你说的一切？这决定于民人，所以，"得其民，斯得天下矣"。

"得其民有道：得其心，斯得民矣"。怎么样才能够得民？怎么能够使民人拥护你？很简单，就是你要"得其心"，使他心悦诚服，能够和他心连心，能够让他向你倾心，能够让他向你交心，能够让他跟你同心，这不就得到民人了吗？得民不是说让他一定干什么别的事情，而是让他从心里敬佩你、拥护你，他感谢你，他愿意听你的。

"得其心有道"，要想得到民人的心，得到民人的拥护之心、感激之心、服从之心、喜爱之心也很简单，也有道术，也有路径，也有法则，叫作"所欲与之聚之"。就是民人喜欢什么，就多给，就多聚集，就多增添。"所恶勿施尔也"，民人所讨厌的东西就不要加到他身上，就不要实行到他身上，就不要干预到他身上，他的心当然就拥护你。

孟子这句话意思很单纯、很可爱、很纯洁。当然这件事情它也有复杂的一面，比如说这是事实，民人往往只看到眼前的这一点，往往看见的是他这个小村这个小镇，最多他这个县，他这个区域所发生的一点事；很长远的利益、大的事情，他有时候弄不清，这种情况也是有的。但是从根本上来说，得民心的得天下，失民心的失天下，这话一点也不错。几千年来中国的历史、外国的历史，都能够说明这一点。

以我们中国的现代史来说，非常明显。领导了人民革命的中国共产党，其实力量当初没法和国民党相比，国民党的军力、国民党的现代化的武器，都是共产党所无法比拟的；国民党的人数、国民党统治的范围也都优于共产党，但是他们失败了，什么原因使国民党丧尽人心？

共产党人有先进的三观（世界观、价值观、人生观），有马克思主义的武器，而且根据革命斗争的理论，处处和人民靠近，联系群众，特别是在农村进行了土地改革，使得大量的无地少地的贫下中农乃至于一部分中农，都愿意跟着他们走，愿意跟着他们闹革命，推翻反动的腐朽的政权。所以1949年中华人民共和国成立，可以看得出来，得民心者得天下，这是颠扑不破的真理。你实力再强，你教育程度再高，你丧尽人心了怎么能够站得住呢？怎么能够混得下去呢？

有一部电影叫作《决战之后》，是根据重庆作家黄济人先生的小说改编的。电影讲述的内容是：在解放战争国民党军失败以后，国民党军的一些将领被俘虏了，被送到类似于学习班去学习，去改造思想，其中有国民党的两个高级将领，这两个人一个是美国西点军校毕业的，另一个在德国接受过军事训练。这哥俩早晨正用英语在那儿谈话，赶上咱们的解放军这边的监狱管理人员在写家信，一封很普通的家信。这个管理人员学历差一点，他就写一个很普通的字，却忽然忘了这个字怎么写了，他就问国民党的在押人员，那两个高级将领中的一位很礼貌地告诉他应该怎么写怎么写。可是写完了以后这个人就跟他的同僚说"你看我们就让他们给打败了",那意思是解放军连很普通的字都写不好,而他们是受了高等教育的、专门的军事训练的,他们硬是失败了。这本身也从另一面说明了得民心的重要和丧失民心、丧尽人心的危险。

那么怎么样得民心呢?孟子讲得也很简单,非常明白。老百姓喜欢的事情我们多给他干,多帮助着他;老百姓讨厌的事情我们千万别干。这句话我觉得就是今天看也是真理,因为今天我们也是这样宣传的,也是这样教育的,就是说主要是老百姓高兴不高兴。人民高兴不高兴,是判断我们做事情的一个标准。

毛主席当年反复讲的、认真强调的,至今仍被人们牢记的,就是"为人民服务"五个大字。就是我们的干部、我们的党员一定要为人民做好事,一定要做受人民欢迎的事,一定要做满足人民对于美好生活的愿望的这些事。而不要做扰民的事,不要做让老百姓厌恶的事,不要做损害人民利益的事。我想这一点也是非常重要的。

让我们思考一下,得民心者得天下,当然现代是对于掌握了权力的人,对领导而言;旧社会指的是君王、官员。我们做任何事情也都得得民心,我不是官员,我也不是领导,我更不是君王,但是如果我不得人心,我走到哪儿都招人讨厌,你想想我能做成几件事?我们能不能自我反省一下,我们的哪些表现是得人心的、得民心的?我们的哪些表现是可能引起他人的反感,乃至于引起他人的讨厌的?

关注民生

邹与鲁哄。穆公问曰:"吾有司死者三十三人,而民莫之死也。诛之,则不可胜诛;不诛,则疾视其长上之死而不救,如之何则可也?"

孟子对曰:"凶年饥岁,君之民老弱转乎沟壑,壮者散而之四方者,几千人矣;而君之仓廪实,府库充,有司莫以告,是上慢而残下也。曾子曰:'戒之戒之!出乎尔者,反乎尔者也。'夫民今而后得反之也。君无尤焉!

君行仁政，斯民亲其上，死其长矣。"

　　孟子谓齐宣王曰："王之臣有托其妻子于其友而之楚游者，比其反也，则冻馁其妻子，则如之何？"

　　王曰："弃之。"

　　曰："士师不能治士，则如之何？"

　　王曰："已之。"

　　曰："四境之内不治，则如之何？"

　　王顾左右而言他。

——《孟子·梁惠王下》

　　梁惠王曰："寡人之于国也，尽心焉耳矣。河内凶，则移其民于河东，移其粟于河内。河东凶亦然。察邻国之政，无如寡人之用心者。邻国之民不加少，寡人之民不加多，何也？"

　　孟子对曰："王好战，请以战喻。填然鼓之，兵刃既接，弃甲曳兵而走。或百步而后止，或五十步而后止。以五十步笑百步，则何如？"

　　曰："不可，直不百步耳，是亦走也。"

　　曰："王如知此，则无望民之多于邻国也。"

　　"不违农时，谷不可胜食也；数罟不入洿池，鱼鳖不可胜食也；斧斤以时入山林，材木不可胜用也。谷与鱼鳖不可胜食，材木不可胜用，是使民养生丧死无憾也。养生丧死无憾，王道之始也。

　　"五亩之宅，树之以桑，五十者可以衣帛矣。鸡豚狗彘之畜，无失其时，七十者可以食肉矣。百亩之田，勿夺其时，数口之家可以无饥矣。谨庠序之教，申之以孝悌之义，颁白者不负戴于道路矣。七十者衣帛食肉，黎民不饥不寒，然而不王者，未之有也。

　　"狗彘食人食而不知检，涂有饿莩而不知发；人死，则曰：'非我也，岁也。'是何异于刺人而杀之，曰：'非我也，兵也。'王无罪岁，斯天下之民至焉。"

——《孟子·梁惠王上》

关注民生,这在孟子的书里有许许多多的表现,最尖锐的是孟子和邹穆公的一次谈话。

他说遇到凶年饥岁,即水灾、旱灾、蝗灾或者是战争的灾害,大家挨饿的时候,"君之民老弱转乎沟壑",说您所统治的那些老百姓那些民人,其中老弱的人辗转死于沟壑之中;"壮者散而之四方者,几千人矣",年轻力壮的劳动力,东跑西散,一跑就跑了好几千人!"而君之仓廪实",可是国君您呢,您的仓库里的东西还多着呢;"府库充",您的金库里的东西还多着呢。"有司莫以告",管这些事的人、管粮食的人、管钱物的人,就不向您报告老百姓这种痛苦的状况,您根本都不知道,您是君王,可是您不知道。"是上慢而残下也",这就是上边轻慢老百姓的福利,轻慢老百姓的生存权,这样的话等于是在残害百姓,在伤害民人。曾子说,"戒之戒之",可要小心,可要注意,千万别这样。别哪样呢?"出乎尔者,反乎尔者也",你是怎么样对待人家的,人家就怎么对待你。孟子说邹穆公凶年饥岁没有照顾老百姓,没有照顾老百姓的生存权,没有帮助老百姓解决温饱,你轻视老百姓,老百姓就轻视你;你对不起老百姓,老百姓就对不起你。"出尔反尔",原意是这样的,冤冤相报,善有善报,恶有恶报。你怎么对待别人,别人就怎么对待你。你怎么对待民人,民人就怎么对待你们这些君王臣子。但是现在我们说出尔反尔,意思是一个人说话不算数,老改,今天这么说,过了两天又反着说了。很多成语后来都被望文生义了。

这话说得非常厉害,而这话是从哪儿说起呢?邹穆公问孟子,说他们在一次和鲁国的冲突中,有三十三个官员战死了。可是老百姓没有一个死的。杀老百姓吧,又不能杀那么多;不杀吧,又憎恨他们眼睁睁看着长官被杀而不去营救,该怎么办呢?这个时候,孟子出人意料地来了上面尖锐的一段,他说因为你们的这些官员、你们这些掌权的人,就没有关心老百姓的生存,在凶年饥岁让老百姓跑的跑，死的死，辗转流亡，困难重重。这种情况下，您还要求老百姓对您好？您得了吧。

孟子这个话太厉害了。他说"夫民今而后得反之也"，您原来对老百姓是怎么做的，当时老百姓也许没有什么反应，但是过一段时间他们就会反过来了。"君无尤焉"，您别发愁了，也不要只埋怨老百姓了；"君行仁政"，如果您对老百姓仁爱，老百姓就"亲其上"，老百姓也就觉得跟您的关系亲近，觉得您是自己人，拿您当自己的亲人。那么"死其长矣"，那么他为他的国君，职位、官位比自己大的人，年龄比自己大的人，辈分比自己大的人，为他们牺牲都可以，关键您得对老百姓好一点。

孟子还真是有点牛气，他敢于跟君王这样说话。还有更厉害的，他曾对齐宣王说，如果你们国家有个大臣，需要去楚国游历一两年，把自己的老婆、孩子委托给一朋友照顾。然后等其回来，自己的老婆、孩子已经饿得不能动了，您说这个大臣对这样的朋友应该怎么办？齐宣王说，那很简单，绝交。你委托的事这个人不完成，不注意，不在意，差点让你的家属冻饿而死，这样的人怎么能够再做朋友？绝交。好，孟子就笑着说很好，您讲得很对，遇到这样的人不能再交，要绝交。如果您这儿有一个管政法的人、管维持秩序的人，这个人遇到坏人他不管，遇到破坏秩序的人他不管，遇到影响人民安全、安定、安稳生活的事件他也不管，这样的大臣应该怎么办？齐宣王说那当然撤职，要他干什么？做大臣就必须管事。

孟子说，好，您说得太对了。那如果一个国家老百姓遇到困难，遇到天灾，遇到洪水，遇到蝗虫，遇到干旱，遇到活不下去的情况，当然还可能有什么地震、海啸各种各样的情况，这个国家居然没人管老百姓，不关心老百姓的民生，不帮助老百姓维持自己的生活，您说这种情况下该怎么办呢？孟子太牛了。这句话当然针对的就是国君了，一个国家谁管全体老百姓呢？责任在谁的身上？不言而喻。

孟子真可爱。齐宣王听了这话没有正面回答，而是"王顾左右而言他"，眼睛环顾左右而说别的事，不搭这个茬儿，给你说别的了，赶紧转移过去。至于谁心里打鼓谁知道，孟子也就不再往下追了（"王顾左右而言他"，这个"他"字也有人说此处更应该念讬，古音应该是讬，是王顾左右而言讬，也变成一个非常有趣的成语。当一个人感到尴尬的时候，当一个人不知道该怎么回答挑战的时候，只好顾左右而言讬）。

即使是在古老的封建社会，中国也还有这种用文化用道德来对权力提出某种要求，乃至于适当地监督一下这个权力，批评一下这个权力，婉转地给这个权力提点意见、提点愿望的事例。这一篇就是孟子从关心民生这一点上，对邹穆公和齐宣王的一个比较巧妙的监督批评。

《孟子》中讲民生，还有一个地方讲得很有趣，就是孟子主张给老百姓提供自留地，让老百姓种一些树，养一些蚕，养一些猪，养一些牛羊，让他们能吃上肉。孟子说如果给老百姓提供足够的自留地，鼓励老百姓种树养蚕，鼓励老百姓养一些可以宰杀然后能吃的东西，这样的话，老百姓五十岁以上的能穿上丝织品绸缎，七十岁以上的能吃上肉。孟子想得很具体，很好。

我们从这里可以看到，生产力是慢慢发展的，五十岁才能穿上真正的绸缎。五十岁才能穿上丝质的绸布，这还好说。七十岁以上才能吃得上肉，那个年月人生七十古来稀，有几个活够了七十岁的？说明当年能吃上点肉绝非易事。还是我们现在的生活幸福多了，关注民生，尤其是对于像中国这样一个大的国家来说，这是比什么都重要的政策。

比如说抗日战争时期受到敌人的多方面的封锁，当时的根据地生活非常困难，这时候党中央发动的大生产运动，连周副主席（后来的周总理）都弄了一个纺车在那儿纺线，全民动员。王震领导的359旅，把南泥湾这样一个荒地，开垦成为又种粮食又种蔬菜的良田，自力更生渡过了难关。中国革命的时间是很长的，不是一年两年就可以翻过身来的。那么要打仗，还要吃饭，还要过日子，还要让老百姓感觉到生活充满了希望，如果不关注民生，其他的各种口号都会变成空谈。

与民同乐

孟子见梁惠王。王立于沼上，顾鸿雁麋鹿，曰："贤者亦乐此乎？"

孟子对曰："贤者而后乐此，不贤者，虽有此不乐也。《诗》云：'经始灵台，经之营之，庶民攻之，不日成之。经始勿亟，庶民子来。王在灵囿，麀鹿攸伏，麀鹿濯濯，白鸟鹤鹤。王在灵沼，於牣鱼跃。'文王以民力为台为沼，而民欢乐之，谓其台曰灵台，谓其沼曰灵沼，乐其有麋鹿鱼鳖。古之人与民偕乐，故能乐也。《汤誓》曰：'时日害丧，予及女偕亡。'民欲与之偕亡，虽有台池鸟兽，岂能独乐哉？"

——《孟子·梁惠王上》

孟子曰："民为贵，社稷次之，君为轻。"

——《孟子·尽心下》

现在有一个很流行的词儿，叫作与民同乐。就是说，不管你有多么高的职位，你要能够和人民一起快乐，一起享受生活，一起度过节日，等等。这个在古书上最早是"与民偕乐"，"偕"就是一起的意思，也是共同的意思。

孟子见了梁惠王，一上来有关于义和利的分析之后，接下来讲到梁惠王在自己的花园里，站在池塘边的情况。他这个后花园里头养着一些小鹿和天鹅等（古人说的鸿雁，很多情况下指的是鹅并不是指大雁），梁惠王就问孟子说："贤者亦乐此乎？"像您这样的圣贤，这样讲大道理的人，对于弄个花园，弄个园林，弄个池塘，养点动物，对这些玩意儿有兴趣没有？

孟子回答说，贤者是先能当成一个贤者，先学到圣贤的一些道理，然后你自然也就会为生活上的许多美好的事物而快乐了。"不贤者，虽有此不乐也"，你如果不是一个贤者，你就不得人心，治理国家也治理不好，就算你有很美丽的花园，有什么用呢？

孟子很快就援引《诗经》上的话，说当年周文王也修过一个园林，称之为灵台。当年周文王确定要修筑灵台的时候，"经之营之"，为了经营这个灵台，有了各种各样的设计，有了各种各样的计划。"庶民攻之"，老百姓、民人都来修这个公园，修这个园林。"不日成之"，没有用太久的时间就把它修好了。

为什么没有用太久的时间就能把它修好？"文王以民力为台为沼"，就是用民力，修了高台，修了高地，修了丘陵，也修了池塘，修得很漂亮，很好。"而民欢乐之"，老百姓非常喜欢这个地方，管这台叫作灵台；管这沼，叫作灵沼。"乐其有麋鹿鱼鳖"，非常高兴，在这个地方又有小鹿，又有鱼，又有鳖类的动物。

"古之人与民偕乐，故能乐也"，古代的君王能够和老百姓共同来享受这个园林，所以老百姓也跟着乐。修好的东西不仅仅是为了自己，也为了让老百姓能欣赏，能享受，满足老百姓对美好生活的追求。与民偕乐，与民同乐，大家一块儿高兴，多好。

如果君王不那么贤明、那么贤良，如果君王和老百姓是对立的，《尚书·汤誓》里说"时日害丧，予及女偕亡"，是说天下无道，君王或者掌握权力的人，得罪了老百姓，招恨，以致老百姓恨不得跟他一块儿死，他就算有了天鹅，有了池塘，有了高台，有了各种美好的建筑，各种美好的动物，又有什么快乐可言？

孟子挺厉害，他不管什么时候都不忘宣传他的道义，宣传他的仁政理论，宣传亲民和民本的思想。他讲的这个说起来也是一个很简单的道理，就是君王不但要考虑自己的快乐，更要考虑百姓的快乐、大众的快乐、民人的快乐、庶民的快乐。

虽然孟子的理论思想很明白，但实际操作上有一定难处。古代的时候，人口没有那么多，君王修起一个好的园林，可以欢迎老百姓过来玩一玩，看一看。但是如果人口越来越多了，一些比较高级的享受的地方，就变成封闭性的了。

所以，确实有不能或者未必做得到与民偕乐、与民同乐的地方。但是与民偕乐、与民同乐是我们的一个理想，我们应该尽量做到。尽一切的可能做到与民偕乐，把老百姓放在前面，让他们能够享受快乐的生活、美好的生活，美丽的园林、美丽的建筑、美丽的大自然。所以我们提出的"美丽中国"的概念，当然是为了全体老百姓的。

今天读到这一段，我们仍然会发出会心的笑容。与民偕乐，不仅仅君王要有这样的想法，富商、大款等也应该有这样的想法。一个小领导、一个小老板，也优于一般的打工者，这种情况下，也要时时想到创造机会，产生与民偕乐的理想的图景。孟子提出与民偕乐的思想，今天对我们也是有意义的。相反，要是暴发户有了点地位，有了点金钱，就处处压老百姓一头，那可就要找倒霉了。

我们还要讲孟子的一个非常重要的思想——"民为贵"。就是对于一个邦国、一个国家来说，最重要的最宝贵的是民人，是百姓。"社稷次之"，第二位的是国土和传统，是权力、朝廷所制定的国家的体制。"君为轻"，第三位的才是国君。孟子这个说法非常了不起，非常重要。

"民为贵，社稷次之，君为轻。"当然，我们也不能因为这句话的排列次序，就认为中国是一个把君放在最轻地位的国家。孟子这句话的关键意思是民为贵，为了表示民为贵，他不惜说君为轻。实际上在中国的历史上君王也是非常重要的，君王的权力也是非常集中的，忠于朝廷的思想、忠于朝廷的事迹也是非常突出的。

孟子之所以强调民为贵，是因为君的力量在于民的拥戴，在于民的跟随，在于民的献身、民的努力。如果民不拥护，如果民不顺从，那君就成了光杆司令，那是非常危险的。有些关于末代皇帝、末代君王的书籍，令人不忍卒读，读那些书觉得非常难受。比如说看《三国演义》，看东汉的那些皇帝，最后被董卓所排挤，被曹操所侵犯，而自己一点辙没有，那真是很可怜的。

孟子借着各种机会宣传一种理念，这种理念就是"民为贵，社稷次之，君为轻"。实际上最理想的状态是这个君能够维护民的利益。《孟子》里说君能保护民的利益，君能保卫他的社稷，君能为民倾力，为民除害，那就更理想了。

我们现在再谈一个问题，我们自问一下，我们虽然未必能够拥有一个大的园林、一个大的花园，但是我们有没有这种心情？有没有这种快乐？就是能够多多地找一些朋友，找一些普通的人，找一些地位或者财富不如我们的人，和我们共享人生的欢乐呢？

三、性善之论

性善论

齐宣王问曰:"齐桓、晋文之事,可得闻乎?"

孟子对曰:"仲尼之徒无道桓文之事者,是以后世无传焉,臣未之闻也。无以,则王乎?"

曰:"德何如则可以王矣?"

曰:"保民而王,莫之能御也。"

曰:"若寡人者,可以保民乎哉?"

曰:"可。"

曰:"何由知吾可也?"

曰:"臣闻之胡龁曰,王坐于堂上,有牵牛而过堂下者,王见之,曰:'牛何之?'对曰:'将以衅钟。'王曰:'舍之!吾不忍其觳觫,若无罪而就死地。'对曰:'然则废衅钟与?'曰:'何可废也?以羊易之!'——不识有诸?"

曰:"有之。"

曰:"是心足以王矣。百姓皆以王为爱也,臣固知王之不忍也。"

王曰:"然。诚有百姓者。齐国虽褊小,吾何爱一牛?即不忍其觳觫,若无罪而就死地,故以羊易之也。"

曰:"王无异于百姓之以王为爱也。以小易大,彼恶知之?王若隐其无罪而就死地，则牛羊何择焉？"

王笑曰："是诚何心哉？我非爱其财，而易之以羊也，宜乎百姓之谓我爱也。"

曰："无伤也，是乃仁术也，见牛未见羊也。君子之于禽兽也，见其生，不忍见其死；闻其声，不忍食其肉。是以君子远庖厨也。"

——《孟子·梁惠王上》

孟子曰："人皆有不忍人之心。先王有不忍人之心，斯有不忍人之政矣。以不忍人之心，行不忍人之政，治天下可运之掌上。所以谓人皆有不忍人之心者，今人乍见孺子将入于井，皆有怵惕恻隐之心，非所以内交于孺子之父母也，非所以要誉于乡党朋友也，非恶其声而然也。由是观之，无恻隐之心，非人也；无羞恶之心，非人也；无辞让之心，非人也；无是非之心，非人也。恻隐之心，仁之端也；羞恶之心，义之端也；辞让之心，礼之端也；是非之心，智之端也。人之有是四端也，犹其有四体也。有是四端而自谓不能者，自贼者也；谓其君不能者，贼其君者也。凡有四端于我者，知皆扩而充之矣，若火之始然，泉之始达。苟能充之，足以保四海；苟不充之，不足以事父母。"

——《孟子·公孙丑上》

对于孔孟之道来说，性善是一个非常重要的关键性论断。没有这个论断，许多学说都站不住脚。在讲性善的理论之前，我们先讲一个故事。

孟子和齐宣王聊天的时候提到一件事情，听说有一次王坐在堂上，"有牵牛而过堂下者"，有人牵着牛从堂下走过去，王看见以后就问牵牛的人，牵着牛到哪里去？对曰："将以衅钟。"说是要祭祀钟。"衅钟"是古代的一种祭祀仪式，铸了一个新的钟，要把牛杀了，用牛的血填到钟的缝上，这样钟才能够灵验。因为钟是用来宣布时间，召集会议，宣布朝廷一些旨意的，所以是很庄严的。这样一个庄严的东西，要以生灵的血来加以祭祀。王看到牛可怜的样子，就说，算了吧，把牛放了，实在不忍心看到牛在那儿哆嗦，它又没有什么罪过！牵牛的人问那怎么办？就不祭祀钟了吗？王说也不能够废掉那应有的仪式，那个仪式是自古以来传下来的，到了这儿废除了也不行。换成一只羊，宰只羊就行了，别宰这头牛。

孟子问有这么回事吗？齐宣王说有。孟子对这事评价很高。说齐宣王有这种不忍之心，有这种同情之心，有这种爱牛之心足可以当一个王了，而且能够王天下了。这是一个王者，实行的是王道。不过如果齐宣王的理由是牛无罪，就不希望杀死它，那么羊和牛有什么区别？让宰一只羊，请问那只羊又有什么罪？

齐宣王一听笑了，说孟子说得真对。怎么回事？不是由于自己吝啬，瞅着牛大舍不得，羊小就把羊给宰了，要不老百姓说自己爱牛不爱羊，或者说自己是由于心疼牛了。孟子就又分析说没关系，齐宣王的心思无伤大雅，表现了他爱惜生灵，"是乃仁术也"，齐宣王这种表现是一种仁爱之心的表现。这种仁爱见牛未见羊也，看见牛在哆嗦，挺恐惧挺可怜，就说宰只羊，没看见羊，所以就没在乎羊哆嗦不哆嗦、恐惧不恐惧。

孟子说这正是一个君子之心，叫作"君子之于禽兽也"。君子对于禽兽"见其生，不忍见其死"。看见禽兽活着的样子，就实在不忍心看它死，看它被屠宰的样子；"闻其声，不忍食其肉"，听到牲畜活着时的叫声，就吃不下它的肉了，所以"君子远庖厨也"，君子不愿意挨着屠宰牛羊鸡鸭的地方太近。无论如何，这是齐宣王善良的表现。一个善良的君王对待老百姓就会有善良的态度，就会有仁爱之心，就会关心老百姓的死活，就会希望老百姓过比较好的生活，这样的人做国君很好。

我讲这个故事，用来证明人的本性、人的天性是善良的。

孟子讲天性善良的时候，尤其强调恻隐之心人皆有之。恻隐之心是什么意思？就是可怜一个生命的心，可怜一个受罪的生灵，更不用说可怜一个不幸的民人。你有这个心，可以称之为恻隐之心。

什么叫恻隐之心？简单地说，看到别人受罪，你受不了。哪怕是看到一个罪犯受到刑戮,根据刑法对他执行的处决,你心里也会不舒服;看到一个穷困的人,穿不上衣服,吃不上饭,你心里受不了,你不能若无其事,自得其乐。人家遭遇了灾祸,你在那儿乐呵呵。你不是那样的人,你就是好人,有恻隐之心。

孟子又说"恻隐之心,仁也",什么叫仁爱?就是有恻隐之心,有恻隐之心的人是有仁爱的人。有仁爱的人是能爱民亲民的人,能爱民能亲民的人,是能够为自己的民人、为自己的百姓做好事的人,因此他给这样的人很高的评价。在中国人的心目中,对这种所谓仁爱之心的评价非常高,也非常重视。

有很多历史故事都和这种恻隐之心有关。比如《史记》中讲的范雎的故事,范雎本是魏国人,在魏国受到了冤枉,被迫害,生活很苦,后来跑到秦国当了宰相。魏国有一个臣子叫须贾,曾经迫害过范雎。须贾出使秦国,他不知道范雎来到这儿还当了宰相。范雎去看望须贾,冬天里穿着一件破烂衣裳,冻得直哆嗦。须贾一看是范雎,说,这不是范先生吗?你怎么冻成这样了?范雎说自己在这儿给人打工,也挣不上钱。须贾虽然迫害过范雎,已经过了这么多年,看见一个老熟人在这儿,且那么一副可怜样,就把身上穿的一件棉袍脱下来了,让范雎先穿上,先用着,说自己衣服多,范雎穿这么薄,且破破烂烂,那么下去可受不了。这个故事很有名,京剧里有个剧目叫《赠绨袍》,讲的就是须贾把绨袍给了范雎的事迹。绨是一种绸子面,这绸子面一面很亮很细,一面好像砂洗过一样,显得很暗,比较质朴。第二天,须贾见到范雎,才知道范雎已经是秦国的宰相。须贾扑通就趴到地上,只求速死。说自己当年迫害过范雎,对不起他,现在范雎当了宰相,自己送上门来了,请范雎一刀把自己撂了就完了,少折磨自己,也就算是对自己的最大的恩惠了。但是范雎说了什么?说须贾的罪过杀几次都不为多,但是,须贾昨天见了他有恻隐之心,有故人意,心还挺软,见着他还把他当作一个老熟人。因此,饶了须贾,没杀。

范雎要报仇,但是他也知道,如果一个人有可怜别人的心,有同情别人的心,有帮助有难者的心,对老熟人甚至是老对手还有几分怀念怀旧的心,是一件好事。所以恻隐之心，是孟子评价人的一个很重要的标准，是性善还是性恶，是善人还是恶人的一个很重要的表现。孟子对恻隐之心给予很高的评价，而且认为恻隐之心就是仁爱之心。

性善的四种心

公都子曰："告子曰：'性无善无不善也。'或曰：'性可以为善，可以为不善。是故文、武兴，则民好善；幽、厉兴，则民好暴。'或曰：'有性善，有性不善。是故以尧为君而有象，以瞽瞍为父而有舜，以纣为兄之子且以为君，而有微子启、王子比干。'今曰'性善'，然则彼皆非欤？"

孟子曰："乃若其情，则可以为善矣，乃所谓善也。若夫为不善，非才之罪也。恻隐之心，人皆有之；羞恶之心，人皆有之；恭敬之心，人皆有之；是非之心，人皆有之。恻隐之心，仁也；羞恶之心，义也；恭敬之心，礼也；是非之心，智也。仁义礼智，非由外铄我也，我固有之也，弗思耳矣。故曰：'求则得之，舍则失之。'或相倍蓰而无算者，不能尽其才者也。《诗》曰：'天生蒸民，有物有则。民之秉彝，好是懿德。'孔子曰：'为此诗者，其知道乎！故有物必有则；民之秉彝也，故好是懿德。'"

——《孟子·告子上》

孟子讲性善有四种心：恻隐之心，人人都有恻隐之心、不忍之心、怜悯之心，这个前文已经讲过；羞恶之心，因自己做了错事、坏事而感到惭愧，感到害羞，感到厌恶，这个心也是人人都有的；恭敬之心，对一些事应该恭恭敬敬，持有敬意，这也是人人该有的心；是非之心，人皆有之，做一件事情，听到一种说法，这些是对还是不对，需要辨别一下。可能有能力辨别，也可能没有能力辨别，但是要有辨别的愿望，希望知道怎么做是对的，怎么做是不对的。

"恻隐之心，仁也"，恻隐心就是仁爱。"羞恶之心，义也"，知道惭愧，知道害臊，知道厌恶那些不应该做的事情、不应该说的话，这就是义，这就是大义凛然。"恭敬之心，礼也"，知道该怎么样对别人或者处理一些事情，对天地、祖先致敬，恭恭敬敬，这个就是礼。"是非之心，智也"，知道什么事要辨别是非，这就是智慧。"仁义礼智，非由外铄我也，我固有之也"，仁义礼智这些重要的美德，是人性当中本来就具有的。这是孟子的一段非常有名的话，这段话里孟子说"乃若其情，则可以为善矣"，如果研究人的感情，就从人的感情生活，从人本来所具有的性情看，可以看到往善的方面发展。"乃所谓善也"，愿意往善这方面发展，这就是所说的善。"若夫为不善，非才之罪也"，如果说有可能做出不善的事情来，并不是原来这个人就有这种不善的东西，而是受了后天的影响，受了形势的影响，受了坏习惯的影响，甚至于是受了恶人的逼迫，才有不善。人的本性是往善的方面靠拢的。这是孟子的一个观点。

羞恶之心在中国的传统文化中，也有它的特色，孔子喜欢讲"知耻近乎勇"，"耻"就是羞恶之心。一件事做砸了，做坏了，暴露了弱点，表现了无知，表现了自私，表现了暴躁、愚蠢。这种情况下感到很害羞，感到很讨厌自己怎么会这样，就是有耻，有耻辱心。

孔子认为，有了耻辱心，差不多就勇敢了。为什么？勇敢了，就不去做坏的事情，有勇气不去随波逐流，有勇气不跟着捣乱，不跟着起哄，不跟随别人去做伤害人的事情，这是勇。

而孟子，他强调这就是义，这就是原则，这就是义理，这就是正义，这就是大道理。就是说有些事是不能干的，要干了，就丢了大义了，要干了就没有脸见人了。

孟子强调这个，他认为这是义的表现，是大义凛然的表现，是讲正义，而不只是为个人的利益打小算盘的表现。这使我想起我经常主张的一个观点，我也在很多地方写过，我说：什么叫好人，什么叫坏人？怎么分辨？简单地说一句，好人是有所不为的，坏人是无所不为的。

什么叫有所不为？就是有些事我们不能干。比如说我们周围有不太好的人，这个人为了攻击我们，可以造谣生事，可以捏造事实，那么我们当然可以回击他。但是我们回击他的时候，绝对不可以造谣生事，捏造事实。再比如说有些人在自己的某种贪欲起来的时候，有某种需要的时候，他会用非法手段去占有公家的财物，或者是盗窃旁人的财产。但是一个好人绝对不会以任何借口做这样的事。

一个坏人就可能做这样的事。一个坏人还可能诈骗，挑拨离间，捏造自己所嫉妒的人的所谓恶行，等等。这样的事情好人绝对不会做的。所以如果好人和坏人斗争起来，坏人的武器比好人多。

好人的特点在于自律，在于对自己的严格要求。比如说不能随便占公家的便宜，不能随便占老百姓的便宜，不能随便获取本来不属于自己的利益，也不能获取本来不应该属于自己的名声。如果一个人能做到这几点，就比较纯洁，贪欲就小得多。就是说，好人不是说什么情况下都把好事、利益往自己的身边拉，能得到多少就得到多少，宁可少得到一些，都不会得到得过多。

为什么有些人得到了自己不应该得到的利益时，会感觉很可耻，感到害羞，自己厌恶自己呢？我想这就是一个人的境界，也是一个人的自律，这是非常值得重视的。不是当别人揭露了自己有问题，才感觉到害臊，甚至于去掩饰，而是主动地不让自己做坏事。

又比如说曹操，小说里面描写他"宁教我负天下人，休教天下人负我"。这让人听了就觉得不对劲。因为你负天下人，你这一辈子怎么过得去？你难道不觉得自己可耻吗？你一点羞恶之心都没有吗？如果你是一个负天下人的人，你能成功吗？你能够成为一个伟大的历史人物吗？这方面我们应该自觉、自动地对自己有所要求，有所反省，有所自律。

从长远来说，善有善报，恶有恶报。如果做了坏事，是难逃恶报的。如果有这个认识，那就是有了羞恶之心了，那也就是不能无所不为，而要有所不为了。这种有羞恶之心的例子，我们到处都可以看得到。

孔子、孟子为什么这么重视耻的观念、羞恶的观念？因为他们期待自觉，期待人心当中趋向善的那个因素。希望这些能够拦住自己不去做坏的事情，不做不道德的事情，不做陷害别人的事情，不做丢自己的脸、亲人的脸、祖宗的脸的事情。

如果一个人确实有这样一种自觉性，很多事情能自己来掌控自己，自己给自己站岗，自己给自己画上红线，知道什么事情是不能做的，如占小便宜的事是不能做的，受贿或者是为旁人谋取不正当利益的事是不能做的。有了这样一种心思，这个人的面貌就完全不一样了。

孟子在另外的场合讲性善四种心时，他用的不是恭敬之心，而是辞让之心。就是遇到什么好事，先推辞、谦让。孔融让梨，大的梨请大孩子们、比他大的那些哥哥姐姐先吃，自己不吃，这也是礼貌的一种表现。

孟子说恭敬之心是礼，这一点是非常重要的。中国是一个非常古老的国家，它的传统既有越发牢固的一面，也有被一些人所轻视、怠慢的一面。慢慢地这人就不那么认真了，自己跟自己打马虎眼了，也有这一面。所以我们今天提出恭敬之心，就是我们除了关注自己的利益、是非、愿望，我们还关注天地间非常高尚、非常重要、值得敬畏的东西，我们不应该触犯做人的底线，我们不应该触犯做一个先进的人物的底线，不应该触犯做一个君王或者做一个臣子的底线，因此恭敬之心也是非常重要的。

还有是非之心，这个比较好理解，但是做起来不容易。就是要明辨是非对错、善恶美丑，就是要有主见、不盲从，就是要有原则、守底线，这是一种大智慧的体现。比如现代社会，互联网的发展飞速，网络信息量大爆炸，网络炒作、诈骗、谣言经常发生，哪些是真哪些是假，除了政府社会共同监督，还需要个人用智慧去甄别！

现在让我们给自己提一个问题，在我们的日常生活当中，我们有没有做了一件事以后自己感到不好意思？是真的不好意思，而不是说客气话不好意思。有没有让自己脸红，让自己惭愧，让自己害臊的这样一种经验？如果有，我们是不是还有很大的改正的必要与改正的空间？如果没有或者很少，是不是我们疏于培养自己应有的修悟之心了？

从性善到天下太平

孟子告诉我们，人心本身就包含着善的因素，恻隐心、同情心，是仁心，是仁爱之心；羞辱心、自尊心、自我管理之心，是义心，是义礼之心，是正义之心；恭敬之心、辞让之心、谦虚之心，是礼心，是文明礼貌、礼法、礼节之心；而分辨是非之心，有所选择，有所不为之心，是人的智慧之心。

孟子对性善的解释相当全面。当然，他的思想也是从孔子那儿发展来的。孔子的解释更自然、更随便一点。孔子认为性善是从孝悌开始的，由孝悌可以发展到仁义，由孝悌可以发展到礼貌文明，可以发展到智慧诚信，可以发展到各种各样的美德。

孟子和孔子对于性善的解释是一致的。但是孔子讲得更亲切、更简约一些，孟子讲得更宏大、更全面一些。在儒家的思想里，这样的讲法具有一种核心命题的地位，就是对于儒家来说，这个太重要了，它是这么一个逻辑，我称之为循环认同。就是说，既然是人，那么人生下来，就有一种善良，有一种有利于人生，而不是有害于人生的这种追求。有利于人生的追求，当然是善的追求。善待自己、善待他人、善待家国、善待世界，才能有美好的生活。

善良的东西是从哪儿来的呢？它是天生的，是先验的，是这个世界在产生生命的时候，就产生了和生命共同出现的这种善良之心、仁爱之心、道义之心，等等。这种善良，如果得到了好的滋养，得到了好的条件、好的引领，它就能够提升一步，变成道德和美德。智仁勇、仁义道德、仁义礼智信、恭宽信敏惠、温良恭俭让、悌忠信、礼义廉耻等就成了一种道德文化，成了一种美德文化。这种文化如果成功，被全社会所接受，被老百姓所接受，有君子士人带头，那么就形成一种优良的世道人心。

如果你这个治理的范围之内，如果你所掌权的这个地区之内，世道人心都非常美好，就说明你掌握了治国平天下、为民人谋幸福的大道，这个就政治化、权力化了。就是说这种性善的东西，变成能够让人做到天下大治的这样的一个道路、一个途径、一个光明大道。

所以说为政以德，是靠着这个德，这个德又是靠着美好的先天的一种人心人性所形成的。有了这种好的人心人性，就有了好的道德；有了好的道德就有了优化了的世道人心；有了优化了的世道人心，就有了幸福的家国、幸福的生活，天下太平也证明了这个邦有道、君有道、臣有道，说明这个诸侯国家、这个邦国能够执行大道、贯彻大道，让人民过上幸福的生活。

人民过上幸福的生活，那就不单是这个邦国的幸福，孟子说了，还能够王天下，就是能够在天下实行王道，可以被天下人所拥戴，就不会发生那种混乱的事情了，就不会发生春秋五霸、战国七雄混战的事情了。用孟子的话叫天下定于一，这个一不是定在一个人身上，而是定在道德身上，定在大道身上，定在治理身上。一个人讲究德讲究仁义，甚至于是不杀人，就能够胜利，就能够王天下，这是孟子的主张。但是很可惜，在后来的历史的事例里，这种主张并不容易找出来。相反的，孟子举的例子是什么？

他喜欢举虞舜的例子，虞舜虽然碰到了不太正常的父亲，还有一个弟弟老想害他，但是他自己仍然那么讲求孝道，感动了天下，感动了唐尧，以至于得到了唐尧的禅让，最后成为一国之君，这是一个例子。

孟子还喜欢举的是文王的例子，文王屡屡被排挤，被压迫，被迫害，他待的地方越来越小，他的地盘虽然越来越小，但是因为他敬老尊贤、他实行仁政，吸引各地的人都往他这儿跑，使他的力量越来越大，周国的力量越来越大，最后到了他儿子周武王时期，终于取得了战争的胜利。这个当然也是一个有名的例子，可惜的是孟子宣传了半天，在孟子以后比较难于举出这样的例子了。

这个时候我们千万别忘了，这里一切的一切是出自人本身的善良，出自人的善性和良心，而且孟子还特别提到，说这个是天良，不是后天的，不是别人教给的良善，是上天、上苍给的良善，这叫良知。不学就都能知道，什么是好什么是坏，这叫良知，这叫良能，就是说你不学就有的、自然具备应有的功能，应有的能力，天良、良知、良能。像中国的政治、中国的治理经常带有一种文学性，带有一种道德性，带有一种呼唤人的天良，向天良呼吁的这样的色彩，也带有一种感情性。

现在我们想一想，在我们谈到孟子的"性善论"的时候，它牵扯到天的观念，天的观念是自然的观念，是世界的观念，又是一个超自然、超世界的观念。因为它牵扯到，一种人的所谓不需要经过后天的教化，就自然而有的那些美好的心性，它说的又是一个心性的观念，是一个认为人性是道的基础，认为人性是治的基础，是政的基础，是政治的基础，它又包含了这么一个观念。

这个人性的观念、人心的观念，又是一个文化的观念，是一个美德的观念。就是说，在孟子的性善论中，他把儒学对于天地、哲学、道德、政治，直至个人的修养、个人的心性的优化，这几方面全都结合起来了，使其成为一个整体，这是一件很有意思的事情。

他把春秋战国时期这种非常混乱、非常复杂、分歧非常大、斗争非常激烈的社会现状问题，用最简单最天真的方法，用非常美好的语言加以概括。这里也有一个问题，真正做到并不容易。所以我前面也谈到了，司马谈说儒学这种学说，要求人的各个方面太广了，并没有让人一下子能抓到要领，"劳而少功"。让人很辛苦，这个要注意，那个要注意；这个要讲理，那个要讲德；这个要美好，那个要幸福，但是见效慢。它不像法家，用一个办法，富国强兵，三仗打过去，把周围原来侵犯自己最厉害的某一个诸侯国家给灭了，或者制服了，它没有这方面的功效。

另外司马迁在《史记》里说到孟子，说他"迂远而阔于事情"，"迂"的意思，就是有点冒傻气，坚持一样东西，不拐弯。"阔"就是比较大，说的都是一些大道理，而对一个具体的事件，有时候分析得不那么仔细，都是从大面上、大观念上来分析。

但是儒家的魅力、孟子的魅力也正在这里，登高望远。他缔造了人们的一种向往、一种追求，一个通过人的、符合人的善良本性，通过美好的道德、美好的礼法、美好的尊严、美好的仁义之心，来达到将这个世界优化的目的。

我想这也可以说人民是有梦想的，圣贤是有梦想的。性善论，可以说是对人类的一种研究，也可以说是一种梦想、一种愿望乃至于一种信仰。我们究竟是把人想象成一群坏蛋、一群豺狼更好，还是把人想象成能够走向幸福、美好、善良、仁爱的这样一种物种更好？我想当然有美好的愿望，美好的梦想是更好的。

四、亚圣与至圣

清高和担当如何选择

孟子曰:"伯夷,目不视恶色,耳不听恶声。非其君不事,非其民不使。治则进,乱则退。横政之所出,横民之所止,不忍居也。思与乡人处,如以朝衣朝冠坐于涂炭也。当纣之时,居北海之滨,以待天下之清也。故闻伯夷之风者,顽夫廉,懦夫有立志。

"伊尹曰:'何事非君?何使非民?'治亦进,乱亦进,曰:'天之生斯民也,使先知觉后知,使先觉觉后觉。予,天民之先觉者也。予将以此道觉此民也。'思天下之民,匹夫匹妇有不与被尧、舜之泽者,若己推而内之沟中——其自任以天下之重也。

"柳下惠不羞污君,不辞小官。进不隐贤,必以其道。遗佚而不怨,厄穷而不悯。与乡人处,由由然不忍去也。'尔为尔,我为我,虽袒裼裸裎于我侧,尔焉能浼我哉?'故闻柳下惠之风者,鄙夫宽,薄夫敦。

"孔子之去齐,接淅而行。去鲁,曰:'迟迟吾行也。'去父母国之道也,可以速而速,可以久而久,可以处而处,可以仕而仕,孔子也。"

孟子曰:"伯夷,圣之清者也;伊尹,圣之任者也;柳下惠,圣之和者也;孔子,圣之时者也。孔子之谓集大成。集大成也者,金声而玉振之也。金声也者,始条理也;玉振之也者,终条理也。始条理者,智之事也;终条理者，圣之事也。智，譬则巧也；圣，譬则力也。由射于百步之外也，其至，尔力也；其中，非尔力也。"

——《孟子·万章下》

孔子最高级的封号，是大成至圣先师。大成是孟子说的，说孔子是集大成者，就是孔子结合了圣贤各个方面的优点、成就、教育意义。至圣就是他是圣人里面的一个高端、一个极致，是整个中华民族的老师。

孟子的称号叫作"亚圣"，就是第二个圣人。这个亚圣听着很好，但是很难当，在某种意义上比至圣还不好当。原因在哪儿呢？至圣是极致，是顶端，是祖师爷，是鼻祖，万世师表；孟子所选择的一些理论和一些治国平天下的方略，离不开孔子的创造，离不开孔子在春秋时期挽狂澜于既倒，克己复礼，天下归仁的努力。孟子如果重复孔子的理论就没有意义了。如果不重复这一套，某些方面又容易和孔子有矛盾，或者某些地方说得不一致，那样别人会骂你是修正主义，批评你，责备你。所以孟子要做到处处继承孔子的基本学说，同时要把孔子的学说说得更鲜明，给人留下更深刻的印象。有些地方说得比孔子的还牛一点，还尖锐一点，还犀利一点，还分明一点，否则留不下印象。但是又处处维护孔子，歌颂孔子，树立孔子，可以说孟子作为一个亚圣，也算做到家了。

在《孟子·万章下》里面，我们可以看出孟子对孔子、对圣贤的看法。他一上来没有讲孔子，而是讲伯夷、伊尹、柳下惠。此前我们在讲孔子的时候也讲过这个，孟子说，坏的形象、坏的颜色，伯夷连看都不看，恶声、粗暴的声音、粗野的声音，他不听，遇到这种声音，他躲开。"非其君不事"，不是贤明、英明的君王，不伺候。北京的歇后语叫猪八戒摆手——不伺猴，我不伺候你。"非其民不使"，不是这儿的、不是本地的、不是熟悉的，或者曾经领导过的民众，不随便使用。因为不一定能理解，下个令，理解歪了，就麻烦了。"治则进，乱则退"，这点和孔子的想法一样。如果邦有道，那么就往前走，就跟着一块儿干；邦无道，就退，缩回去。"闻伯夷之风者"，了解伯夷作风、知道伯夷风度的人,"顽夫廉",本来很贪婪的人,一看伯夷这么清高,也变得廉洁了(如果不是干干净净、漂漂亮亮,伯夷不干,不勉强,不侮辱自己,这是前面孔子说过的);"懦夫有立志",懦弱的人见到了伯夷,听到了伯夷,也会开始对自己有所要求,对事业有所追求,对人格有所讲求,就有了自己的志向了。伯夷——不符合一定的条件,一句话都不说,什么事都不干,都不掺和,保持自己的清廉、干净、利索,不让自己的身上带污点。

孟子还讲了伊尹。伊尹也是一个很有意思的人。这个人原来是奴隶,是被一个厨子养大的孤儿,后来成为精通烹饪的大师,是厨子的祖师爷。他又是一个天才,非常聪明,研究政治,研究唐尧、虞舜、夏禹。而且他主张治天下,治国和当厨子一样,关键得把各种材料、调料配制好,有甜也有咸,有辣也有酸;有爆炒,也有蒸煮,也有烧烤。

他说厨子只会一手是不行的,光会切菜帮子下到汤里头煮,那不行。遇到不同的形式、不同的季节、不同的材料,得用不同手段。治国也是一样,也要有各种手段。他辅助商汤战胜了夏桀,接管了夏朝的权力,建立殷商王朝。而且他此后又辅助了商汤子孙四代,那时候他已经帮助商朝统一了中原,帮助帝王管事,很了不起。

伊尹还干过一件事,曾经引起误解。什么事呢?据说商汤的长孙继位以后,没有按商汤的优良传统做事,表现得很差,伊尹就把这个长孙给赶走了,赶到商汤的坟墓那边,让他在那儿生活,让他天天看着商汤的坟墓自我反省、自我改造。把这帝王的继承者给轰走了,然后伊尹和一些大臣共同来治理这个商朝,称之为共和执政(跟现在我们说的这个共和,不是一个意思)。有那么一段时间,有人对伊尹有了不好的看法,说伊尹好像要篡权,但是伊尹完全不是这样,等了三年,这位商汤的长孙思想有了彻底的转变,认识到了自己的错误,改正了自己的错误,于是伊尹亲自把这位帝王接回来,恢复他的各个方面的权力,自己仍然是他的臣下,帮助他管家,帮助他管国。所以孟子说伊尹和伯夷不是一路人,但是伊尹也是了不起的圣贤。

伊尹的理论是什么？"何事非君？何使非民？"伺候哪个君王不是伺候？为哪个君王服务不是服务呢？使用、支配、安排哪个民人的活动不是安排呢？听指挥的就是民人，需要伺候、需要服务的就是君王，因此没有什么自己可挑剔的。"治亦进，乱亦进"，这个国家、这个地方治理得挺好，应该好好帮着去维持这个好的局面，让它更好。如果产生了某些混乱现象，发生了某些动乱，更有责任把这局面扭转，更要尽一切的力量，不使局面恶化垮掉，不使这个国家垮掉，不使这个朝廷垮掉。因为垮掉了，倒霉的还是老百姓。

伊尹说，先知先觉，就是什么事，看到前头走到前头。上天生育了这些老百姓，就是让先知先觉的人帮助后知后觉的人觉悟。我伊尹正是因为先知先觉，所以我有责任帮助那些后知后觉的人，帮助看不到以后不知道下一步怎么办、稀里糊涂跟着走的那些人，要帮助他们。如果老百姓不能够过上唐尧、虞舜时期那种太平盛世的生活，我是惭愧的，就好像我把他们推到了沟壑里头一样；如果老百姓生活得不好，责任在我。所以孟子说伊尹是"圣之任者也"，他是在这个圣贤当中最富有担当精神的。

想想，一个是清高，一个是担当，要担当不可能绝对清高，要清高又很难担当，我们应该怎么样选择呢？

一个集大成的优秀人物

前面我们讲到了孟子对伯夷和伊尹的看法。伯夷原则性特强，是一个圣之清者也。坏人坏事坏语言坏声音，他不看不听，宁可自己饿死，很清高。

伊尹是一个特别有担当的圣人，圣之任者也，他专挑重担。不管别人对自己有什么看法，尽自己的力量，有责任心。老百姓生活得不好，不能安享太平，不能够享受唐尧、虞舜那样的天下大治情况，就说是自己的责任，说是自己把老百姓推到火坑里去了，推到泥泞里去了。事实上伊尹也真是有两下子。

孟子还讲到柳下惠。柳下惠也很有名，坐怀不乱，在任何情况下对男女之事非常严肃，非常讲理法，不受诱惑，不受干扰，该干什么干什么。但是关于柳下惠，《论语》和《孟子》中主要的故事却不是坐怀不乱，而强调这个人是一个道德家，是一个非常讲原则的人，非常随和，脾气特好。

孟子说，"柳下惠不羞污君"，如果君王名声不算太好，有瑕疵，身上有污点，道德行为上有毛病，不能因为他有某些缺点，就不承认他是君王，就撂挑子，那是不对的。君王有污点，该怎么服务还是怎么服务，该怎么伺候还得怎么伺候，该怎么干活还得怎么干活。

"不辞小官"，这一辈子柳下惠的官大概做得相当小，而且他动不动就被撤职。他管过案件，当过类似法官的官，然后屡次被撤职。为什么？因为他坚持原则，什么事都按正义来办案，按仁义道德来办，按礼法来办，按规矩来办，他不讨好任何人，所以他老得罪人。他得罪人就下台，下了台他也不在乎，过几天又上台，又接着按正义来办。

"进不隐贤，必以其道"，"进"就是他上进，能够参加各种政治的决策、执行、贯彻，他参加政治事情的时候，不隐藏自己鲜明的主张，不怕说的跟别人不一样，因为他更贤明。而且他说话也好，做事也好，一定要按照正道来办，一定要按照规则、法则来办，一定要按照文明礼貌来办，不搞马虎眼，不打折扣，不做坏事。

"遗佚而不怨"，如果他被剩下了，被人家忘记了，有什么运作、什么事情需要决策，谁也不找他商量，他也不怨恨、埋怨。他认为朝廷有朝廷的考虑，君王有君王的考虑，大官有大官的考虑，他不一定必须要参加，所以不找他，没他的事，他不闹腾，也不埋怨。

"厄穷而不悯"，碰了钉子，碰壁了，这是厄，就是走不通了，穷是无计可施了。穷既是财富上、实力上的穷，也是应对上的穷，就是无计可施，想不出辙来了。这个时候他也不悲哀，也不自怜，也不在那儿发牢骚，说倒霉。

柳下惠是这么一种理论，"尔为尔，我为我"，你是你，我是我，跟我合作的人有道德差一点的，我也没办法，我不能说都得是完美无缺的人，我才能合作，我就什么事都甭干了。我这一辈子，做不成大官，做小官；做不成小官，先歇一歇，过几天接着做，我努力做，但是我做就按照正义来做，按照礼法来做，按照仁义道德来做。别人什么样，我负不了责任，但是我也不能太挑剔，就算他光着屁股站在我旁边，那我能怎么办？那也不能说是我的问题，也无损于我，也不能算我的污点。

孟子举的这个例子还是有点过，但是他的意思是说柳下惠是一个随和的圣人。这圣人中有清高的，如伯夷；也有执着的，就像伊尹这样的。

孟子接着就说到孔子了，也挺好玩。说孔子在离开齐国的时候，很快就离开了；在离开鲁国的时候，他走得很慢，三步一回头，孔子说因为鲁国是自己的父母之国，是自己的故乡，实在舍不得离开，离开时还来回地看。就是孔子做什么事都根据不同的时间和地点、不同的情况，有自己的分寸。

孟子分析孔子，孔子是一个什么人？做什么事"可以速而速"，可以赶快办成，就往快了赶。"可以久而久"，就像离开鲁国的时候一样，可以稍微延长一下时间，就往久了办。"可以处而处"，可以在这儿居住，可以在这儿先停一停，就耐心等一等。"可以仕而仕"，可以当官了，可以承担一定的行政的任务了，可以为朝廷、君王、邦国做一点有意义的事情了，就做。这个就是孔子的特点，他有走得快的时候，有走得慢的时候，有停滞在那里的时候，也有效力干活的时候。

孟子总结说，如果说伯夷是圣人中的清高者，伊尹是圣人中的担当者，柳下惠是圣人中的随和者，那么孔子就是圣之时者，就是圣人当中最合乎时宜的那个人。根据不同的时间有不同的应对方略，有不同的对策，孔子是圣之时者。

"孔子之谓集大成"，跟那些人相比较，孔子是集大成者。他既有担当又有清高，既有随和又有灵活，既符合时间的特点又符合地点的特点；他注意好几方面的智慧、好几方面的仁德，好几方面的处理应对得都很好，所以他是一个集大成者。

孟子又解释了什么叫集大成，就是"金声而玉振"。"金声"，敲金属的钟的声音，嘹亮，美好，回声不断。"玉振"，是说一个声乐结束的时候，好像玉器振动，其声悠扬，即使整个的曲目演奏完了，因为玉器很温润，声音也不太大，但是声音又很高级，这个声音还在那响着。

孔子就是这样的人，他能干得成，有他能干得成的一套。他干不成，有他干不成的一套。孟子讲了，其实《论语》也讲过了，圣人也有各式各样的，有伯夷、叔齐那样清高的圣人，有善于担当的像伊尹那样的圣人，也有善于和别人合作，非常随和的，像柳下惠那样的圣人，但是孔子是集大成的。

孔子碰到过更困难的情况，他在很多地方并不受欢迎，并不被理解，甚至于还有人想加害于他。在不同的情况之下，孔子都有不同的处理方法。特别是在鲁国，他已经担任一段时间的官职了，但是他发现鲁国君王并不采用他的仁义之德、仁义之道，于是孔子找一个借口就离开了那里，而不把矛盾搞得更加尖锐化。像这些地方，说明孔子的心很细，而且处理的方法并不极端，并不绝对，受到了孟子的赞扬。开始的时候他有该有的大气，就像一个大钟，在那儿发出了声音；结束的时候他有该有的从容，就像一个玉器，还在那儿振动着。这里的金声玉振是一个成语，就是说声音好。而孟子在这里说的是善始善终，既有好的开始，又有美好的结尾。

在某种意义上说，结束比开始还重要。因为前面我已经讲过，说是天下的事情，"靡不有初"，没有不开始的，不开始就没有这么回事，没有这个事物，也无从去知道。"鲜克有终"，关键不在于你的开始，而在于你恰到好处的结束。这正是孔子高于其他人的地方，所以说孔子是集大成者，就是从孟子这儿来的集大成的至圣先师。

虞舜的孝道

孟子曰："君子有三乐，而王天下不与存焉。父母俱存，兄弟无故，一乐也；仰不愧于天，俯不怍于人，二乐也；得天下英才而教育之，三乐也。"

君子有三乐，而王天下不与存焉。"

孟子曰："万物皆备于我矣。反身而诚，乐莫大焉。强恕而行，求仁莫近焉。"

桃应问曰："舜为天子，皋陶为士，瞽瞍杀人，则如之何？"
孟子曰："执之而已矣。"
"然则舜不禁与？"
曰："夫舜恶得而禁之？夫有所受之也。"
"然则舜如之何？"
曰："舜视弃天下犹弃敝蹝也。窃负而逃，遵海滨而处，终身䜣然，乐而忘天下。"

——《孟子·尽心上》

前面我们讲了很多孟子是如何评价孔子的，他认为孔子是最全面、最无懈可击的圣人。同时在《孟子》当中，孟子言必称尧、舜，就是孟子要举出一个范例，要提倡一种观念、一种行为的时候，他最喜欢举的是唐尧和虞舜。

关于虞舜，《孟子》中讲到了一些，后来在其他的经典中有更详细的叙述，说的是虞舜以孝道而著名。虞舜的父亲叫瞽瞍，是视障者，视力后来逐渐丧失了，情况不太好。虞舜的亲生母亲比较早就去世了。瞽瞍续娶了一任妻子，并与之生了一个儿子，就是虞舜同父异母的弟弟，叫作象。瞽瞍脾气有点怪，后来很不喜欢虞舜，而喜欢象。

瞽瞍、继母和象这三人使了很多阴谋诡计想害虞舜，想要虞舜的命。有一次，虞舜在仓库上边干活，他的父亲居然在仓库底下点了一把火，想烧死他，后来虞舜拿了两个大斗笠从房顶上跳下来，没摔死。还有一次，虞舜下到井里头干活，他的弟弟象和他老爹瞽瞍两人往下填土，要活埋他，好在虞舜从侧面也不知怎么找到一条道，又爬出来了。这个说得有点神，带有传说的性质，不敢说完全肯定。虞舜虽然碰到几乎被杀的恶劣情况，但他不埋怨他的父亲，不埋怨他的继母，也不埋怨他的弟弟，对父母仍然非常孝顺，对弟弟仍然非常友爱。

于是舜感动了天，天就派了一些动物来帮着他种地，使他少受一些苦。但是虞舜依然非常难受，总是反省自己究竟做错了什么，使父亲那么讨厌自己，那么不喜欢自己，甚至于想要他的命。他老是从这个角度思考问题，以至于他在田地里想起父亲，感到自己做得不够好，就号啕大哭起来。因为这个，唐尧认为虞舜是一个孝顺的人，所以早早地就把天下禅让给他，让他当了天子，还把自己的两个女儿都下嫁给了虞舜。

按说虞舜后来是够了不起的了，够成功的了。论地位，他已经当了天子，当了尧的接班人，在唐尧还活着的时候就上任了。而且唐尧把两个女儿都嫁给他了，所以论男女感情他也够满足的了。论财富，他身为天子，全天下的财富他都可以调动，他简直已经达到了人生的极致、人生的巅峰了。但是这一切他觉得并不能够代替家庭的和睦，不能够代替父亲对自己的喜爱，他认为更大的快乐是在家庭里自己尽孝道，使父亲对自己非常满意、非常喜爱。如果能那样的话，不当天子都没有关系，没有这些名分、地位都没有关系。

所以孟子说"君子有三乐，而王天下不与存焉"。君子有三件快乐的事，但是其中并不包括能够获得权力，能够当天子，能够统一国家，能够让天下的人都拥戴他为王，使他得到最高的威信、最高的地位。君子的三乐是最普通的，是和普通老百姓一样的。"父母俱存，兄弟无故，一乐也"，爸爸妈妈都活着，兄弟姊妹也都生活得很好，家庭幸福，这是一乐。"仰不愧于天，俯不怍于人，二乐也"，回想起自己的言行、自己的作为，抬头不觉得对天感到惭愧，低头没有对不起任何一个人，这是二乐。"得天下英才而教育之，三乐也"，还有很多年轻人是自己的学生、学徒，他们都很有才能，是很有资质的人，能够获得这么多年轻人，对他们进行教育，这是三乐。

类似的说法，孟子讲了很多，"万物皆备于我矣。反身而诚，乐莫大焉"，我活了一辈子，世界上各种各样的事物都对我有影响，我对各种各样的事物也都有一定的认识，有一定的反应。在这种情况下，反过来想想自己和万物的关系，自己对万事万物的反应，对外界的一切，觉得自己没有做错什么事，没有做坏什么事，没有对不起别人，没有有意无意地给别人找过麻烦，害过别人，这是最大的快乐。"强恕而行"，自己努力做到理解旁人，"求仁莫近焉"，在这种情况下，能做到仁爱也靠得很近，这是多么大的快乐。所以说舜当不当天子都是次要的，反过来说恰恰是他得不到父亲的喜爱，是他最痛苦的。

《孟子》里有一个更神的故事。桃应问孟子：舜为天子，皋陶为法官，如果舜的父亲杀了人可怎么办？孟子说：杀人就把他抓起来。桃应说：可是舜是个大孝子，治他父亲的罪，这孝子可怎么办？孟子的回答在今天人们看来得吓一跳，他说：虞舜并没有把天子的位置看得那么重要，他认为尽孝道比当天子还重要。所以如果他的父亲犯了杀人罪被抓起来了，有可能要被判死刑了，这种情况下怎么办？先支持有关方面把父亲抓起来，然后再想办法到监狱里把父亲偷出来，背上或者是送他父亲赶紧跑。当然这是当时的情况，交通也不方便，信息传播也不方便，跑得远一点，找一个海边住下，伺候父亲，终身欣欣然而忘天下。

这个时候能够把犯罪的老父亲偷出来，两人相依为命，在海边过生活那不是很快乐吗？达不到的目的现在不是都达到了吗？这个有点雷人的说法，是很神的说法，今天看来还是不妥的说法。但是我们只能这么理解，当时孔孟都非常强调孝道，认为孝道是最根本的人性，是最美好的情感，因此实行孝道是最重要的，比完成政务、比治国平天下还要重要。

所以孟子在谈到尧、舜，谈到孔子的时候，那个时代很多想法跟现在的观念有很大的差距，但是这个说法作为一个想象的带有文学色彩的虚构的说法，值得人思考。如果孟子遇到这样的父亲，需要我们替他出主意，我们的答案是什么呢？

五百年必有伟人出

> 孟子曰："由尧、舜至于汤，五百有馀岁；若禹、皋陶，则见而知之；若汤，则闻而知之。由汤至于文王，五百有馀岁，若伊尹、莱朱，则见而知之；若文王，则闻而知之。由文王至于孔子，五百有馀岁，若太公望、散宜生，则见而知之；若孔子，则闻而知之。由孔子而来至于今，百有馀岁，去圣人之世，若此其未远也，近圣人之居，若此其甚也，然而无有乎尔，则亦无有乎尔。"
>
> ——《孟子·尽心下》

孟子有一句话叫"五百年必有王者兴"。他分析每隔五百年，会出个圣人。这个圣人是让天下服气的，是能带领着天下前进的。

孟子怎么分析的呢？从唐尧、虞舜到商汤经过了五百年，其间又出了很多大人物，像夏禹，像皋陶，这些人是见过尧、舜的，亲眼看到了尧、舜的伟大贡献，知道尧、舜留下的圣贤的传统，知道圣贤对社会有多么重要。而到了商汤这个时候，商汤并没有见过尧、舜，没见过尧、舜也没有关系，他听说过，他知道尧、舜有多么伟大，他继承了尧、舜的传统。

那么尧、舜的传统到底是什么呢？在《孟子》里也有一些描述。在尧、舜时期开始的时候，这块土地还是一片蛮荒，洪水泛滥，各种各样的野兽、猛禽对人类的侵犯也非常厉害，到处是荒草荆棘，农业文明也还没有建立。唐尧委派虞舜治理，虞舜曾经放火烧荒，把一些野兽、猛禽驱除得离人类远了一点，然后虞舜在唐尧的授意下开荒，开始了这块土地上的文明。这在某种意义上算是开启了农业文明，原来那个人兽混杂的年代更像是渔猎时期。唐尧、虞舜是圣人，他们的行为、他们的思考、他们的政绩使人类开始得到了安定，开始有了农业文明，然后把农业文明慢慢发展起来，人们的生活得到初步的安定。

武王推翻了商纣，才开始真正的周朝，但文王已经留下了很大的影响，在文化、道德等各个方面影响都非常大，所以孔子也好，孟子也好，他们对文王的评价高于武王。孟子说从商汤到文王这五百多年间，其中像伊尹这些很有名的大臣，他们是见过商汤的，是继承了商汤的传统的。而文王本人没有见过商汤，唐尧、虞舜以后商汤是圣人，商汤以后文王是圣人。文王没有见过商汤，他是"闻而知之"，即通过听了解了商汤对社会的贡献、对文明的贡献，所以他继续商汤的事业、传统。

姜太公、散宜生是亲眼见过文王的，知道文王怎样得人心，怎样壮大了周的势力，使周有了之后如此伟大的成就，而且还创立了许许多多的礼法。这是孔子说的，说明文王是周朝的先行者，是周朝实际上的创始人。

中华大地是怎样繁荣起来的呢？是怎样发展起来的呢？首先要归功于唐尧、虞舜，使中华大地上的人类摆脱了洪水猛兽等困扰，过上了相对安宁的农业文明的生活。其次，五百年期间，商汤取得天下大治，赢得了人民的拥戴。而且商汤推翻了夏桀的暴政，所以商汤也很了不起。又过了五百年，周文王是圣人，是文化的代表，是教化的代表，是道德的代表，是礼乐的代表。文王之后又过了五百年，孔子是圣人。如果没有这些圣贤，就没有中华大地上的文明和进步。

孟子接着说，孔子之后到现在过了一百多年，相对五百年来说，离圣人的时代并没有很远，离圣人居住的地方也很近。但是现在缺少一个真正见过圣人或者是闻听过孔圣人的了不起的人物。这个话很有意思，这表达了孟子的一种期待，也表达了孟子的一种担当。他认为任何时候都应该陆陆续续地有圣人出现，圣人可大可小，但是不能没有，那样的话才能够引领风气之先，才能够成为众人的师表。圣人不但要掌握权力，而且要对人民起到示范的作用，要用自己的道德、自己的行为来示范，使这个社会往文化文明、有道德、讲正义、讲道理这个方向发展。

当然读到这儿，也许会从这个角度来想，就是因为孟子实际上是把继承孔子的事业当作自己的一个任务，当作自己的一个使命，所以他的话说到这儿为止。但是他要告诉大家一个谱系，唐尧、虞舜，然后是商汤，汤以后是文王，文王以后是孔子，孔子以后请大家注意，很可能就是孟子。但是孟子也没有办法强迫大家承认下边这个就是自己了。因为他已经说了五百年才有一个圣贤出现，现在只是过了一百多年，所以这里也有孟子谦虚的地方，还不够五百年。

五百年的这个说法，开始的时候很容易认为就是信口一说，没有科学根据，怎么知道五百年就能出圣人？但是现在人们对于数学概率的理解，对于人才出现的各种条件的理解，认为隔一段时间会有大人物出现，这个是符合数学的概率论的。但是概率论只能够从大数据上看，没法很具体地说究竟什么时候会出现圣贤。人才的出现也是有概率的，所以往往在一个国家、一个地区、一个历史时期出现了一个大人物以后，也许相当长的一段时间，感觉不到有什么伟大的人物出现。但这个也不是绝对的，比如说有些国家的文学方面扎堆出现伟大作家，俄罗斯在整个十九世纪，一下子集中出现的那些伟大作家，这个也很难用概率论来理解。

孟子的这个说法仍然有他一定的道理，就是类似像唐尧、虞舜这样的人物，类似像周文王这样的人物，类似像孔子这样的人物，都不可能是非常密集的，但是他们终究是会出现的。所以从概率论上说"五百年必有王者兴"这句话不能完全看作胡说八道。

另外，马克思主义的唯物史观认为人民才是创造历史的动力。历史并不是一个人、两个人，一个圣贤、两个圣贤就能创造的。但是我们又不能够否定，不管什么时候，有代表性的人物、有权威的人物、领袖人物走在人民的前边，又符合人民的利益，受到人民的拥戴，创造了文明，改正了或者是补救了人类的一些失误，使人类有了希望，有了前进的可能。同时我们今天也许更应该强调，圣贤也好，精英也罢，要以人民为中心，要听人民的。从人民这个角度来说，也应该强调要爱护人才，要珍惜人才，真正做到见贤思齐。

五、何为大丈夫

大丈夫的修炼

> 孟子曰:"舜发于畎亩之中,傅说举于版筑之间,胶鬲举于鱼盐之中,管夷吾举于士,孙叔敖举于海,百里奚举于市。故天将降大任于是人也,必先苦其心志,劳其筋骨,饿其体肤,空乏其身,行拂乱其所为,所以动心忍性,曾益其所不能。人恒过,然后能改。困于心,衡于虑,而后作。征于色,发于声,而后喻。入则无法家拂士,出则无敌国外患者,国恒亡。然后知生于忧患而死于安乐也。"
>
> ——《孟子·告子下》

孟子有一段非常有名的话,可以说是《孟子》这本书中最有名的话,是关于人才、精英的,他和孔子不完全相同。

孔子讲精英喜欢用"君子"这两个字,而且强调精英的温文尔雅、文质彬彬、温良恭俭让。而孟子强调精英有好多词,他也说君子,他还有一种说法叫大丈夫,更强调的是艰苦奋斗的精神和一种抗逆能力。"抗逆"本来是农学上的一个术语,意思是种一种性状好的庄稼,它能够经得住虫灾,经得住病菌,经得住旱或者涝等,这叫抗逆能力。

孟子那段最有名的话说的是什么呢?"舜发于畎亩之中,傅说举于版筑之间",虞舜是在那些流着小沟渠的田亩之中被发现举荐来的,商朝的名臣傅说是在盖房子的建筑工地上被提拔出来的。这个"版筑"很好玩,说是古代的一种打墙的方法,弄两块木头板,中间加上土,然后把它夯实,就变成了墙。这种墙我在新疆见过,二十世纪七十年代后期,那时候新疆还这样打墙,管它叫"八字墙",什么意思呢?它是用柳条编成一个挡土的东西,然后往里头砸土,砸实了就是墙,这必须是下雨比较少的地方。孟子说傅说这个大臣是打墙出身。"胶鬲举于鱼盐之中",胶鬲是经营鱼盐出身。然后还说了好多人,都是干这些小事的。

"天将降大任于是人也",如果是上天的旨意,要把重大的任务、重大的使命交给某个人,那怎么办呢?让他舒舒服服是不可能的,要先考验他。"必先苦其心志",先让他的心愿、好多事达不到,不是过着泡在蜜罐子里的生活,而是让他先吃苦。"劳其筋骨",甭想过安逸的生活,筋骨也要受劳累,或者是农业的劳动,或者是打"八字墙"的劳动,或者是捞鱼晒盐的劳动,等等。"空乏其身",让身体既感到疲劳又感到贫困,"乏"在这里当贫困讲,让各种事情常常受到干扰,常常被扰乱,越想做什么越办不成。在这种情况之下,受到了挑战,受到了折磨,但要控制不安的心灵,忍住脾气,不能动不动就着急,动不动就大闹,动不动就跟人家拼命。正是在这种困难的情况之下,原来不能做到的,后来能够做到了;原来不知道的,后来知道了;原来受不了的苦,后来能受住了。这样才算个大丈夫,才算个人才,才算个精英,才能完成老天爷交给自己的使命。

孟子说"人恒过,然后能改",人总是要犯错误的,什么错误都没犯过,这是不可能的。有了过失,才知道怎么样改正,怎么样把自己改好。"困于心,衡于虑,而后作",经常心里感到为难,经常在自己的思虑当中不知道怎样平衡自己才好,要自己掂量自己的思虑,然后才能发愤图强。"征于色,发于声,而后喻",面容上显现出应该的或者是不够好的表现,还可以出声,可以是叹息,也可以是怒吼,还可以是哀号,有了这些表现,慢慢地才明白了事理。这样的人物是要受到折磨的,是要受到考验的。就像一个国家一样,如果国家内部没有坚持法度的人,没有坚持规矩的人,没有坚持正义的人,没有真正能够辅佐的人,真正能够帮助的人,包括提意见的人,这样的人叫拂(音必)士;没有敌国和外患,不受到任何的挑战,不受到任何的压迫,越是这样的情况之下,"国恒亡",这个国家就非完蛋不可了。因为没碰到过难处,没碰到过艰难困苦,没碰到过敌对的势力。

孟子的思想真深刻,大家都在那舒舒服服地过日子,能这么永远舒服下去吗?一个国家碰到了敌人,碰到了挑战,不见得是坏事。一个人受了苦,碰了钉子,受了害,甚至于受了冤枉,受到了委屈也不见得是坏事。只有受得住这些,才有可能做一个大丈夫,才有可能承担历史的重任。

清朝名将左宗棠,是一个了不起的人物,就是他收复了曾经被沙皇俄国占领的新疆大部分地区。左宗棠有一副对联写得很有气魄。上联是"能受天磨真铁汉",一个人受得住老天爷给的磨炼,也可能受伤,也可能被诬陷,也可能被误解,也可能生病,各种各样的灾难,而且这个灾难不是哪一个人要和你作对、害你,是各个方面的,受得住这个,才算是真正的好汉。不哭不闹不灰心,更不会寻短见。这是真正的人才,这是真正的好汉。

下联听着更绝了——"不遭人嫉是庸才"。这一辈子别人都没有嫉妒过你,证明什么呢?证明你是庸才,很平庸,一无可取,没有什么了不起的能耐,在这一生中不可能对历史、对民族、对国家有什么贡献。这话你想想损不损?但是它又有一定的道理。什么道理呢?如果你是一个人才,如果你有大丈夫的品质,如果你还学习着圣贤,那么你的品德、你的才能、你的智慧,太明显地高于他人了,你就显得太出众了,你就容易引起别人的不理解,让别人觉得你很了不起。别人说得不好听,你就说得那么好;别人分析问题结结巴巴说不清楚,你一分析问题就说得有条有理,头头是道。你的存在就变成对平庸的人、对愚笨的人、对自私的人、对狭隘的人的最大威胁。因为你眼界高、格局高、胸怀广、知识多、爱分析,也喜欢和别人交流,走到哪儿都能够突显出来,你这不是招人恨吗？你这不是招人讨厌吗？

所以孟子才有这么一个想法，无论他们出身于哪个平凡的角落，越是大丈夫，越是人才，越容易受到考验，越容易受到磨难，这也是一个很好的观点。不要以为你背景厉害，你是个了不起的人物，真正的大人物正是在最普普通通的田野里、建筑工地上、卖盐的小商人里以及各个底层的低下的角落里出现的，不依靠自己的背景，不拼爹。你看看孟子那个年代就已经有这样的认识了。

大丈夫的气概（一）

景春曰："公孙衍、张仪岂不诚大丈夫哉？一怒而诸侯惧，安居而天下熄。"

孟子曰："是焉得为大丈夫乎？子未学礼乎？丈夫之冠也，父命之；女子之嫁也，母命之，往送之门，戒之曰：'往之女家，必敬必戒，无违夫子！'以顺为正者，妾妇之道也。居天下之广居，立天下之正位，行天下之大道；得志，与民由之；不得志，独行其道。富贵不能淫，贫贱不能移，威武不能屈，此之谓大丈夫。"

——《孟子·滕文公下》

孟子很喜欢用"大丈夫"这个词，这个词至今也还在流行。比如我们说男子汉大丈夫，认为一个男人应该有担当的勇气，有自己的责任感，有自己的硬气劲儿，有自己的风骨。

在我小的时候还听过家里的老人说，"大丈夫能屈能伸"，这也是说大丈夫有委屈的时候，有忍耐的时候，也有伸展的时候，也有能够充分实现自我的时候。

这话应该是从孟子那儿说起的。景春跟孟子说，公孙衍、张仪这些人可了不得，可真是大丈夫。他们一生气，全天下都跟着害怕，因为如果张仪的计策被秦国所接受，他说先灭哪个国家，先打哪个国家，说不定秦国就发兵了，当然害怕；他们如果安稳，全世界也踏实一点。当时有两个著名的说客，一个是公孙衍，一个是张仪。说客就是靠一张嘴给诸侯君王们出一些主意，他们出的主意一旦被君王所采纳，就变成君王的谋士，很威风。

张仪，大家知道得比较多，他和苏秦是朋友，苏秦主张合纵，就是主张许多相对弱一点的国家联合起来，一块儿来抵抗强大的秦国，从当时的地图上看就好比是竖着的联合起来，所以称合纵。而张仪主张的是连横，就是大家都要和秦国修好关系，因为秦国太强大了，别得罪秦国，得罪不起，会吃亏。

孟子就笑了，他们算什么大丈夫？他们这一套是什么？就是我们普通的人，男子到了二十岁行冠礼，女子到了出嫁的时候，父母、亲长对他们进行教导，说你们要注意，尤其是对女孩子，说你嫁到夫婿家里以后，千万听人家的话，什么事自己别做主，人家说什么就答应着，这是妇女之道。身为妇道人家，就得有这样的一种顺从的表现。

孟子这时候为什么来这么一段？他的意思是这些说客无非就是要迎合讨好那些君王和各个邦国里的有势力的人物，因为他们自己是空头生意，自己什么都没有，如果哪个有权有势的君王愿意采纳他们的话，他们就成了座上客，甚至可以封个官弄个头衔。可是他们只能唯唯诺诺，只能看着君王的脸色行事，所以孟子看不起说客。

孟子说真正的大丈夫，是有自己主见的。用现在的话来说，大丈夫的头一条是有自己的主体性，大丈夫是有自己的信念的，叫作"威武不能屈"，用暴力、用武力不能让他屈服，他该是什么看法还是什么看法。第二条"富贵不能淫"，不能用荣华富贵收买他，不可能让他变成贪官污吏，不可能让他为了个人的私利而不惜放弃自己的原则。第三条是"贫贱不能移"，即使受尽苦头，吃不上饭了，地位很低，穷困潦倒，他也不会随便地改弦更张，随便跟着别人走，因为他对是非、对政务、对利害有自己的判断能力，而且坚信自己的判断能力。

这三条几千年来被中国的仕人，被中国的读书人，被中国的有志于为家国做一番事业的人记在心里。"威武不能屈"，受到威胁，受到压迫，不能够屈服，应该有自己的尊严，应该有自己的人格，应该有自己的信念，应该有自己的坚持性。"富贵不能淫"，不能因为财富，因为地位，因为荣华富贵就被收买，也不能因为荣华富贵，就说违心的话，做违心的事，坑害别人，谄媚上司。

对于孟子来说，什么叫大丈夫？头一条，就是要有自己的主体性，要有自己维护的东西，要有自己的是非观，要有自己的坚持能力和抗逆能力。另外孟子还讲一条，大丈夫的原则，就是如果他的主张被接受，如果他的理念能够被有权有势的人所欣赏，那就要集合大家的力量，来实现他的理念，实现他的追求。

有这个条件，应该把心里想的那些最美好的东西付诸实施，给老百姓、给家国带来好处，带来太平，带来幸福。如果理想、追求实现不了，没人听，被拒绝，甚至于被嘲笑，这种情况之下，怎么办？就好好把自己的事办好，也不能随便地将就，也不能随便改，来回地变。

孟子对大丈夫的第二个理解，是大丈夫并不逞匹夫之勇，不是乱发脾气、乱打、乱闹、乱斗的人。两种可能，一种可能是他的主张、信念被接受，而且能团结出一大批人来共同实现。另一种可能是不被接受，那就踏踏实实地，能干点什么，就干点什么，不放弃自己的人格、主张。

孟子另外有一句话，叫作"穷则独善其身，达则兼善天下"。这里的穷，不见得是说财富少、财产少、没钱，可能说没有别的辙了，处于困境，受到挫折，碰了钉子，没有什么好选择的了。这种情况下，管不了别人了，把自己管好，用自己的道德、品质、修养、风度来对社会起一点好的作用，起一点示范的作用，别的事儿少管。孔子也有句话"不在其位，不谋其政"，别什么事都管，找麻烦也不见得能起好的作用。达，如果事办得挺顺，很多条道路都是通畅的，是有选择的，有实践的可能。这个时候考虑的是兼善天下，让天下人都受益，让老百姓生活得更美好。

"穷则独善其身，达则兼善天下"，这句话太有名了。因为有志向而未能实现自己的志向，这样的人是多数；有志向，而且又能实现自己的志向，这样的人是少数。孟子告诉我们，对两种情况都要做好准备。

大丈夫的气概（二）

> 孟子曰："说大人则藐之，勿视其巍巍然。堂高数仞，榱题数尺，我得志，弗为也。食前方丈，侍妾数百人，我得志，弗为也。般乐饮酒，驱骋田猎，后车千乘，我得志，弗为也。在彼者，皆我所不为也，在我者，皆古之制也，吾何畏彼哉？"
>
> ——《孟子·尽心下》

前面我们讲了大丈夫威武不能屈、富贵不能淫、贫贱不能移，同时大丈夫又是穷则独善其身，达则兼善天下。中国还有一个很有趣的说法，让我们能更好地了解传统文化的特色，叫作不为良相，便为良医。

相，就是宰相，相当于现在的总理。当不成一个好的宰相，那么怎么办呢？就去悬壶济世，当一个好的医生，也是有利于人民，有利于众生，也是积德修好，这个说法说明了中国人思维方式的一些特点。

要给外国人讲，说当不成大的政治家、大的政治人物，当不成总理或总统，那干脆当大夫去算了，这外国人绝对不明白是怎么回事。因为这是两个行业，要求的教育程度、专业内容和专业体系都不一样，这两个怎么能互相转换呢？可是对于中国传统文化来说，最主要的是济世之心，就是帮助这个世道，帮助世人之心。

为相，当大官，目的也是为了帮助老百姓，造福老百姓，至少是造福一方。那么当医生也是为了造福一方，至少是使那些生病的人减少一些痛苦，所以不为良相，便为良医，说得非常美好。从历史上看，在政治上得不到发展，然后改学医成了名医的例子，我所知甚少。相反的倒是有一些原来学医的人，后来有了别的追求、别的机会。比如孙中山原来是学医的，后来领导革命推翻清朝，建立共和国更吸引他，所以他后来就顾不上悬壶济世了。另外像鲁迅、契诃夫，他们原来都是学医的，但是后来他们都从事文学方面的活动。鲁迅认为，有了文学的追求，可以治人们头脑中的病，治精神上的疾病，比仅仅吃消炎片治肉体上的疾病还要重要。

有人说"不为良相，便为良医"这句话是魏晋时候就有的，也有的说这是范仲淹的话，是范仲淹教育自己后代的时候曾经说过的话。这里面既说明了仁爱之心、济世之心很执着，坚持活着一辈子要对家国有贡献，对他人有贡献，对世道有贡献，又说明了他的灵活性，可进可退，进退有据，有选择的余地，既有主体性，又有选择的可能。

说到大丈夫这一类的话题，孟子还有一句更加厉害的话，他说"说大人"，就是想说服一个大人物的时候，"则藐之"，要藐视他，别被他给吓住。"勿视其巍巍然"，不要以为他是高高在上的大人物，以为他就跟泰山一样了不起。这些大人物，无非是把自己的房盖得很高，显得很宏伟，然后走廊很宽，一看那么大的走廊，或者那么大的房廊很唬人。有学问、有思想、有头脑、有智慧的人，即使得志了，也不弄这个，房子那么大了有什么用？地基堆那么高有什么用？走廊那么宽又有什么用？这些大人物有时候吃起饭来规模也很大，伺候吃饭的婢女上百人，如果我得志了，也不用这个，真正有学问、有规格、有品质、有情怀的人，弄一堆婢女在那儿伺候，用得着吗？伟大是靠她们伺候出来的吗？喝起酒来也是弄得排场非常大，打起猎来排场就更大，出去打猎，光跟着的车就一千辆，这说得也够神的了。越是这样就越让人瞧不起。为什么？我追求的是古代的礼乐，是周礼，是西周时候的那种文明秩序，那种文化内涵，那种礼仪的一丝不苟，那种礼仪的充实和美好，和在实行某种礼仪的时候奏起乐来的庄严的那个劲儿。我要的是文明的力量，是文化的力量，是礼仪的力量，是奏乐的力量。不是要吃喝的排场，不是要住房的排场，不是要随从的服务人员的排场，更不是要车队的排场。要那个排场干什么，那些排场我根本不放在眼里，谁把排场搞得越大就越让人瞧不起。

这是很有意思的，孟子始终认为自己的学问、自己的知识、自己的主张、自己的坚持是一种力量。这种力量对于诸侯、君王、大夫来说都很必要，因此用不着依附他们。自己是独立的，有自己的尊严，有自己的伟大，用不着把他们看成是高高的泰山。孟子这个气概还是非常好的。

可是这里面有一个问题也值得考虑，就是孟子一上来就说"说大人则藐之"，见到大人物，有什么意见想向他反映，先藐视他，这个说法有点不圆满。为什么？因为孟子是推崇孔子的，他对孔子佩服得五体投地。可是孔子人家早就有一个说法——"己所不欲，勿施于人"。

如果别人见了你第一眼就表示要藐视你，认为你没什么了不起，碰到这样一种目光，这样一种态度，你愿意吗？是你所想要的吗？肯定不是，你要想得到旁人的尊重，你就必须尊重旁人。不能因为大人住的房子大、台阶高、走廊宽，就自惭形秽；更不能因为大人的妾多婢女多，伺候的人多就去羡慕他；也不能因为大人的车队宏大，就以为他有什么了不起。

这些说得完全正确，但是反过来说，凡是车队多一点的或者是家里伺候的人多的、场面大一点的，就都是坏人吗？这个也不能太绝对。一个人地位确实到那里了，贡献确实到那里了，在普通人看起来这家伙怎么那么牛，但是就他本身来说，他仍有可取之处。在讲排场、摆架子方面确实有缺点，但是也仍然有为国操劳的这一面，这都是可取的。

把藐视对方摆在前头，还没见面孟子就告诉你了，见着他们先表示藐视，你要真正是一个胸怀宽广、目光远大、志气宏伟的人，何必还没见先想好了，要藐视对方，那不见他不就完了。所以我觉得孟子说的，确实和孔子不一样，是浩然之气。但是从理性上、从谦和上、从温良恭俭让上来看，还有不足。

我们也可以从另一个角度进行解释，藐视的并不是大人物，并不是高级官员，也不是得势的人物；藐视的是他摆臭架子，讲排场的劲儿，是这种庸俗、这种装腔作势、这种奢靡，这是我们所看不起的，越奢靡越让人看不起，伺候的人越多，更被看成是无能。车队越多就是越说明对自己要求不严格，很俗气，才会用这些东西来显摆自己。相反的，一个有真才实学的人、真正为国分忧的人，绝对不会把脑筋用到自己显摆、自我吹嘘、装模作样上。

尊严与分寸

  孟子将朝王，王使人来曰："寡人如就见者也，有寒疾，不可以风。朝，将视朝，不识可使寡人得见乎？"
  对曰："不幸而有疾，不能造朝。"
  明日，出吊于东郭氏。公孙丑曰："昔者辞以病，今日吊，或者不可乎？"
  曰："昔者疾，今日愈，如之何不吊？"
  王使人问疾，医来。
  孟仲子对曰："昔者有王命，有采薪之忧，不能造朝。今病小愈，趋造于朝，我不识能至否乎？"
  使数人要于路，曰："请必无归而造于朝！"
  不得已而之景丑氏宿焉。

——《孟子·公孙丑下》

  齐宣王问卿。孟子曰："王何卿之问也？"
  王曰："卿不同乎？"
  曰："不同。有贵戚之卿，有异姓之卿。"
  王曰："请问贵戚之卿。"
  曰："君有大过则谏，反覆之而不听，则易位。"
  王勃然变乎色。
  曰："王勿异也。王问臣，臣不敢不以正对。"
  王色定，然后请问异姓之卿。
  曰："君有过则谏，反覆之而不听，则去。"

——《孟子·万章下》

孟子喜欢讲大丈夫，其实讲大丈夫，讲君子，讲仕人，讲天将降大任于是人，他都强调人的尊严。

有一个故事挺好玩，说孟子看来相当有名气了，到了齐国，齐王就给他传话，说本来要去看望孟子的，但是受了点寒，有点感冒，怕受风。不过明天要上早朝，上朝的时候孟子是不是可以到，这样就能见面了。

孟子一听，什么？原来想看我，现在感冒了不来了，对不起，我也有点小感冒，所以明天我也不能到朝廷上去。孟子完全学了齐王的这个话。可是第二天，孟子要出去拜望东郭先生，孟子成心表示，你不来看我，我也不去看你，对不起，不伺候。孟子的学生公孙丑就说：您头一天说有病，今天又出门，这不合适吧？孟子说有什么不合适的，昨天有病，今儿好了。

齐王听说孟子有病，马上派人带着医生来看望孟子，来了以后，接待医生的叫孟仲子。孟仲子对医生说，孟子原来一直有病，所以说去不了，今天稍微好一点，就到朝廷上去了，能不能到达，我还没有把握，不敢说准。

接着孟仲子派人去路上堵孟子，请他上朝。孟子一听，本来要上东郭先生那边去，一看这个就改了，躲去另外一个地方了，就是不去朝廷，他较这个劲。而且还发挥一种理论，说在朝廷级别最重要，在乡下，年龄最重要，谁年长谁是老大。真正治理起国家来，德行最重要。在朝廷上齐王你是老大，你占一面，我还占两面，我年龄也高，德行又好。所以不是随随便便，你一叫，我就去，这是做不到的。

讲到这里，我甚至觉得孟子有点好笑。但是孟子说，到了那儿是要给齐王讲仁义之道，就说明对他的最大尊敬。其他人都不讲仁义之道，那才是对君王的不尊敬。反正孟子强调作为一个人，要有一定的尊严，有一定的自信。

《孟子》里还讲了一个孔子的故事，给人印象太深刻了，太有意思了。大概说的是孔子在鲁国当司寇，算个不小的官了，但是他得不到真正的信任和依靠。有一次他去主持一个祭祀，祭祀需要有一种做好了的熟肉，结果肉没送来。于是孔子连戴在头上的专门为祭祀用的帽子都没有摘下来就宣布辞职了。"我"做祭祀，却又不送肉来，"我"辞职了。

别人还有一种议论，说孔子脾气太急了，肉没来，等一会儿或者说一声请把那个肉送过来就完了。哪至于帽子还没有摘下来就先辞职。不过孟子是这么分析的，说孔子在鲁国当了一段时期的官了，他发现自己的治国之道，自己的为政以德，自己的道之以德、齐之以礼，这样的一些理念都得不到实现。鲁王脑子就没往这方面想，心劲没往这方面使，所以他想走，他早就想走了。

但是有两件事，孔子会尽量避免。第一，他不是一个轻率的人，不能说脾气一不对，一跺脚，走人了，自己并不是那种人。得找一个理由走，自己不是一个不讲规矩的人，还得规规矩矩。第二，不想把这个理由闹得太大，不把这说成是自己跟鲁王政见不同、理念不同走的，不然就把事闹大了。孔子想的是，鲁国是自己的故乡，而且在这儿自己还得到了相当的重用，官职封得也不小，就是不想干了。不是因为不同政见走了，是个人为一件小事火上来了，走了，变成个人的过错，而不造成和鲁国君王之间政见的矛盾，所以走也不把事情弄得太大。

孔子这个做法，结合孟子的解说有新意，关于这件事情，其他的一些书，包括《史记》上也都有记载，但是没有像孟子这样来分析孔子的用意的。孟子说孔子是圣人，孔子做的事情其他人不识也，其他人哪懂得了孔子的心思，孔子是有分寸感的人，即使政见不一致也不想闹大。

更能够说明孟子独特的见解的，是有一次齐宣王跟孟子的谈话。孟子问齐宣王，你对卿大夫有什么区别对待，有什么分寸吗？齐宣王问，同样是卿大夫，他们之间有什么不同吗？孟子说，有不同，有贵戚之卿，即和齐宣王血统一致，或者有亲戚关系的；也有异姓之卿，外来的，跟齐宣王并没有其他关系的这样的大臣。

齐宣王又问，贵戚之卿有什么特点？孟子说，"君有大过则谏"，如果君王有大的过错，就很严正地提出不同的意见。"反覆之而不听，则易位"，反复劝谏，也不听，就换掉。孟子这句话可是了不得了，碰到最不能碰的地方了。"王勃然变乎色",齐宣王一听脸色都变了。顺便说一下,朱元璋后来读《孟子》的时候,看到这一段还有批示,提出这个说法不对,不能这么随便说话。可见孟子在这个地方算是牛了一把,算是向君王的权势有所挑战。

看齐宣王的脸色变了,孟子就说,大王不要感觉到很奇怪,是因为您问到这个问题了。您问贵戚,跟您同宗同亲戚的人做了卿相,应该怎么样看待?他们会怎么样?我才不得不照实来回答。

听了这话,齐宣王气稍微顺了一点,神色稍微安定了一点,然后又问道,异姓之卿,如果不是他宗族的,跟他没有密切的血缘关系,这样的人也当了大官,那么这些人怎么办?孟子说,他们认为君王有过错,就提意见,当谏官,敢于进谏,敢于给君王提出不同的意见。"反覆之而不听",反复地讲了,君王不想听,"则去",异姓之卿、非血缘关系的臣子,就走人。这话说得好。

孟子一上来说得很厉害,但最后说不行就走人,高举起,轻轻放下,恰到好处。并不是要和权势挑战到底,也不是随便哪个大臣都可以换君王,除非是本族、本家,有血缘关系的人,才会有那种可能。这里面还有一句没说的话,就是用人,尤其是和自己有血缘关系的人,要慎重。这些人对于王室来说、对于君王来说有一种危险,他们是有可能换人的,请注意。恰恰用没有血缘关系的人可靠一点,这样的人跟你意见不一致了,只做一件事,就是走人。

现在我们照样要思考,一个人在保持自己的尊严的同时,怎么样能够尽量地和社会上主流的见解,乃至于和权势达成一定的调和,实现某种和解,实现恰到好处,实现有分寸感?

六、孟子谈学习

融会贯通

> 孟子曰："君子深造之以道，欲其自得之也。自得之，则居之安；居之安，则资之深；资之深，则取之左右逢其原，故君子欲其自得之也。"
>
> ——《孟子·离娄下》
>
> 孟子曰："天下有道，以道殉身；天下无道，以身殉道；未闻以道殉乎人者也。"
>
> ——《孟子·尽心上》
>
> 孟子曰："贤者以其昭昭，使人昭昭；今以其昏昏，使人昭昭。"
>
> ——《孟子·尽心下》

孟子在谈学习的问题上，有一段特别深刻的话，他说"君子深造之以道，欲其自得之也"，就是不管学什么，要学最根本的规律、最根本的思路、最根本的原因和归宿、最根本的道理。所以要想深造，就不光是学到具体的知识，或者获得某一种信息，而是得到一个对于道的体悟。而且这个体悟是靠自己的努力、靠自己的体会、靠自己的思索、靠自己的感受把它变成自己的东西。

学习的根本就是把你原来的精神内涵、精神结构、精神世界里没有获得的那种能量、智慧变成你自己的能量、智慧，变成自己的东西。

"自得之，则居之安"，这个"自得"既是自得也是得自，就是学到的东西变成自己身上的东西，这时候待在那儿心情是安定的，是自信的，是有定力的。"居之安，则资之深"，如果在那儿能够待得心安平静、自信深沉，在这种情况下，精神资源就运用得深，所具有的精神能力也比别人深，考虑问题的深度也比别人深。

"资之深，则取之左右逢其原"，如果有很深厚的精神资源了，那么用起这些精神资源来，怎么用都对，左右逢源。经过这几千年的变化，人们对"左右逢源"的理解，跟孟子的原意有点不同。"左右逢源"是说人特别机灵，见什么人说什么话，到哪儿都能够适应环境，今天往左说，明天往右说，怎么说怎么好，怎么说怎么有理，自己没有固定的人格、没有固定的见解。原来孟子说的左右逢源，恰恰是指一个人在学习当中把外部获得的知识、榜样、想法、逻辑变成自己的精神资源以后，怎么干怎么合适。

我们打个比方，学打乒乓球，学会了发球，学会了在什么情况之下提拉攻击对方的上旋球，但是这些东西还不算你的本事。什么时候算成你的本事呢？就是你能用这些基本的技能，将这些基本的技术能用在实战上，打起球来，对方抽到你的左边，你能够打回去；抽到右边，你能够打回去；给你一个上旋球，一个冲击力很大的球，你也能顶回去；给你一个小球，球跳起来，都出不了案子，你也能够抢着回过去。这个时候打快节奏、慢节奏、正手反手、进攻防御，怎么打怎么对，就叫左右逢源了。

就是说你学到了东西以后，你已经融会贯通，自然而然地变成你的本能，变成你的一种生理的反应。到时候看到什么，自然就有最正确的应对的方法，自然就有最聪明的应对的套路。而且你不怕对方的变化，不怕外界对你的挑战时时地转变，时时地出现新情况新问题，你都不在乎，你都能够该怎么办怎么办，从心所欲不逾矩，这时候就算是左右逢源了，也就算是融会贯通了，也就是学而自得，所学的能够变成自己的血肉、自己的神经、自己的智慧、自己的品质了。

孟子说的这个学习，要求是非常高的。孟子认为，在学习当中道才是主体。"天下有道，以道殉身；天下无道，以身殉道。"如果这个社会挺好，挺有秩序，挺有章法，那么各种的道理、各种的逻辑、各种的学问都是为人而服务的；如果天下无道，正处在动乱之中，只好以身殉道。就是天下无道，按规矩办，按章法办，按正义办，是以身殉道。为了这个道，不怕付出代价，付出牺牲。这就是在学习当中，学道应成为主体。

孟子又说，比如说一个木匠，或者是一个车匠——做车的人，他能教人规矩，但不能使人巧，教了半天，实际上是教规则。他很难教使巧，因为使巧指的是随机应变，巧妙是指已经炉火纯青，怎么做都合适，自然就会有最正确的反应和应对，所以说师傅教给的是规矩。

木匠教给的是锯应该怎么使，锯齿应该往哪个方向，拉锯的时候胳膊怎么使劲，腿怎么使劲。这些能够把一个人变成能工巧匠吗？能够把一个人变成高级的艺术型的匠人吗？能使一个人变成大师吗？这些都做不到，这要靠一个人的消化能力、举一反三的能力、把外部的知识变为自己思维的能力。

孟子还爱说带点讽刺的话，"贤者以其昭昭，使人昭昭"，贤明的人靠自己的明白教别人明白，"昭昭"就是很明亮、很明白、很通透的样子。自己什么事都明白通透，都说得清楚，这样才能让别人明白。孟子提到东周时候乱套了，那时候净乱打仗。他说现在有一帮人，"今以其昏昏，使人昭昭"，自己糊里糊涂，但是还想让别人明白。糊涂人偏偏要教明白人，以期让明白人变得更明白，其结果当然是糊涂人越教，明白人也变糊涂了，糊涂人更糊涂了。

讲到这里，我们再回想一下，我原来讲到孔子论学的一些话，孔子是非常结合实际的人，他认为学习不仅仅是念书和上课，学习是在生活中学习，在实践中学习，在应对挑战中学习，在解决问题中学习。学习的目的不是从对方那儿搬一些东西贴在自己身上，而是把对方的东西进行选择，有所消化，变成自己的营养，变成自己的智慧，使自己能够和自己见到的那些贤明的大人物、人才一样，会处理问题，会分析问题，能够做好一切自己应该做的事情。

学习是活的学习，学习是自己要有主体性的学习，学习是要把外部的一切知识变为营养的选择与消化的过程，也是学而时习之的过程。学了以后还不算完，要让它变成实践，变成自己的风度，变成自己的作风，变成自己的性格，变成自己的东西。所以必须爱学习，不要怕学习，看着哪儿好，都可以去学习，以后变成自己的东西。

　　一个人是这样，一个国家、一个社团、一个地区也是这样。要有学习精神，要建立学习型社会，要善于看到别人的优点，谦虚地学到自己身上，通过学习使自己茁壮成长，学到手了就是自己的文化的一部分。

　　我常常举这样一个例子，从意大利买1万双皮鞋，卖1双就剩下9999双了，但是如果学到的是它的制鞋技术，而且能结合中国人的脚形，制造出中国人所喜爱的皮鞋，就是中国的制鞋技术，就是我们成功的表现。

　　高铁技术我们也是从国外学的，到了中国以后，得到了进一步发展，现在中国已成为全世界高铁发达的国家之一。我们还能够把这方面的经验、技术传播出去，帮助其他的国家来建高铁，这都证明了学到是好事儿。再比如说互联网也并不是中国发明的，但是把互联网发展到今天这种程度，把手机银行发展到今天这种程度，把网购发展到今天这种程度，确实证明了善于学习，善于吸收好的东西，才能够发展一个国家的文化，才能够发展一个社会。

尽信书不如无书

　　孟子谓万章曰："一乡之善士斯友一乡之善士，一国之善士斯友一国之善士，天下之善士斯友天下之善士。以友天下之善士为未足，又尚论古之人。颂其诗，读其书，不知其人，可乎？是以论其世也，是尚友也。"

——《孟子·万章下》

　　孟子论学里专门讲到以书为友和知人论世。我们先讲知人论世。孟子提出了"颂其诗"，就是如果读了或者朗诵了、吟咏了别人写的诗，又"读其书"，又看了他的书，就不能够不知道他的为人，不能够说不知道他是什么人。

要知人，要知道这个作者，还要论世，还要考虑他是在什么样的世道下，在什么样的社会背景下，成长起来的。当时是一种什么样的世情世道？他有一些什么样的遭遇和经历，才写出这样的诗来，写出这样的书来？知道这些才能够加深对他的诗、对他的书的理解。

这个说法已经被国人所接受，而且多年来大家几乎都按知人论世的方法来读书，尤其是欣赏文学作品。至于其他的说法，如"我们只管文本"，西方有这种说法，我们不管他是谁，这个也有它的特殊的意义。但是在中国不怎么吃得开，在中国吃得开的、能够被接受的，恰恰是知人论世的主张。

苏轼有一句名言，叫"文如其人"，说的是看一个人的文章，就能够想象出他是一个什么样的人。书法家甚至提出"字如其人"，就是不看文章内容，光看看他的书法、他的字，也能够想象出这个人来。譬如说他是比较怯懦的、软弱的，还是非常强势的、非常勇武的；他是非常健康，所谓气盛的，还是多病的、多疑的，都能看得出来，所以我们始终把人与文和书联系起来。

我们常常读到一些很有名的作品，比如李后主那些很悲哀的作品，"多少恨，昨夜梦魂中""问君能有几多愁，恰似一江春水向东流"，读到这些，还应该知道李煜是一个亡国之君，最后死在了敌对势力手里，知道这些我们就容易理解他的作品。

又比如我们读《红楼梦》，也知道其主要作者曹雪芹，他的家族也经历了从烈火烹油、鲜花着锦，到树倒猢狲散、衰落完蛋的过程。我们了解知道了作者的身世，就能够理解他写的这些东西，有着怎样的真情实感、沧桑之感，而且还有一种空虚虚无的感觉，因此知人论世被接受了。

孟子还有一个主张，我们反倒重视得不够。他认为读书如同交友，乡里非常美好的读书人，会结交乡里美好的读书人，美好的人和美好的人很容易结交在一起。一个诸侯国家里非常好的读书人、人才，会和这一国的人才成为朋友。

一国的人才，会和全天下的人才保持某种友谊交往。这里面有点级别的意思了，有乡级人才、国家级人才，还有天下级人才。

结识了天下人才，还会感到不满足，还要追求古代的圣人，追求古代的人才，追求古代的大人物。这样就要读古代的诗，读古代的书。你无法交到活着的古人，但是他的诗书作品你可以交得上，它们也可以成为你的朋友。读古代的书就好比交上了古人朋友，读古代的诗就好比交上了古代诗人这样的朋友，这个说法非常可爱。

现在我们为鼓励大家读书，有很多美好的说法，比如知识就是力量，书籍是人类进步的阶梯，读书可以改变命运。古代也有各种说法，比如书中自有黄金屋，书中自有颜如玉，书中自有千钟粟。虽然这些说法有的稍微功利一点，水平不是特别高，但是为鼓励大家读书，是可以理解的，是好事。

孟子说读书是交朋友，是交古代的贤人圣人等大人物。交朋友这个说法很可爱。他把书看成是活的东西，把读书看成一种互动。就是在书里发现一些美好的东西，这是你的发现，是你的创造，甚至于加上了一些理解，加上了一些整理。因此读书也是在发现书，反过来说，也是书在跟你交流，虽然作者已经不在了，但仿佛是你仍然和这个作者在那儿切磋一样。

孔子说切磋，孟子说交友，以书为友，读书如交友，这真是一个非常美好的说法。可以看出来，孔子也好，孟子也好，特别重视把读书当作学习，当作和活人的关系。读书不是和死书来交流，而是和活人来交流。

孔子说见贤思齐，这里贤指的当然是活人，见到好的活人，或者见到异乡异土的美好的生活习惯、生活知识、生活阅历，甚至于看到其他诸侯国家的美好的东西，我们都要看齐，都要学到手，都要吸收过来。孔子认为这才叫学习，学习是互动的学习，不是读死书，不是死背硬记。

这些说法真是非常美好，而且也有圣人的特色。读书如交友，诗书如友，我们要诵诗读书，要知人论世来加以理解。交友有各种各样的情况，有一致的时候，也允许有不一致的时候，就是说我们读书，对书要有一定的鉴别能力。

不是说书上说什么就是什么，不一定。

孟子还有一句名言，叫作"尽信《书》，则不如无《书》"。书上写的你全相信还不如没有书。但是请注意这里说的书，不是我们现在泛指的书，具体指的是《尚书》。《尚书》记载的是古代的一些事件、一些掌故、一些大人物的名言论点及一些流行的说法，等等，是很重要的书。

孟子为什么会说尽信书不如无书？因为孟子看了《尚书》里面的几页，这里页是竹简的页，不是现在纸张的页，那时候的书都是刻在竹片上的。《尚书》里面有一段叫作《武成》，孟子说《武成》这段，不要完全相信，能相信的，也就是三页，更多的地方不要信。他是指什么呢？

《武成》里边描写周武王怎么样打败商纣王，说打得太激烈了，太惨烈了，打到血流漂杵（就是血流成河，木头棍子之类的都漂起来了，死了那么多人，流了那么多血）。但是孟子说，他不信这个，你们也甭信。武王伐纣是正义的，人民是拥护周武王的。商纣王已经丧尽人心，自取灭亡。这种情况之下，哪至于血流漂杵，哪至于血流成河。得多少人流血才能够把一个东西漂起来，哪怕把一个木棍漂起来。

当然后世研究得出《武成》也是伪造的，也不是当时的事情。另外遇到这种情况，我有时候觉得孟夫子有点较劲，他说这是正义的战争，正义的战争就不流血了？就顺利了？就不用打了？就死不了那么多人了？这话很难说。第二次世界大战，反轴心国家的战争都是正义的战争，抗日战争也是正义的战争，但是照样要付出很大的牺牲。但是说血能漂起一个木头棍子来，这又说得太玄乎了。具体能不能，我们不必去争论。

尽信书不如无书，就是读书，还得分辨哪些是可信的，哪些是不可信的；哪些是能够接受的，哪些存疑，这个讲得很有道理。这句话传下来以后，人们的理解不是指书经，而是指书本，简单地说就是不能搞教条主义。这方面毛泽东主席写过大量的文章，说不要搞本本主义，连说三遍要不得。因为如果什么事不结合实际情况，而只是查书，查教条，引用伟人的语录，很可能把事情办坏。

最后让我们自问一下，我们读书时有没有也怀疑过作者的一些观点？遇到这种情况我们应该怎么办？

怎样提高学习能力

公都子问曰："钧是人也，或为大人，或为小人，何也？"

孟子曰："从其大体为大人，从其小体为小人。"

曰："钧是人也，或从其大体，或从其小体，何也？"

曰："耳目之官不思，而蔽于物。物交物，则引之而已矣。心之官则思，思则得之，不思则不得也。此天之所与我者。先立乎其大者，则其小者不能夺也。此为大人而已矣。"

——《孟子·告子上》

孟子曰："无或乎王之不智也。虽有天下易生之物也，一日暴之，十日寒之，未有能生者也。吾见亦罕矣，吾退而寒之者至矣，吾如有萌焉何哉？今夫弈之为数，小数也；不专心致志，则不得也。弈秋，通国之善弈者也。使弈秋诲二人弈，其一人专心致志，惟弈秋之为听。一人虽听之，一心以为有鸿鹄将至，思援弓缴而射之，虽与之俱学，弗若之矣。为是其智弗若与？曰：非然也。"

——《孟子·告子上》

咸丘蒙问曰："语云：盛德之士，君不得而臣，父不得而子。舜南面而立，尧帅诸侯北面而朝之，瞽瞍亦北面而朝之。舜见瞽瞍，其容有蹙。孔子曰：'于斯时也，天下殆哉，岌岌乎！'不识此语诚然乎哉？"

孟子曰："否！此非君子之言，齐东野人之语也。尧老而舜摄也。《尧典》曰：'二十有八载，放勋乃徂落，百姓如丧考妣，三年，四海遏密八音。'孔子曰：'天无二日，民无二王。'舜既为天子矣，又帅天下诸侯以为尧三年丧，是二天子矣。"

咸丘蒙曰:"舜之不臣尧,则吾既得闻命矣。《诗》云:'普天之下,莫非王土。率土之滨,莫非王臣。'而舜既为天子矣,敢问瞽瞍之非臣,如何?"

曰:"是诗也,非是之谓也。劳于王事而不得养父母也。曰:'此莫非王事,我独贤劳也。'故说诗者不以文害辞,不以辞害志。以意逆志,是为得之,如以辞而已矣,《云汉》之诗曰:'周馀黎民,靡有孑遗。'信斯言也,是周无遗民也。……"

——《孟子·万章上》

孟子有一句很有名的话,"耳目之官不思",耳朵能听,眼睛能看,但是它们并不会思考。"而蔽于物。物交物,则引之而已矣",看也好听也好,都是接受外界的东西,而外界的东西也许会给你某些错觉,或者是受到某些蒙蔽,或者是给你引导到错误的方向去,有这种可能。

"心之官则思",而心是能够思考的;"思则得之,不思则不得也",能思考,能分析,就会获得很多别人不知道的东西,就能够有所分辨,有所选择。可是一个不思考的人,就没有分辨和选择的能力,就得不到真知灼见。

"此天之所与我者",老天爷给了我一颗心,让我这颗心能够思考,这是指人的能力,指人的智慧。当然我们首先碰到一个问题,就是现在我们都知道,我们思考是靠大脑,并不是靠心。心脏是供血的,它不见得有思考的作用。但是这事一句话还说不清楚,因为中国人的这个"心"字,除了思考,还有感情,还有感应,还有反应,甚至于还有某些精神的作用,所以中国人这个"心"表达的东西又和大脑不完全一样。

这个"心"里包含的东西还有很多,某种意义上说,心是指人的一个主体,一个精神的主体。所以"心之官则思",也许更应该解释成,以大脑为主的,在大脑统率下的,这个人的整个的主观的自我,这个东西它是要思考的,它不仅仅是思考,还会有各种各样的反应。

在某种意义上,我觉得孟子的这段话是针对二十一世纪初的我们所讲的,为什么？现在多媒体技术越来越发达了，很多时候我们不用看书，我们就依靠多媒体，诸如看视频、听音频，在手机上什么都实现了。这样思考这个东西又反倒有可能被排挤。

比如看《红楼梦》，一百二十回，且得费劲看，不但要看，而且要不断地思考。因为用文字表现出来，它并没有什么直观性，关键要自己想象，里面说的每一句话都要在脑子里面，经过一个想象的过程，经过一个调动自己的经验的过程，经过对语言文字符号的特殊的敏感，才能得到一些东西。

但是看电视剧，又歌又唱，又是漂亮女孩，又是各种风景，很容易接受。所以现在越来越多的人，他们所说的《红楼梦》是他们看过的电视剧，他们没看过书。甚至于还有人认为看书很麻烦，看着很费劲，看不下去。

孟子告诉我们，靠眼睛看的，靠耳朵听的，常常被遮蔽住。看了这一眼漏了那一眼，听了这一嗓子，漏了那个声音。恰恰通过语言，通过文字，能够活跃思维，用想象力、分析力、辨别力，把这些东西用在读书上，用在学习上，才能真正有收获，才能获得真理，才能够获得高尚的情操，才能够获得许许多多的知识，不看书，永远得不到那些东西。所以孟子的这一段，就是强调学习要有心功，要把自己的精神能力、自己的精神世界都投入到学习当中去，这一点说得太好了。

孟子还举这样的例子，人要有恒心，他说学习好比培育一种植物，即使这个植物很容易成活，比如花盆里面有一株万年青，掰下一片叶子来，插在土里它都能长，可是你一曝十寒（曝，有的原文写的是暴，就是暴露在太阳底下，就是晒太阳），晒上一天，让它见一天阳光，其他十天都在阴冷的地方，这个植物也很难茁壮成长了。一曝十寒，形容一个读书的人，今天忽然劲来了，读了一个钟头书，之后十天都不读，这样没有恒心的人，不能够真正学到东西。

孟子还讲了一个例子，说下棋不算什么太了不起的事情，但如果不一心一意学，就学不会。弈秋是全国下棋高手，假使让他教两个人下棋，一个人很专心地在下棋，另一个人一心以为鸿鹄将至，一直觉得有只天鹅要飞过来，有只大雁要飞过来。一边下着棋，一边想着、等着一只大鸟从脑袋上飞过，这样的人棋能下得好吗？要专心，学习不专心致志，那是不会有好的效果的，可以说这也是一个心功。第一，你得用心，就是说"心之官则思"。第二，你得有恒心。第三，你还要专心。

关于学习，尤其是关于诗的解释，孟子还有一个说法，叫"以意逆志"，就是要善于调动自己的心意来分析，来解读诗人的志向、诗人的所指，是怎么回事？孟子的一个弟子咸丘蒙问孟子一个问题：道德高尚之人，国君都不能高高在上地把他仅仅当作一个臣子来看，要把他当作一个道德的模范来看；父亲也不能单独地把他当成一个儿子来看，要看作全天下的圣人。虞舜是一个道德高尚之人，因此他当了天子，连他的老爹（那个脾气别扭的瞽瞍），再加上给他让了位的唐尧，都臣服于他，弄得虞舜很不好意思。孔子说这个时候天下岌岌可危了。不晓得这话是如此吗？

孟子听了很反感，说没这么回事，是信口开河，别信这个。孟子的学生又提出来问题，说在《诗经》上有这样的诗，"普天之下，莫非王土。率土之滨，莫非王臣"，全国的土地都是天子的土地，全国的人都是天子的臣民，虞舜当了天子，瞽瞍却不是臣民，是什么道理呢？这让孟子相当不高兴。

孟子不希望人们用这些刁钻的问题来否定对于虞舜应有的尊敬、对唐尧应有的尊敬和虞舜对他爹应有的孝道。孟子说这个应该用自己的心意来解释，来追溯，来反过来分析这个诗的含义，而不能用这个诗的含义，把自己的主体性摧毁，自个儿拿不定主意了，自己没有见解了，那不行。所以这个心功不但包含了用心、恒心、专心，还包含了要善于用自己的心意，要有自己的心意，胸有成竹，要有自己的主体性，要敢于解释那些不好解释的书上的各种的文字、各种的说法。

我们不能因为一些文字，就把整个的词义给误解了；也不能因为一些名词，就把人家的基本精神误解了，其实各种经典上出现的一些枝节的问题，如果用钻牛角尖的方法来讨论的话，是非常没有意思的。像这种说是唐尧既然把位置早早地让给虞舜了，唐尧给不给虞舜磕头；再有虞舜成了全国最高的君王了，他爸爸给不给他磕头，这样的话题，这种钻牛角尖是很无趣的。

我们也有相反的例子，比如说《红楼梦》里写贾政的大女儿元妃，元春当了贵妃，她回家来省亲的时候，荣国府里包括贾母，及元春的老爹贾政、老娘王夫人都先跪下，必须先跪下，但是跪完了以后，双方仍然以祖母和孙女儿或者父母和女儿的身份互相说话，而且有些话说得也很真诚、很感人。

这种钻牛角尖实在是全世界都有，如米兰·昆德拉的《不能承受的生命之轻》，里面特别提出来，在中世纪天主教会为这个耶稣进不进洗手间、大便不大便的问题，曾经有过极其烦琐的争论。我们所说的烦琐哲学也是这个意思，同样在一本经典作品上，有时候自己和自己说的话在不同的时期、不同的地点，说得不完全一致的地方，也是有的。

老子在《道德经》上说"失道而后德"，意思是说德是由于没有道的表现。但是另外的地方，他又说"道生之，德畜之"，德蓄养了生命，他又把德和道几乎是相提并论了。所以我们任何时候讲学习，讲的不是钻牛角尖，讲的不是自己跟自己较劲，我们要从根本上学习，全面地系统地了解一个思想体系。

而且我们要理解语言表现什么东西都会有顾此失彼的情况，写了这一面了，又落下了另一面，每一面都写上一句话能啰唆死你，能把你厌烦死，所以人家会写，咱们还得会读，咱们不要钻牛角尖，不要自己跟自己较劲。这和今天说我们要善于领会基本的精神是一样的，不要抠着一个字两个字在那儿故意找麻烦，这也是孟子对学习的一个看法。

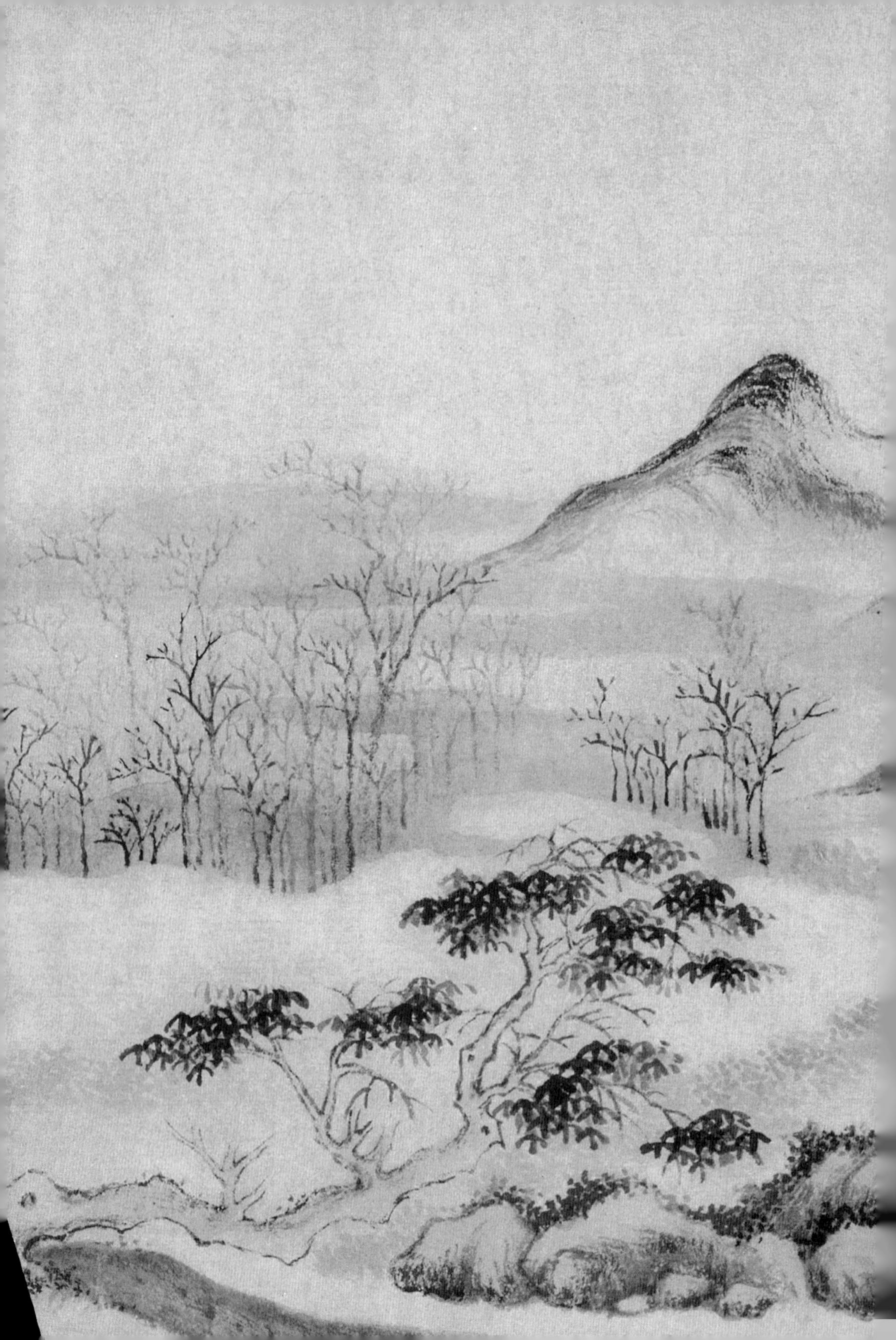

第三章

《道德经》
道法自然

一、什么是"道"

道法自然,道是最大最根本

>有物混成,先天地生。寂兮寥兮,独立而不改,周行而不殆,可以为天地母。吾不知其名,强字之曰"道",强为之名曰"大"。大曰"逝",逝曰"远",远曰"反"。
>
>故道大,天大,地大,人亦大。域中有四大,而人居其一焉。
>
>人法地,地法天,天法道,道法自然。
>
>——《道德经·第二十五章》

老子有很多特别的地方。第一,作品发行量大。全世界印刷发行最多的书是《圣经》,第二是老子的《道德经》。《圣经》不用说了,因为它代表很多地区的宗教和文明,不是一般的书,很多国家的人都读《圣经》。而《道德经》是中国的书,中国在世界文化当中也非常重要。《道德经》发行量很大,光是各种各样的外文译本就好几百种。第二,历史上对老子的描述非常神秘,非常不一般。有的说老子是怀胎数年,超过了一般的规律才生出来的;还有的说他生下来就是老人的样子,甚至于"须发皆白"。老子死后,民间创立了以他为教主的宗教,即中国式的道教,以至于民间认为老子是太上老君(《西游记》里把孙悟空抓住,放在炼丹炉里炼了七七四十九天的太上老君),他是神仙。

在《史记》里有一段描写，孔子去拜见老子，被老子教育了一通，说孔子说话太多，样子太骄傲，应该低调，再傻一点就好了。这说明老子的年龄比孔子大，所以孔子去拜见。孔子、老子在世的时候，当时儒家、道家分得也并不那么清晰，他们之间互相来往交流也不少。孔子见完老子，出来以后跟别人说，如果它是一条鱼，我知道它会游，我也知道怎么抓鱼；如果它是一只鸟，我知道它会飞，我也知道怎么样向一只鸟射箭；如果它是一只走兽，我知道它会走会跑，我也知道怎么样抓走兽。可是我跟老子聊了这么久，我根本就不知道他是个什么人，我觉得他像龙一样，一会儿这样，一会儿那样，让人捉摸不透。所以自古以来在中国传统文化当中，老子就有一个特殊的地位。

说起老子的《道德经》，相传是他出函谷关的时候写就的。当年他当过"守藏室之史"（相当于今天图书馆的馆长），后来年岁大了，准备骑着青牛四处云游，在函谷关那儿被人强迫留下来，说得把学问写出来，于是老子写成了《道德经》，仅五千多字，但是深奥得不得了。连黑格尔看了《道德经》也佩服得很，认为老子是了不起的人物。

老子一上来就提出了一个概念"道"。我先讲一讲这个"道"的说法是什么。《道德经》里有一处老子说得比较清楚，"有物混成，先天地生"，有种东西，它混合在一块儿，不能把它细分开，想把它掰开了、揉碎了、分析研究一下是做不到的，它是由各种不同的趋向、不同的特点混合在一起的。它比天地还古老，在天地还没有形成的时候，在天地的界限还不清楚的时候，它已经有了，它是永远存在的。

"寂兮寥兮，独立而不改"，谁的话它也不听，不被别人所认识，也不被别的东西所干预，它是一个独立的存在。而且它的运转、它的特性是从来没有什么改变的。它"周行"，经常在那儿运动，经常在那儿变化，周而复始，它这种周行从来不会停止。它是天地之母，是世界之母，世界就是从它那儿出来的，天地就是从那儿出来的，一切的一切都是从它那儿出来的。可是我们又不知道它叫什么名字，"不知其名，强字之曰'道'"，实在给它起不出来大名，就勉强地给它起一个别字。

我们中国人古时候是把名和字分开的，比如说刘备是名，字玄德，刘玄德；张飞是名，字益德，张益德（小说称翼德）；关羽，字云长，关云长。由此可见名是正式的名字，字等于二号名字。老子说，浑然一体的、永远在运动的、成为天地的母亲的这个东西，正式的名字实在起不出来，勉强给它起一个第二号的名字，就叫作"道"。

这个解释也是我的一个比较独特的理解，不是说没有名字，也不是勉强给它起个名字，是"强字之曰'道'，强为之名曰'大'"，又在反复地给它起名字，又起出来叫"大"，这无所不包，它非常大；"大曰'逝'"，大，而且它又是不断流动的，如孔子曰"逝者如斯夫"，它是流动的，它是变化的；"逝曰'远'"，它一变化，非常长久，所以它是大的，又是久远的；"远曰'反'"，走得远了，它又返回来了，又反转了，这可真了不起。

早在几千年以前，老子已经有了类似黑格尔的，后来也被马克思、恩格斯所汲取的否定之否定的观念。最后的结果是远了以后又不远了，回来了，变成近了。远是对原来的状态的一种否定，把这个远再否定了，它不就又回来了吗？"故道大，天大，地大，人亦大"，所以道是世界上最大的东西，它跟天一样大，天跟地一样大，地和人一样大，老子就把这个道和人又联系起来了。说明人是可以学习、掌握、顺从这个道，是可以理解、教化这个道的。

下面是一段关于道的最著名的话，"人法地"，"法"在这个地方是师法的意思，人是以地为师的，人是生活在地面上的，一切得顺着地的要求来走。比如说生活在高山上，得符合高山的特点，应该吃什么？应该怎么度日？应该居住在什么地方？是要顺着地走，是以地为老师的。"地法天"，地要顺着天走，它随时要受到天的影响，季节的不同、冷热的不同、气象的不同，乃至于运气的不同，这都是天的事情。时运、地理、地形、地貌，这些互相之间是有作用的，气象、日月星辰、温度这些对地也是有作用的，所以地离不开天，它得顺着天的意思发展。

"天法道"，而天是顺着刚才说的又大、又逝、又远、又反，这样的一个道来行动的。而"道法自然",道是尊重什么样的规律?道的老师是什么?道的老师就是自然而然。古代的时候说自然不像今天所说的,这边是自然,那边是人文,或者这边是自然,那边是人为,当然也不是讲大自然。而是讲自己成为这个样子,自己运动、自己变化、自己存在、自己消失。所以研究了半天道,道告诉一切该什么样就什么样,该怎么发展就怎么发展,道就是本来,本来就是道。

道是伟大的母体,是无穷大

道之为物,惟恍惟惚。惚兮恍兮,其中有象;恍兮惚兮,其中有物。窈兮冥兮,其中有精;其精甚真,其中有信。

——《道德经·第二十一章》

知其雄,守其雌,为天下谿。为天下谿,常德不离,复归于婴儿。

知其白,守其黑,为天下式。为天下式,常德不忒,复归于无极。知其荣,守其辱,为天下谷。为天下谷,常德乃足,复归于朴。

朴散则为器,圣人用之,则为官长,故大制不割。

——《道德经·第二十八章》

天地之间,其犹橐籥乎?虚而不屈,动而愈出。

——《道德经·第五章》

谷神不死,是谓"玄牝"。玄牝之门,是谓天地根。绵绵若存,用之不勤。

——《道德经·第六章》

道生一,一生二,二生三,三生万物。

——《道德经·第四十二章》

天得一以清,地得一以宁,神得一以灵,谷得一以盈,万物得一以生,侯王得一以为天下正。

——《道德经·第三十九章》

因为道看不见，摸不着，所以老子说它"惚兮恍兮"，就是恍恍惚惚，摸不着的，要加以解释。第一个说法可以说是一个地理学的解释，道是天下之谷，就是山谷，一个包容的、生长万物的地方。他说"为天下谷，常德乃足"，正因为是在一个很空虚很低下的山里，所以包容的东西最多，生长的东西最多，叫"复归于朴"，呈现着最原始的状态、最本初的状态、最自然的状态，那么这个东西就是"道"。

前面他还有话，叫"知其荣，守其辱"，深知什么是荣耀，却安守卑辱的地位。别的都是山峰，高高在上，他独独是个山谷，正因为是下边，才能有德的充足，这是一个比喻。

再一个比喻，他是用一种工具来做比喻。他说"天地之间，其犹橐籥乎？虚而不屈，动而愈出"，天地之间大道就像风箱一样，这个风箱"虚而不屈"，空空的什么都没有。但是想改变它，想把它捏成什么样，不可能。它又空又实，它里面是气、是风。"动而愈出"，越鼓捣，它出来的还越多。而且还有个有意思的情况，据《道德经》的专家任继愈先生考证，橐籥就是指古代用的羊皮口袋。用羊皮口袋做的风箱，不能叫风箱了。这种皮的鼓风口袋，二十世纪六七十年代，我在新疆见过。新疆的铁匠还是用的这种鼓风口袋，而不是用咱们常见的木头风箱。所以说老子讲到的"其犹橐籥乎"，还能够看出我们中国不同民族之间劳动工具的统一、交流、变化。

老子对于这个大道的比喻，给人印象更深的，是一种生命的比喻，是一种生命科学、生物学的比喻。他说"谷神不死，是谓'玄牝'"，牝是雌性动物，老子说谷神，这个大道，就像一个山谷，这样一个谦虚之神、包容之神、生长之神，永远不会死掉。道的特点就是这样，很谦虚、很包容，充满着生长的可能，不断地变化，变完了又回来。"是谓'玄牝'"，是一位伟大的牝，是一种雌性、一种母性。

说得更明白一点，老子认为大道就是世界的子宫，一切的一切都是在大道里孕育而成，从天到地都是在大道里孕育的。动物植物、山川河流、人类的文明，都是在大道里孕育的，因此大道是世界上最伟大的母性，是世界上最伟大的子宫，一切都经过了大道的培育和滋养。我们每一个人都要在母亲的子宫里生活十个月左右，然后才被生出来，世界是在大道这个子宫里面生长的，想想可真有意思。老子说"玄牝之门，是谓天地根"，玄牝的门户，子宫的门户，就是世界之根。"绵绵若存"，永远在那儿延续着、存在着。

更有意思的是，老子用数据、用数学的方法来解释这个道。老子最有名的说法叫"道生一，一生二，二生三，三生万物"。"道生一"，正是道使我们看到了大千世界，这么复杂的一个世界。有人解释一就是道，道就是一，没有道，这个世界就乱七八糟，上上下下、高高低低、明明暗暗、活活死死，根本就不知道这个世界是怎么回事。当你一想到它是一个统一的世界时，就是从道悟出了一，一就是道。

也有人说，一就是太极，一生二，有了一就有了二，就有了对立面，就有了跟它相辅相成的一面了，所以一生二，太极生了阴阳。画个太极图，里头有阴有阳，然后二生三，有了两样，或者是相对立的，或者是相辅相成的东西，有了阴阳的相互作用，就生出三来了，就生出先生的事物来了。好比是一男一女，从一产生的，从道里面产生的阴阳，到了人间变成男女，男女如果结合了，就生出了三，生出孩子来了。三生万物，这么生下去，万物都出来了。动物也好，植物也好，古人的想法，这一切都有一生二、二生三、三生万物的关系。有了太阳，还有月亮；有了高山，还有流水；有了干燥的天气，还有湿润下雨的天气。这中间都在相互作用，所以老子把这个道看成一。

老子还有一个解释，"天得一以清，地得一以宁，神得一以灵，谷得一以盈，万物得一以生，侯王得一以为天下正"。就是说谁得了这个一，谁得到了这个道，谁就能够把事情做好，谁就能够发挥道的最美好的功能。"天得一以清"，天得了一，才是清天，没有那么多雾霾了，没有那么多污染了，因为它有符合保护生态环境的大道了。"地得一以宁"，地得一了，就安宁了，不会突然发生地震了，当然人类现在还很难做到。"神得一以灵"，就连神也得符合道，这个时候他才是灵验的，否则就不灵了，不起作用了，功能发挥不出来了，道比神还厉害。"谷得一以盈"，山谷得了一，符合了这个大道，就有了水，就有了草，长树了，才有万物。"侯王得一以为天下正"，君王诸侯等掌权的人符合了大道，就给天下都立下了一个标准，立下了一个榜样，所以一切都要得一。

我们还可以从另一方面来想。一、二、三就是我们看到的具体的世界，如果用数学符号来表示就是N。"道生一"就是从零变成一，再变成N。那么道是什么呢？道怎么能够使零变成一，怎么能够从一又变成N？道就是无限大，道是永恒的，一曰大，二曰逝，三曰远，四曰反。大、逝、远、反，这正是无穷大，数学里无穷大的功能，所以道又有它的数学的意味，可见老子对道的体会是非常深刻的。

到底就是道

> 道生之，德畜之，物形之，势成之。是以万物莫不尊道而贵德。道之尊，德之贵，夫莫之命而常自然。
> 故道生之，德畜之，长之育之，亭之毒之，养之覆之。生而不有，为而不恃，长而不宰，是谓"玄德"。
> ——《道德经·第五十一章》

> 子曰："予欲无言。"子贡曰："子如不言，则小子何述焉？"子曰："天何言哉？四时行焉，百物生焉，天何言哉？"
> ——《论语·阳货》

> 天地有大美而不言，四时有明法而不议，万物有成理而不说。
> ——《庄子·外篇·知北游》

到底就是道，这话是什么意思？

人面对世间万物，有时候会产生一种终极的思考、终极的关怀、终极的追问。什么叫终极的思考、关怀、追问？比如，当我们看星空的时候，我们也许会想，星空这么大、这么远，比星空更大、更远的是什么？当我们想到自己生命的时候，我们会问：我们的生命到底是从哪儿来的？若是类人猿变的，类人猿又是什么变的？

想知道来源，想知道归宿，每个个体都会死亡，死亡后到底到哪儿去了？没了以后又怎么样？要想到归宿，还要想到天外之天、地外之地、山外之山、楼外之楼，天外还有没有天？地面以外还有没有地？

甚至于还会想各种抽象的问题，比如说心疼一个人、爱一个人、愿意为那个人做一切事，这种善良的心是从哪儿来的？厌恶一个人、恨一个人、老瞅着那人别扭，这种厌恶之心又是从哪儿来的？有悲伤的时候、快乐的时候、兴奋的时候、麻木的时候，这种种的心情、种种的感受又是从哪儿来的？又要到哪里去？

这些东西就是指看不到的东西，没法用经验达到的东西，因为经验很简单。譬如一个人是1982年出生的，1982年以前的事情他没有经验，就是看看重要的书籍、材料，这也很有限，也许只有两三年前或者几年前的材料，更早的有传说或者有某些遗物，但是找不着材料了，找不着文字记载了。所以有很多经验以外的东西，这是一个终极的关怀。

还有一个终极的关怀，这个世界包罗万象，概括起来它的本质是什么？它最重要的、最根本的、最起作用的、最像是推动着这一切的东西究竟是什么？这又是一个人追求对更大的世界的了解。

随着成长，人慢慢有了概念，这个概念有的是很小的，比如看到手了，手是一个概念，身体比手这个概念大，你、我、他又比身体这个概念大，人又比你、我、他这个概念大，随着概念无限地扩充，扩充到最后应该是一个什么概念？于是人们会产生一个问题，这个世界到底是怎么回事？

终极其实是人所达不到的，譬如说，一个人不知道自己出生以前1万年、

10万年、1亿年、10亿年、1万亿年是什么情况，但是知道总有一天自己会死亡。死亡以后1万年、1亿年、1万亿年又是什么情况，也是不知道的。生下来以后，整个世界还会有什么样的变化？宇宙会有什么样的变化？也是不知道的。这些东西就叫作终极，一个人不可能掌握终极，但是可以设想终极，可以追寻终极，道里面包含了终极。

老子告诉了我们，这个世界到底就是道。当一个人问到底是怎么回事的时候，当想到了"到底"两个字的时候，已经有了道心，有了道根，有了道的感悟、道的追求，有了对道的理解。"道"到底是怎么回事？老子说"道可道，非常道"。我们平常说的那些道，是我们的经验，能够理解的是我们都知道的那些道理、道路、道德，以至于行走的大道，等等。

道里面包含了终极，还包含了根本，比如说最根本的、最共性的规律，最根本、最共性的特质，最根本、最共性的来源和归宿。这些都是人从概念上向它慢慢地靠近，从经验上很难把握的东西。但是人们知道了这些，心里会觉得更踏实。所以我们正是从哲学上、概念上、思维上来把握我们的终极、根本、天道。

我们经验以外的更宏大、更概括、更恒久、更永恒和更根本的东西是什么呢？那就是道。老子说，"明白四达，能无知乎"？既然非常明白，什么事都清清楚楚，都想得通；而且四面，上下左右，或者东西南北，不管往哪方面想，都够得着，都能理解了；这样的一个人，能不能做到无为呢？能不能不去做那些不该做的事情呢？

历代的帝王，都追求长生不老，秦始皇甚至还派出童男童女去寻找不死之药。如果真正懂得道家讲的这个大道，真正懂得道法自然，生死都是自然的规律，就不会干这样的事情。现在仍然有一些人在研究一些荒谬的事情，比如说要发明永动机，不用能量、不消耗能量的机械。

还有一些人只想着如何用侥幸的方法取得成功，比如整天研究怎么样买彩票能够得到特等奖。我没有发现一个一味地追求特等奖就能得到特等奖的人，恰恰是完全忘了自己买彩票的那些人，倒有可能得到特等奖。

为什么人要无为呢？因为老子体悟到这个道，这个天道，甚至于这个天就是无为的，生之，畜之。有这个天，有这个宇宙，有这个道，于是不断地产生万物，同时使这些生命能够存活，能够成长，能够由小变大，就好像天道喂养了这个世界的万物。

"生而不有"，世界上最伟大的母亲、最伟大的子宫，把世间万物都生出来了，但是并不占有万物，并不拥有这个世间万物。"为而不恃"，"恃"是倚仗的意思，如恃才傲物，仗着自己才能高，看不起别人。天道做了很多的事情，但是不自吹自擂，也不仗势欺人。"长而不宰"，让万物得到生长，得到变化，但是不主宰。中国古代的哲人可真了不起，真能琢磨，这个思想可不仅仅老子有，其他哲人都有这个认识。

孔子就有这个名言，"天何言哉"？老天爷什么话也没说，"四时行焉，百物生焉"。虽然没有说什么，也没有留下什么，但什么事人家都办了，万物出生了，春夏秋冬四时形成了。万物生育出来了，不同的季节轮换了，各种各样的天气都变化了，可是一句话都没说，真是"天道无言"。

庄子也有同样的话，他说"天地有大美而不言"，天和地的美丽、功德、功能是无穷的，是不得了的，世界上一切美好的东西都是从天地而来，都是天和地自然而然地生育出来、成长起来、美丽起来、繁荣起来的。当然最后也会衰落、灭亡。

这一切的美丽、过程，都是天地造成的，但天地不说。无为而治，人们看到了天道的特点，看到了天道的存在，看到了大道是这样的存在，这不是我们平常能说的那个道，而是只能够体会，只能够去喜爱，只能够去感动，却说不清楚的那么一个大道。

终极关怀，在其他的地方，如在西方、在中东、在印度，往往表现为一个具体的宗教。这个终极想到最后了，那就是世界有一个主宰。如果是基督教，就是耶和华，就是上帝；如果是佛教，就认为是佛，是佛法；如果是伊斯兰教，就认为是真主。

中国古代这些哲人，尤其是老子，他不是顺着这个思路：要找一个人格神，有喜怒哀乐，有是非判断，而且管事的这么一个大的神。他是要找最大的概念，他要创造一个神性的概念，要创造一个无所不包的、无所不有的，又什么都不漏出来的、抓不住、摸不着的概念，这个概念就是道。

在汉语字典里，道，首先是道路的意思，其次是道理的意思，再次是道德的意思。除此，道还是道行的意思；还是本领、规律、法则、起源、归宿、永恒的意思。所以"道"到底是什么？到底了，就是道。

二、治国之道

无为而治，空无最有用

>　　三十辐共一毂，当其无，有车之用。
>　　埏埴以为器，当其无，有器之用。
>　　凿户牖以为室，当其无，有室之用。
>　　故有之以为利，无之以为用。
>
>　　　　　　　　　　　　——《道德经·第十一章》

　　老子很有意思，他喜欢用的一些词是我们平常人有时候不太理解的。也就是说老子有时候是逆向思维，大家都这么说，他偏偏不这么说。比如他强调无的用处，而不是强调有的用处。他有个有名的说法，"三十辐共一毂"，就是说三十根辐条做一个车轮，"当其无"，这个车轮的中心，就是安装轴的地方，是空的。把轴安在那个地方（注：轴瓦），车轮才能够转起来。如果那儿是实的，或者装上车轴以后，再把它封死，那就不能转了。车轮之所以能发挥自己的功能，就是因为它留下了一个空白，留下了一个空隙。老子很喜欢"空、虚、无"的说法，尤其是喜欢这个"无"字。

　　老子又说用泥土（《道德经》里的埏埴）做一个器具，做一个罐子也好，做一个盆碗也好，"当其无，有器之用"，这个罐子中心必须是空的，盆的上边应该什么东西都没有，这样才能使用。如果罐子是实心的，还怎么用？不能装水，也不能放东西。如果盆是厚厚的、高高的一大块泥，这盆又能当什么用？所以必须把里面掏空了，有一个相当大的容量，能放很多东西，而且掉不下来。这样盆才能当盆用，不是用那个盆本身，而是用盆上边的那个空间。

空间是什么意思呢？就是那块"无"的东西。而"凿户牖以为室"，凿开一个门，凿开一扇窗户，这样它就成了一间屋子。这里说凿屋子，不是盖屋子，可见那个时代也许更多的时候是在山坡上或者其他地方，凿开了洞穴式的房屋，但是洞穴也必须是空的，把它里面的石头凿空了才能够叫房屋。

如果盖一所房子是死膛的，里面全都填满，那这个房子还能当房屋用吗？房屋讲究的也是空间，使用面积指的是那个空无的面积，墙占的地方已经不算使用面积了，空无之处才能使用。老子这个讲得太深刻了。

所以他说"有之以为利"，有了才好有个依靠，有个根据。"无之以为用"，但是要使用它，不能把它填满了，得留下相当大的空间。老子的思想真是有点儿意思，相当高深，也相当有道理。

人也是这样，因为有所不知，而且承认自己很多地方有不足，才有学习的可能。如果以为自己什么都知道，天下的事儿没有不明白的，比谁都强，从头到脚都填满了……那还学习什么呀？不用上学了，不用请教别人了，也不用看书了，所以我们必须谦虚。

谦是谦让，虚就是要保持一种空间，保持一个智慧的空间，等待着学习更有益的东西、更有用处的东西。我们常常讲一件事情，就是不要太满，一个人如果太自满了，别人没法和他结交，也没法和他讨论商量任何的事情、任何的问题。

中国的文学艺术上有许许多多的说法，都是强调这个"无"的。比如老子本身，他强调"大道至简"，越是最根本的最高明的道理，越简单。因为最高明的道理，它能从最根本的地方给人启示，而不是什么都说。它要给人发挥的机会，给人填补的机会，给人弥补的可能，给人充实的前景，所以越是高明的道理越简单。这是老子的真理论，真理是简单的。

现在中国人接受这种思想的非常多。譬如我们在绘画上非常讲究留白，画不能满满堂堂，得画一些东西，再留一些地方不画，这些没画的地方让人深思，让人遐想，让人觉得没有画的地方还有点颜色，还有点线条，也还有点形象。尤其国画是非常讲究留白的，不是那种从边缘到中心全都填满了的。

文学也是这样。美国作家海明威说，一部作品就好比是一座冰山，露出八分之一就可以了，还有八分之七是在海洋的下面。看到了八分之一，再联想剩下那八分之七，这个是好的文学作品。相反的，生怕人家不明白，什么都给人家说上三遍，这样的文学作品非讨人嫌了不可。所以艺术和文学也要"无之以为用"。

还有许许多多的事情，老子都强调无，尤其是强调无为而治，就是不用整天张罗这个，忙那个，说很多的话，做很多的事。相反，最根本的道理让大家掌握了，大家都会按照这个道理来做，自然就会把各种事情都做好了，当然这里面带点理想性，这种理想不光老子有，孔子也有。

孔子在《论语》里曾经说过："无为而治者，其舜也与！"能做到无为而治的，大概就只有舜吧！南边是太阳走的方向，君王坐在北面，正对着太阳走的方向，南面为王。舜冲着南边端端正正那么一坐，天下太平，无为而治，当然这是一种理想。

这种理想在马克思主义里也有，马克思、恩格斯认为，人在未来真正实现了共产主义，就不需要国家了、不需要政府了、不需要警察了、不需要法院了。这个社会由几个统计员统计一下，哪种产品、哪种物品，需要增加；哪种产品、哪种物品，不要生产得太多，就行了，这当然是一种理想。这种理想，是针对春秋战国时天下大乱，一些君王辛辛苦苦、费尽心机，又达不到自己的目的，越使劲越把事情办坏，这样一种现象。

老子提出的无为而治，即不要自己一厢情愿地设计各种各样的方案，奔走辛苦，不但没把事情办好，反而把事情办坏。

今天我们仍然会发现，有一些人辛辛苦苦地为自己打算，东奔西跑，请客送礼，又说一大堆的废话，到处讨好奔走。结果越是这样为自己而奔走的人，越是没有成绩，越是让人瞧不起，这样的事多了。所以我们要知道无的好处，要学会给自己做减法，尤其是不要一厢情愿为私利胡作非为，千辛万苦，心思用尽，毫无作用。

老子的五等治国

> 道常无为而无不为。侯王若能守之，万物将自化。
>
> ——《道德经·第三十七章》
>
> 太上，不知有之；其次，亲而誉之；其次，畏之；其次，侮之。信不足焉，有不信焉。
>
> 悠兮其贵言。功成事遂，百姓皆谓："我自然。"
>
> ——《道德经·第十七章》

老子很喜欢哲学，喜欢用高度概括讲出与众不同的道理。他关心政治，关心朝廷，想要成为帝王之师，把自己的理念交给真正掌权的人，把修身齐家治国平天下做好。

老子有一个说法叫"无为而无不为"，这就更让人糊涂了，提无为就让人吓了一跳。因为多数的学问都是主张人要努力、人要学习、人要有为。仁义道德也好，富国强兵也好，治理太平也好，都需要的是有为。但是老子偏偏提出一个"无为"，一个"无不为"，我们来分析一下。

春秋时期，天下大乱，所谓春秋五霸，几个大的诸侯国互相斗来斗去。他们第一是争得厉害，第二是急得厉害，恨不得三天两天、三年两年就统一天下，把别的诸侯国都灭了，至少要大家承认他是霸主，但是这一点谈何容易。

老子看到的是他们的浮躁、他们的争夺、他们的好大喜功、他们的一厢情愿，造成的结果往往适得其反、缘木求鱼，他们越努力百姓就越苦，他们离成功、离成就大业就越远。

所以老子让各君主换个角度思考：从反面想一想，干了多少没用的事？干了多少让老百姓反对、痛恨、恨不得推翻自己的事？如果这些事都不干了，那好事不就有可能都干起来了吗？恰恰是自己的混乱，才使得老百姓想干好事都干不成。如果无为了，那些好事就干成了，无为就成无不为了。

我们首先要体会到老子所说的无为，并不是说让种地的别种地了，做小买卖的别做小买卖了，念书的别念书了。他指的是统治者，指的是君王、大臣在那儿傻为、胡为、乱为、急为、狂为，所以老子让他们无为。

老子对治国平天下，有一个说法也很有趣。他说"太上，不知有之"，在最好的情况下，老百姓都不知道有这么一个君王，有这么一个权力的系统。这比较夸张，怎么可能完全不知道呢？这句话还有一个版本，"太上，知其有之"，知道有这么回事，有这些人就行了，不用知道那么多。

这好比开车，路况好，交通管理很好，交通法规普及做得非常好，开车的人都非常智慧、文明、觉悟高、守规矩。这种情况下，一个开车的人，根本就不知道，也不需要知道哪儿有摄像头，哪儿有监控，哪儿有交警，哪儿会罚钱。因为他从来没有违反过交规，交规已经成为他的本能，已经成为他自然而然的反应，不需要知道哪里有警察，哪里得注意，他没有这种想法，所以"太上，不知有之"。

"其次，亲而誉之"，差一点的，百姓跟君王很亲，君王受到赞誉、夸奖、歌颂。老子的想法跟今天的人不完全一样，今天我们认为，一个好领导，大家都会歌颂。但是老子说，这不算最好，但也还不错。有人歌颂、有人亲近、有人赞扬，但是用不着一味赞扬，因为一味赞扬，人们的期望值就高了，而任何时候的权力系统，都不可能是百分之百完美无缺的，它总会出现这边顾上了，那边没顾上，智者千虑必有一失。你就是最聪明的人，你做一千件事情，失误的可能至少有千分之一。

"其次，畏之"，第三等就是，百姓对王侯官员感到害怕。这个是有道理的，老子是很实在的。什么叫权力？权力就是说如果一个人不服从它，和它对着干，它有本事给人以制裁，使人受损、受伤，或者使人失去自由，或者是通过罚款使人失去某一部分财产，等等。总而言之它能收拾人，所以百姓才会害怕。

这个也用开车来比喻。多数情况下开车的人并没有多么爱交警，也没有多么熟，相反对交警有敬畏之心。比如在不该鸣笛的地方鸣笛了，会被交警警告或罚款。闯红灯那更要命了，不仅要被罚款，还要被扣分。所以第三等是"畏之"。对法律，对权力，有一定的敬畏心理，这个社会才能有秩序。

第四等是"侮之"，就是说这个权力和百姓之间相互侮辱，这是最差的一种治理方法了。交警抓住一个违反交通规则的，用各种非常难听的话把人说一顿，让开车人的自尊心受到伤害，会引起开车人的反感。让老百姓私下轻辱当权人，这就叫"侮之"。"侮之"是最坏的情况。

老子有一种梦想，即君王做的事都非常合道，合了道大家就自然而然地接受了，因为道的要求也就是最自然而然的要求。

再拿开车做比喻，开车的时候大家都不希望出事故，希望安全，这不就是道吗？大家都懂这个了，自然而然就不违反交规了，就不出事了，也不会变成交通肇事者了，所以这个要求就是道。

老子还说，"功成事遂"，当国家的一件事办成了，挺高兴。比如修了一个工程，建了一座桥梁，修了一条道路，或者是农业丰收了，这些都是"功成事遂"，这个事业已经合了心愿了。

"百姓皆谓：'我自然'"，百姓们都说这是我们自己干出来的，老子认为这个是治国的最高境界。当然离不开好的领导，领导、权力和老百姓的心一致了，事做成了，老百姓说这是我们想干的，是我们自己干的。

这一点，特别像共产党的理论，共产党讲群众路线，相信群众、依靠群众，要群众自己解放自己，并不是共产党来让群众被动地得到幸福。共产党依靠群众，和群众心连心，引导群众，群众自己创造自己幸福美好的生活，这就叫

"功成事遂，百姓皆谓：'我自然'"。

老子治国的三个宝贝

> 我有三宝，持而保之：一曰慈，二曰俭，三曰不敢为天下先。
>
> ——《道德经·第六十七章》
>
> 以正治国，以奇用兵，以无事取天下。
>
> ——《道德经·第五十七章》
>
> 以道佐人主者，不以兵强天下。其事好还。师之所处，荆棘生焉。大军之后，必有凶年。
>
> 善有果而已，不敢以取强。果而勿矜，果而勿伐，果而勿骄，果而不得已，果而勿强。
>
> 物壮则老，是谓不道。不道早已。
>
> ——《道德经·第三十章》

老子给君王们出主意，不希望他们胡作非为、急功近利、一厢情愿、缘木求鱼、适得其反。那么老子提出了什么治国方略呢？

老子说治国有三个宝贝。"一曰慈"，第一是慈爱，就是爱民、亲民，照顾人民的利益。"二曰俭"，第二是俭省。古人讲俭省，主要不是指个人的消费，而是针对君王讲俭省，也就是爱惜民力、物力、资源，什么事控制着干，不要做代价太大、风险太大的事。包括孔孟，都特别强调做什么事不要耽误农时，不要影响农业活动，因为那时候还是一个农业社会。然后还要爱惜民力，人的生命要爱惜，劳动力也要爱惜，如果搞很多奢靡浪费、天怒人怨的工程，最后就是浪费民力，所以要俭。

我们也有一个很著名的说法，叫作精兵简政。当年在延安，毛主席也特别提到过，说李鼎铭先生曾经向中共提出精兵简政的建议。现在我们在改革当中也要时刻注意精兵简政，这就是老子所说的俭省。一点小事情弄一大堆人在那儿围着，干不成多少有效率的好活儿，这也是我们所不取的。

大多数中国人都有一个特点，就是好面子、爱显摆，明明自己相当困难，却不知道因陋就简。比如说一家人吃饭，大家都吃光了，这是再正常不过的事情；但是请客的时候，大家吃光了，请客的人却觉得不好意思了，必须是盘子里也剩着，碗里也剩着，满桌子堆着吃的，这样离开才像个宴会。其实这既是愚蠢的，又是不道德的，也是一种落后的表现，所以俭的问题在任何时代都有意义。

第三个叫"不敢为天下先"，这句话很容易引起误解，带来负面的影响。什么事都得做已经有的，不敢创新，创新就是为天下先。创新正是我们今天的事业的灵魂，所以我们的口号是敢为天下先。

那么老子提出来"不敢为天下先"，他是完全错误的吗？他是针对发明创造，不允许发明创造吗？不是。老子生活的时代，科学技术远远没有今天发达，人们还没有进入一个要有所发明、创造创新的时代。他说的"不敢为天下先"，指的是诸侯君王们治国不要离老百姓太远。说出一句话来，老百姓都听不明白，光解释就得说一大堆话，越说老百姓越不懂，就算你想得再好，可是把老百姓都落在后面了。老百姓弄不清你到底要干什么，这个不是好的办法。所以老子更多的是鉴于那个时代的混乱和轻举妄动，才提出来这些从表面上看比较消极保守的意见。作为君王，作为掌权的人，作为执政者，不要脱离百姓，不要脱离人民，一步一步来，按部就班，说什么都要让老百姓能听得明白。大道至简，不要把它搞得太复杂、太高深玄妙。这个有点道理，琢磨琢磨，老子不简单。

老子对治国、对掌权、对君王们，还有一个说法，也很高明，他说"以正治国，以奇用兵，以无事取天下"。意思是作为执政的君王，治理国家的时候，尽量用一些正面的策略，用一些正常的方法，要做到路子正、语言正、口号正，做事情的方法正，不玩邪的，不玩吓人的，他讲的有一定的道理。

"以奇用兵"，可是打起仗来，你不能太正常了，这时什么怪招都可以使，什么计策都可以用，因为打仗的目的是消灭敌人，只有出乎敌人的想象力、判断力，使他判断不了，预想不到，这样你才能取胜，所以治国要正，用兵要奇。

"以无事取天下"这个有点难了，意思是要想取得政权，取得威信，取得权威，成为天下人所拥戴的帝王，越要无事，不要添乱，不要制造老百姓不喜欢出现的事端，也不制造各国诸侯都怕你、厌恶你的局面，做得越自然越好，甚至是不声不响地就把什么事都做成了。

说这里头有某种幻想的成分可以，说这是老子的"无为而治""无为而无不为"的思想表现也可以。无论哪种，它给我们一个很大的启发，我们在战争年代所用的很多方法，和我们在和平年代治理发展所用的方法有所不同。我们要"以正治国，以奇用兵"。如果反过来以奇治国，治得人五迷三道的不行；也不能以正用兵，如果老老实实按教科书上说的方法打仗，那非倒霉不可。

尽管老子给君王们提出了这么多治理方案，但是他反对战争。他提出了一些非常尖锐的说法，他说"大军之后，必有凶年"，不管胜负，只要打了大仗，紧接着必是一个灾年、一个凶年，一个或者发洪水，或者干旱的年份，或者发生地震，或者出现瘟疫的年份，或者是虫灾，虫子一下子就把庄稼全部消灭的年份。

老子还说即使打了胜仗，也应该按丧礼的规矩来庆贺，因为战争当中要付出很多的牺牲，包括敌方也会有很多人员伤亡。所以即使我们要用一个仪式来庆祝和记载战争的胜利，来感谢战争中所有的将领和士兵，我们也不要把它当作一个喜事来办。

总之，老子提出了要很正常地治理国家的主张，即要慈爱，爱惜民力、物力、财力，不要做出远远超出老百姓的理解和想象力的事情；还提出来反对战争，但也不是绝对地反对战争的道理。

三、做人之道

知白守黑

> 知其雄，守其雌，为天下谿。为天下谿，常德不离，复归于婴儿。
>
> 知其白，守其黑，为天下式。为天下式，常德不忒，复归于无极。知其荣，守其辱，为天下谷。为天下谷，常德乃足，复归于朴。
>
> 朴散则为器，圣人用之，则为官长，故大制不割。
>
> ——《道德经·第二十八章》
>
> 挫其锐，解其纷，和其光，同其尘，是谓"玄同"。
>
> ——《道德经·第五十六章》

老子的许许多多的名言当中，最受德国大哲学家黑格尔赞赏的是"知白守黑"这四个字。当然，黑格尔是从欧洲语言的译文中来理解老子的这句话的。他的理解：把自己沉浸在无边的黑暗中，然后去观察，去审视光亮中的一切人、物、事。

关于这一点，老子的原文是："知其白，守其黑，为天下式。"老子的这些话，首先是针对君王们说的，君王们希望自己的邦国非常强大，能够战胜异己，统一天下。

"知其荣，守其辱"，深知什么是荣耀，却安守卑辱的地位。想要获得万分荣耀，但是又不可能一下子做到，应该忍辱负重，多吃一点儿苦，多学习一点儿东西，谦虚一点儿，多做一些扎扎实实的、具体的工作，尽管做小事情没有做大事情那么神气活现。

历史上曾经受过侮辱，而最后获得成功的人物很多。比如韩信，就曾经在家乡受过一些小流氓的胯下之辱。他们叫韩信从他们裤裆底下钻过去，这种侮辱一般人是受不了的，但是，韩信有大志向，又有大智慧，他知道如果跟这帮小流氓较劲，万一被杀了的话，一辈子的志向都落空了，这些人不值得成为他的对手，所以他从他们胯下钻了过去。还有春秋战国时期的孙膑、范雎等，都是在遭受了无数痛苦、九死一生的情况后，成了历史上的大人物。

知荣守辱为天下谷，天下就好比是山，做山谷，方能"常德乃足"。做到知荣守辱，并不急于表现自己、张扬自己，才能经常处在一个德行充足的状态，才能经常处在一个最谦虚、最谨慎、最全面的状态，而不是处在一个急躁自满自夸，很空虚而又无法正视世界的状态。

老子说"常德乃足，复归于朴"，这样才能回到最本色、最质朴、最靠得住的一种状态，而不是处在一种恶性膨胀的状态。"知其白，守其黑，为天下式"，虽然知道的事情非常多，但是宁可假设自己懂得很少，很多事还有点糊涂，越是觉得自己糊涂，就越会倾听这个世界，越会观察这个世界，越会思考这个世界，这样才能看见别人看不到的东西，看到外界各种的兴衰沉浮，而且能看得清清楚楚。相反，如果自以为无所不知、无所不晓，那样判断任何事物就会变得非常主观，强不知以为知，暴露出自己的许多弱点，在那种情况之下，就会自以为是、自欺欺人。守其黑的道理其实非常简单，就是谦虚，多听别人的，什么事别急着往前赶，别急着说看法，因为自己的看法可能还不成熟。至少多听一听，知道了事情的各个方面之后再说话，这样往往效果会更好。

老子说知其白守其黑，为天下提供了一个比较正确、深沉、智慧的模式，而不是一个自吹自擂、强不知以为知的模式。这样才能"常德不忒"，永恒的德行才不会减弱，不会变化，永远是一个有道德的人，是一个有智慧、有足够精神追求的人，这样的话就"复归于无极"。知荣守辱是归于朴，知白守黑是归于无极，就是自己不用已有的成见、偏见、误会，甚至于谬见。自己不把自己绑起来，而是处在一个非常主动的位置，做什么事情就不是被动的，不是呆板的，更不是自己欺骗自己的。

知白守黑还可以和我们中国人喜欢讲的许多其他的话联系起来。比如说郑板桥的"难得糊涂"，就是一个人糊涂一点也不见得就不好，因为你不可能事事精明，要什么事都精了，那么就是小事精明，大事糊涂，就更糊涂了。相反，糊涂一点，某些不值得重视的事，就干脆略过去，糊涂处之的话，聪明能够用到正经地方，能够用到大地方。

在《庄子》里也提到了类似糊涂的说法，也是守黑守辱。说有几个神，中央的神叫作混沌，他招待自己两边的神，一个叫倏，一个叫忽，这两个神是急性子。这两个急性子发现混沌有一个问题：他的脸上没有七窍，即没有两只眼睛、两个鼻孔、两只耳朵和一张嘴。于是倏和忽，为了报答混沌的友好及款待之情，就想给混沌凿出七窍，凿了七天，一天凿一窟窿，到第七天，七窍凿完了，也把混沌给凿死了。本来想感恩，结果杀了混沌。说明人难得混沌，那些过细的，什么都明白，什么都算计得清清楚楚，并不是我们提倡的。

高贵者最愚蠢，卑贱者最聪明。为什么高贵者反倒愚蠢呢？因为高贵者自信，用不着小心谨慎地对待生活中的每个细节；相反，卑贱者，什么事都要往最坏里考虑，什么事都想得周到，都要了解事情的前因和后果。另外为生活所迫，为怕别人侮辱所迫，也必须紧张起来，能够有所防御，能够该出手时便出手，能够不使自己随随便便地就吃亏上当倒霉。所以卑贱者有时候比高贵者还聪明，这也是"知其荣，守其辱"的一个含义，同时也是"知其白，守其黑"的一个含义。

中国传统文化中还有一个成语非常有意思，大家也都很熟悉，叫韬光养晦。韬是什么？本来是装剑的套子，要把剑装进去，装到套子里面，使剑光不至于外露，不至于泄露出来，泄露出来，别人就看到你身上带着剑，或者知道你家里头放着剑,那样你的敌对方、对你不怀好意的人,没等你把这剑拿出来就先把你给干掉了。所以即使有一把好剑,你也要放在韬里边,不要让它太亮,不要让人看见,这叫韬光。晦就跟守其辱或者守其黑一样,晦就是黑暗,把这个光遮住,经常表现出光彩不太大的样子,表现出不具有很大的威胁性。这样的话,你的生活、你的安全的状况会比较好,碰到什么问题不至于处在被动的地位,也不会树立太多的敌人,这是养晦。

老子还有一句话叫"和其光,同其尘",一个人身上锋芒太露,什么事都争在前面,说话刺太多,亮得晃眼,老子说这不好,应该把身上的光线、光芒中和一下,让它柔和一点,不要太尖锐、太激烈。同尘就是和一般人、和红尘中人有所认同,不能什么事都高人一等,什么事都与众不同。

总之,老子的这种低调的战略思想,有它的特色,值得我们考虑。

智慧还是阴谋

> 将欲歙之,必固张之;将欲弱之,必固强之;将欲废之,必固举之;将欲取之,必固与之。是谓"微明"。
>
> 柔弱胜刚强。
>
> 鱼不可脱于渊,国之利器不可以示人。
>
> ——《道德经·第三十六章》

老子有段话很著名,他说"将欲歙之,必固张之",想把一个东西关紧的时候(歙:关紧),就得先把它打开,开得大大的。"将欲弱之,必固强之",想削弱一个东西的势力,减弱它的影响时,就先让它强盛,让它膨胀。"将欲废之,必固举之",想废除它、灭亡它、让它归零,就先让它兴旺发达,先热闹一阵子。"将欲取之,必固与之",想从什么地方取得某种收获,就得先付出,先给点好处,下点功夫,这样才能从那儿得到所需要的东西。

这四条都是反着来的，想关上，先打开；想削弱，先强化；想废除，先兴旺；想拿走，先给予。生活中有很多这样的例子。比如以前的汽车自动化还不先进的时候，汽车门没关紧，需要先打开它，再使劲关上。家里的窗户也是这样，关不严的时候，先推开，然后再一拉才可能关严。

"将欲弱之，必固强之"，老子在《道德经·第三十章》也说过类似的话，"物壮则老，是谓不道"，如果太壮太强了，这时候就开始走下坡路了。比如一个运动员到了他成绩最好的时候，也就是到头了，再往后发展，他就该走下坡路了。所以老子认为太强了不符合大道的谦虚包容。

大道是要留下自己发展的余地，如有一百斤的力量，表现出七八十斤的力量就行了。这样还有再努力的可能，当然这和现在体育竞技不一样。现在体育竞技是，有一百斤的力量，在竞技场上最好能发挥出一百斤以上的力量。但问题是，如果使出了一百多斤的力量，很可能会造成伤害，甚至退出竞技场，所以老子的思想是有道理的。

"将欲废之，必先举之"，这类的事不是很多，但是确实有。传说民国时期，有一个军阀，治人有一招，想治什么人，讨厌什么人，先让这个人当司务长，管钱财、管物资，负责和财政、总务相关的事，下放给对方的权力非常大，而且不去管，不闻不问。过上三年，再去查，准保能搜集到足够枪毙对方的罪证。一个人在没有监督的情况下，掌握了很大的权力，而且能为自己谋利益时，很容易走向反面。

"将欲取之，必固与之"，一个君主、当权人想取得百姓的信任，必须得给百姓谋福利，想让百姓一上来就信任你，就帮助你，就支持你，那是不可能的。只有你能给百姓带来好处，只有你肯用自己的资源，用自己的经历，用自己的贡献来造福百姓，你才能得到百姓的拥护和帮助。

君王做什么事情，不要急功近利，不要老是梦想着立竿见影，早晨使的劲，晚上就收获；早晨种的菜，晚上就拌沙拉，这是不可能的。而且很多时候，事物的发展有一个辩证的过程，甚至有一个物极必反的过程，有一个逐渐走向自己的反面的过程。

这几句话在历史上引起了比较多的争议，尤其是朱熹，他很讨厌这几句话。他说，老子的心最毒，你看老子多么阴险、多么毒辣，他为了从对方那儿拿走点东西，先给对方点好处。现在社会上也有，有些诈骗犯，先给对方一点好处，让对方上当，然后把对方的东西一扫而光，不知道把对方害成什么样子。朱熹认为这是很毒辣的一招。

我们现在分析一下，为什么老子要讲这些话？老子是不是一个毒辣的阴谋家？首先我们要看一看老子生活的时代。那是一个百家争鸣的时代，天下大乱，各个诸侯国家钩心斗角，施展各种阴谋诡计，在权力的争夺上，简直出现了一种奇观：声东击西，围魏救赵，欲取先予，等等。人人都有计谋，有些计谋甚至超出了人们的想象力。

比如我们都知道越王勾践的故事，他在失败的情况下，对吴王夫差表现出的甘当奴仆的那种心态，让人看着都很难受，甚至让人看不起。他把自己放到了最卑下、最无望的位置，这是一般人做不到的，而他最终成为春秋时期最后一位霸主。在春秋战国时这样的情况很多，很多君主败在了高估自己、好大喜功、急于求成、不自量力的心态上。

中国有一个说法叫骄兵必败，把自己看得过于强大，把对方看得弱小，这时候很容易出现漏洞。比如说项羽和刘邦，项羽处处占着优势，贵族出身，而且个人的条件别人是无法和他比拟的——身形高大，力气过人，以一敌百。但是刘邦会用人、会团结人，注意安抚老百姓，而且在失败后能蛰伏，最后终于找到一个机会，把项羽困在垓下，围了个水泄不通，最终项羽失败了。

在第二次世界大战中，刚开始的时候德国是所向无敌的，英国首相张伯伦等人采取绥靖政策，对德国连碰都不敢碰。美国也是躲得远远的，根本不想掺和，不想与希特勒为敌。但是希特勒却人心不足蛇吞象，本来他和苏联已经签订了互不侵犯条约，但后来他想一口气，用两三个月的工夫占领整个苏联。尽管光靠苏联很难战胜德国，但是苏联拖住了法西斯德国侵略的步伐，再后来随着世界各个方面的制约，包括美英法几个国家的联合反抗，希特勒最终失败了。

日本对中国的侵略也是如此，硬是想一口气把中国这样一个大国吞下去，变成它的奴仆，变成它的地盘，变成它的血肉，这样做的结果也只能是被拖死在中国国土上，等到再和美国为敌，那就更是自取灭亡了。

老子是逆向思维，他提倡一种阴柔的战术，什么事先退一步想：要把门关上，先打开门，开大一点好使劲，砰的一下子就关上了。对方本来势力就很强大，实力也强大，那就要让对方认为自己是无敌于天下的，什么事都是手到擒来、毫不费功夫的，对方越麻痹大意，就越容易露出破绽。我们过去的小说里也提到，双方骑着马拿着武器交战时，一定要等对方的破绽，而且经常是以诈败诈弱吸引对方的身体倾斜过来，等到马或者是人露出破绽了，再一鼓作气把对方干掉。现在的竞技击剑也常常用这种方法，诱着对方先出手，一出手正好露出了破绽，就好反击了。

老子总结的这套谋略，看起来很阴险、很深奥、很了不起，这不是偶然的，是有当时的历史背景的。老子强调这些谋略是国之利器，是一个君王、一个邦国的非常厉害且有效的一种武器，这种武器不能告诉别人，也不能让别人知道。就像鱼不能离开深水一样，国之利器不能够离开君王的深不见底的头脑，不能离开君王的深不见底的心思，不能随便说出来，说出来就像把鱼从水里捞出来，它就缺氧死了。所以谋略是需保密的。好厉害，老子。

老子的大智慧

圣人常无心，以百姓心为心。

善者，吾善之；不善者，吾亦善之，德善。

信者，吾信之；不信者，吾亦信之，德信。

圣人在天下，歙歙焉，为天下浑其心。百姓皆注其耳目，圣人皆孩之。

——《道德经·第四十九章》

不自见，故明；不自是，故彰；不自伐，故有功；不自矜，故长。

夫唯不争，故天下莫能与之争。

——《道德经·第二十二章》

老子的谋略是否是阴谋？这个问题有点复杂，因为有些时候在这种人和人的斗争当中，智慧、谋略往前一小步，哪怕两厘米，也许性质就变了，就会成为阴谋。所以中国人就有一种对智慧的不放心，我们经常讲的故事是一个人傻一点，但他往往是一个好人；而一个忒聪明的人，他的最后结局并不好，因为他太奸了，太会为自己谋划了。

在老子的整部《道德经》中，他多次提倡愚而不是提倡智，就是因为智和坏似乎挨得很近，愚和善似乎挨得很近。至今我们也有这种说法，说某某人太聪明了，这多半意味着他不够诚实、不够可靠，太善于算计，等等。

那么这到底是一个什么问题呢？鲁迅经常引用一句话，这句话最早来自俄罗斯的《克雷洛夫寓言》，说鹰有时候和鸡飞得一样低，但是鸡永远不可能和鹰飞得一样高。如果只是讲谋略，只是讲"将欲取之，必固与之""将欲弱之，必固强之"，这个从表面上看，确实带几分阴谋的色彩，因为好人坏人都可以用这种办法。但是老子不一样，光看这些技巧性的、权术性的、谋略性的东西，理解不了老子。老子不仅仅是一个谋士，他还是一个哲学家、一个思想家，他有自己的理想，有和当时社会"相违背"的、"对着干"的思想。

首先老子的重要思想及其底线，确定了老子不是阴谋家，不是术士，不是纵横家，而是大家，是思想家。正如他说的"圣人常无心，以百姓心为心"，说到底，一切的智慧，中心是百姓的需要，是百姓的利益，是百姓的追求，是百姓的梦想。这个就不简单了，一个阴谋家不会有这样的想法，也不会提倡这样的理念。

老子的理念是圣人并没有固定的一个想法、一个说法，他要随时观察、聆听百姓的意见，按百姓的意见来办，按百姓的要求来做。就是我们现在所说的人民喜欢的我们才喜欢，我们要看人民喜欢不喜欢，人民满意不满意，人民高兴不高兴。这样一种理念至今仍然是有价值的，而老子是强调这个理念的。

其次老子是反战的。他不但反战，而且不争。他有句著名的话叫"夫唯不争，故天下莫能与之争"，就是说一个人如果不和别人争了，那别人就争不过他了。因为我根本不和你争，你还跟我争个什么劲呢？他说这话的理念是，不要争权夺利，争权夺利没有好下场，只能暴露自己的低劣、丑恶，乃至阴毒。因此老子主张不争，反对战争，这使我们看到了老子的一种圣人的心肠。

中国人认为最高的境界是圣人的境界，圣人比权力、君王还厉害。因为圣人是最高的，圣人决定了一个君王的成败，决定了一个邦国、一个地区治理得好不好，所以老子提倡要有圣人的胸怀，他说的不是君王以百姓之心为心，而是圣人常无心，以百姓之心为心。

《庄子·杂篇·天下》中有一个说法叫内圣外王，就是从自己的精神状态来说，充满着仁爱，充满着正义，充满着和睦，是一个圣人，在道德上是完美的，是辉煌的，是大家的榜样。但是处理外部的各种事物，是一个王，该执行权力就要执行权力，该管理就要管理，甚至于碰到对手、碰到敌人，该斗争也没法儿不斗争。这是内圣外王的一种理想，也可以说这是中国人对圣、对王的一个较高理想。

老子提出了许许多多的治国方略，有的是拐着弯达到目的，不能示人的；也有希望天下太平，希望世人能够保护住自己的生存、自己的利益、自己最起码的追求。

老子还主张要按照道，按照那个最基本的规律、最长远的规律、最永恒的规律来行使自己的权利。

外国有一个名词叫作权力的合法性，要有法律的根据，要有一套法律的程序，这些当然是有道理的。但是我们要考虑一下中国，我们的传统在古代没有讲权力的合法性，实际上在追求的是权力的合道性。不但老子讲道，孔子也讲道,《论语·公冶长》说"邦有道",就是说邦国权力的运转符合天道,符合人道,符合社会、文化、礼义之道。有道的邦国人民可以过着幸福的生活。古代很喜欢用的一个词是小康,小康表示有保障,这就是有道。

孔子说"邦有道,则知;邦无道,则愚"。如果邦国是有道的,是按照道来运作的,我们应该贡献自己的智慧,贡献给社会、贡献给朝廷、贡献给家国;如果这个邦国、这个地区、这个族群,它的权力运作完全没有章法,完全不符合人民的心愿,完全是胡来,那么这个时候,读书人、君子干脆就装糊涂,不要再显聪明了,不要再往上凑份子了,不要再往前拥了,一边待着去。

老子的说法就是道即一切,不管是用权,不管是种地,不管是胜利,不管是失败,一切的一切都是按照道的标准、按照道的特性在运转的。

无道还有一个更难听的、更可怕的后果,就是在古代历史上,有很多被推翻的君主、帝王,比如说夏桀、商纣。这些被推翻的家伙,他们被大臣,乃至于被民人扣上的一顶帽子,就是无道。无道的结果,就是家破人亡,就等着亡国,就等着掉脑袋吧。

老子的各种谋略,实际上还有道在管着,道就是鹰所能飞的高度,就是鸡永远达不到的高度。在谋略上,老子讲的可以和鸡有某些共同之处,但是在总的出发点、总的概括上,在道上,在道德问题上,那些庸人、坏人、谋士、说客,他们是永远赶不上老子的,老子教给我们的,是大智慧。

六无二有

> 五色令人目盲,五音令人耳聋,五味令人口爽,驰骋畋猎令人心发狂,难得之货令人行妨。
> 是以圣人为腹不为目。故去彼取此。
> ——《道德经·第十二章》
> 天长地久。天地所以能长且久者,以其不自生,故能长生。

是以圣人后其身而身先，外其身而身存。以其无私，故能成其私。

——《道德经·第七章》

老子的思想确实有许多是针对当时的君王、大臣、权力系统的，但是他的这些思想，也可以用到普通人的身上。对普通人，特别是对读书人更有教育意义。

老子关于做人的说法，可以大致归结为六无二有。六无是什么？就是要无私、无争、无贪、无咎、无为、无智。

无私是什么？老子说过，"以其无私，故能成其私"。就是一个人不光盯着自己的眼皮子底下那点事，看重的不是自己身上的那点具体的利益，而是能够考虑大道，这样他自己的那些最简单的个人需要才能得到满足。

无争。我们这一辈子会看到各种各样的人，如有的斤斤计较，整天在为自己争，争级别、争待遇、争名声、争奖项、争名单位置的前后……多数情况下，一个真正有本事的人，一个真正有品质、有境界的人，他不争。争往往也是一个失败者的标志，越失败就越争，而越争就越失败。

这里说的是为自己而争，和现在的一些竞争是两回事，比如体育必须有竞争，商品的质量必须有竞争。但是在老子那个时期，这一类良性的竞争还没有摆在议事日程上。他看到的争，都是为自己争权夺利，是不够聪明、不够正确的事。

无贪也非常重要，《道德经》里没有用"贪"这个字，但是老子讲了这些道理。他说"五色令人目盲"，五颜六色，反倒把人的眼睛弄花了，让人变成视障人士；"五音令人耳聋"，纷杂的声音使人耳朵都聋了；"五味令人口爽"，"爽"字不是现在指的爽口的意思，而是麻木的意思，吃的东西味道太厉害了，太强烈了，过一段时间后味觉都麻木了；"驰骋畋猎令人心发狂"，骑上马打猎奔跑，这很快乐，但弄不好这个时候会发狂，会造成很多的危险。所以老子认为贪是不合适的，是得不偿失的。

无咎，就是不要干一些错误的事情，不要触犯文化的基本原则，不要触犯道德的底线，更不要触犯法律的底线。因为触犯了这些，就会受到责备、追究，乃至于受到惩罚。一个人的一生应该注意谨慎、周到，不让自己陷入一种被责备、被唾弃，乃至于被惩罚的困境。

无为，就是不要辛辛苦苦地干些没用的事，说些无用的话，不要做那些适得其反的事情，整天忽悠、整天吹嘘对自己没有任何的好处，只能降低自己的威信。

无知或者无智，这是很有意思的，这个知跟我们现在的说法并不完全一样。我们讲知识就是力量，我们讲智慧，这都和原来的说法不太一样。老子认为，有一定地位的人，耍心眼儿，做各种各样的设计，甚至于耍各种各样的花招来糊弄别人，这样做的结果是别人也就不会相信你，你也就不能达到有利于自己的目的。

二有，第一，他提倡人应该像婴孩那样生活，所谓"能如婴儿乎"？就是为了让你回到婴儿的阶段。老子认为婴儿没有混乱的思想，没有对他人的对立的或者敌意的表现。尤其是婴儿不算计，都是按照自己的本能的需要、自然的需要，婴儿必然会对照料他的父母充满了爱心，充满了和善，充满了期待。

其实不只是老子，也包括孔子，认为远古时期的人心比后来的好。那时候人的头脑相对简单一些，过着比较简单的生活，也恰恰是美好的生活。所以老子希望一个人能像婴儿一样天真，能够像婴儿一样单纯。他希望的是处在更加质朴，甚至是更加愚（而不是更加动心眼儿）的一个初期的不发达状态。

第二，回到婴儿阶段，不是真正成为婴儿，而是能够懂得天道，懂得大道，能够做到一切符合大道，与大道融合为一就无往而不胜。老子的意思可以简单地归结为低调做人，但是仅仅低调做人又是远远不够的。因为这不是一个姿态问题，不是一个技术问题，不是一个礼貌问题，而是由于他对世界、对社会、对家国、对人生有很高明的见解，有很透彻的理解，从而做出非常正确的，至少是他自以为非常正确的选择。

老子的一些想法，说简单就非常简单。老子在《道德经·第二十章》中说"俗人昭昭，我独昏昏；俗人察察，我独闷闷"，别人都很聪明，他糊里糊涂；

别人都很快乐，他也无所谓快乐不快乐。我们可以把它想得很简单，说得很简单。反过来又感觉他讲的有一定的道理，而且他的目的是扭转东周那种天下大乱的情势。老子的观点针对的是当时的情况，我们也不能把它绝对化，我们也用不着跟老子较这劲。

虚与静止

致虚极，守静笃。

万物并作，吾以观复。

夫物芸芸，各归其根。归根曰"静"，静曰"复命"。复命曰"常"，知常曰"明"。不知"常"，妄作凶。

知"常"容，容乃公，公乃全，全乃天，天乃道，道乃久。没身不殆。

——《道德经·第十六章》

为无为，事无事，味无味。

大小多少。（报怨以德。）图难于其易，为大于其细。天下难事，必作于易；天下大事，必作于细。是以圣人终不为大，故能成其大。

夫轻诺必寡信，多易必多难。是以圣人犹难之，故终无难矣。

——《道德经·第六十三章》

故贵以贱为本，高以下为基。是以侯王自称孤、寡、不穀。此非以贱为本邪？非乎？故至誉无誉。故不欲琭琭如玉，珞珞如石。

——《道德经·第三十九章》

上士闻道，勤而行之；中士闻道，若存若亡；下士闻道，大笑之。——不笑，不足以为道。

故建言有之：

明道若昧，进道若退，夷道若颣。

上德若谷，广德若不足，建德若偷，质真若渝。

大白若辱，大方无隅，大器晚成。

大音希声，大象无形，道隐无名。

夫唯道，善贷且成。

——《道德经·第四十一章》

老子认为做人最需要的两个东西，第一是虚，第二是静，叫"致虚极，守静笃"。

虚是什么意思？就是要把外物、外在的现象看得虚一些。我们生活在世界上会看到各种各样的现象，有蝇营狗苟的，有咋咋呼呼的，有偷偷摸摸的，有得意扬扬的。对于这样的人、这样的事是看实一点好，还是看虚一点好？我们要看虚一点，这样我们的心里也虚一点。心里虚一点是什么意思？就是我们的脑子里、我们的心里并没有被芸芸众生充斥，挤得搁不下地方，没有学习的余地，没有上进提高的可能，这就是老子所谓的"虚"。"静"指的是诚实、安静，诚实安静是人的根源本初状态，人刚刚生下来是又安静又诚实的。老子有许多这一类的想法。

"夫物芸芸，各归其根"，世间万物芸芸众生，纷纷乱乱，但是我们要回到它的根源上去。"归根曰'静'，静曰'复命'"，回到根源以后，心就静下来了，就什么都看明白了。

"复命曰'常'，知常曰'明'"，归根到静止的程度，就真正体会到生命的本原。生命本身是很安静的，是不闹腾的，是不会自己给自己出难题的。回复到自身最恒常的状态，进入最佳状态、最干净的状态，这时候脑子就想明白了，眼睛就看明白了，耳朵也就听明白了，就能看到事情的本来面目，而不受其他的外物或者是自己的成见、偏见影响。

"不知'常'"，如果进入不了恒常状态，精神状态不能保持一定的虚和静；"妄作凶"，那么这时候做什么事都是完全没有根据的、没有把握的、没有道理的，是胡作非为。胡作非为的结果，就是失败，甚至是自取灭亡的灾难祸患，所以叫"妄作凶"。

其实现在这样的例子也非常多，尤其是在体育比赛当中，一个人临场发挥得不正常，就是由于他的脑子里各种私心杂念太多，各种计较或是算计太多。比赛的时候，心里应没有杂七杂八的东西，只有最好的发挥，只有一种拼搏的快乐，而不是压力。过分的压力会造成不正常状态，不仅球赛、体操比赛等如此，我们在日常工作中，也会面临这样的问题，就看内心能不能足够从容，能不能足够平稳，或者我们现在最喜欢说的一句话，就是我们有没有足够的定力。老子所说的虚、静其实也是一种定力，有定力与没有定力，做起事情来效果完全不同。

老子还说"知'常'容"，如果一个人能够保持正常的状态、纯洁的状态、空虚的状态，而不是填得满满的、压得沉沉的状态，就有了空间，有了容量。

是的，我们也要让心有容量，要装得下东西，"知'常'容，容乃公"，有了容量就比较公正了，不是哪一类的话听得进去，哪一类的话就听不进去。不是动不动就不想聆听，不想观察，不能公正，不能按照大道来做。"公乃全"，公正、公开、公允才能成为周遍。"全乃天"，周遍，就要知天命天意，像天一样公正无私，这才是大道。"天乃道"，能够体会到天命、天意、天心、天道，这样就真正进入了大道的境界。"道乃久"，符合这个道了，精神状态也好，生命状态也好，才能够长久地坚持下去。"没身不殆"，到死仍然是在一种正常的精神状态下，是在一种符合大道的精神状态下，这样结束一生不会出大错。

中国人特别讲究精神状态，比如我们现在看一场比赛，解说员非常注重，也非常爱分析的，就是运动员有没有压力，有没有失常的地方，也就是把常看作是最重要的。老子说的常就是虚、静，不要把自己填得满满的，不要把自己弄得非常不安。处在一种安静而且谦虚的状态下，才能保持常态，而常态是最佳状态。有了最佳状态才能恒常，有了恒常的状态才能最佳。如果只是突然兴奋一下，紧接着就乱了套，那是不行的。

老子还分析"圣人终不为大，故能成其大"，真正的圣人并不觉得自己有什么了不起，并不大模大样，并不自吹自擂，并不膨胀、虚妄。相反的，圣人是实事求是的人，也是守得住虚和静的人。

老子还说"贵以贱为本"，这话也说得好。高贵是以低贱为基本的。不管是多么高贵的事情，都是以低贱的、普通的、琐碎的事情，有时候甚至是大量的所谓卑污的工作、劳动做基础的，所以这个贵离不开贱。不管一个人的地位多么尊贵、名气多么响亮、层次多么高尚、事业多么伟大，他也有过很多低级的劳动、挫折，甚至是莽撞、过失。因此，高贵的东西，会有不高贵的经验，需要有不高贵的基础。

"高以下为基"，万丈高楼平地起，一切的一切都要从最基层开始，从最基础开始，甚至从底部开始，要以下为基，这也是老子对人的一种要求。即别一上来就高高在上，别老是站在云端说话，应该接地气，应该实实在在，行就是行，不行就慢慢地学，不要着急，不要吹嘘。

老子还说"明道若昧"，越是光明的、清晰的大道，反觉着它有点昏暗，弄不清楚。有人往往想找捷径，比如说学习，老想着找捷径；创业也老想着找捷径，或者是靠拼爹、靠行贿，找什么特殊的方法，希望一下子就成功，一下子就变成百万富翁，大多数人认为这不是好的道路。

如果一个朋友、一个师长教导你踏踏实实从基本功做起，一点一点地努力，你反倒觉得这条道路太昏暗了，不如那些找窍门的、走后门的、走捷径的，唰地一下子就变成人五人六了。不能有这种想法。

"进道若退"，本来是前进的道路，但是前进的道路没有窍门，没有捷径，并不能够立马获得暴发户式的成功，你觉得反倒退回来了。这样一点一点地从头学起，从零做起，从虚和静做起，这不是等于退回来了吗？如果有这样的思想，这样的精神状态就坏了。

"夷道若颣"，夷，是安全的道路、正常的道路，反倒觉得它挺危险，觉得没有把握。为什么？因为你受了邪恶思想的影响，老想走捷径或者邪道，老想一下子取得别人在正常情况下不可能取得的成就和果实。

老子说做人需要静，要自己把握得住自己，不要使自己陷入狂妄、混乱、咋呼、闹腾，乃至于动乱之中。老子的说法对我们还是很有参考价值的。当然人生当中也不能离开应有的搏击和担当。

柔弱胜刚强

　　人之生也柔弱，其死也坚强；草木之生也柔脆，其死也枯槁。故坚强者死之徒，柔弱者生之徒。

　　是以兵强则灭，木强则折。强大处下，柔弱处上。

——《道德经·第七十六章》

　　载营魄抱一，能无离乎？

　　专气致柔，能如婴儿乎？

　　涤除玄鉴，能无疵乎？

　　爱民治国，能无为乎？

　　天门开阖，能为雌乎？

　　明白四达，能无知乎？

　　生之畜之。生而不有，为而不恃，长而不宰，是谓"玄德"。

——《道德经·第十章》

　　老子在《道德经》中多次提出柔弱的观点，其中一个就是柔弱胜刚强。他从生活中举出一些例子，说"人之生也柔弱，其死也坚强"，一个人活着的时候是柔软的，可以弯过来、折过去，但是死了以后就慢慢地僵硬了，想弄弯曲就不可能了。"草木之生也柔脆，其死也枯槁"，草木活着的时候是柔软脆弱的，死了就变得干硬了。

　　还有很多地方记述，老子和其他人做过这样的讨论：牙齿是最坚硬的，舌头是最柔软的，但是先坏的是牙，舌头一般情况下到死都是不会坏的。越是柔弱的东西也许越有力量。

老子在《道德经》里还说"坚强者死之徒",坚强是死的一个因素,是属于死的一个概念。"是以兵强则灭",用兵太强硬,早晚要被灭掉。"木强则折",树木太坚硬了,就会折了。"强大处下,柔弱处上",太强大了,反倒居于劣势;柔弱的时候,却居于优势。老子的这个观点有点奇怪,和一般人的看法不一样,但他举的生活中的例子也是站得住的。

我国很早就有成语,也说明柔弱胜刚强,比如水滴石穿、绳锯木断。水和石头,哪个硬?当然是石头硬。可水滴答滴答,经过一定年限,也许能把一块石头打出一个洞来。这一类的被水滴而改变了形状的石头,我们在很多景点都会见到。绳锯木断,绳子和木头哪一个坚硬?当然是木头坚硬。但是拿一根麻绳绕在木头上,来回拉锯,来回摩擦,最终木头像被锯子锯断了一样,这个例子也是成立的。

中华人民共和国成立以来,我们提倡的品德是坚强,因为中华人民共和国是经过革命斗争而成立起来的,在革命斗争中最重要的品质就是坚强。而在古代,坚强的含义既有正面的,也有负面的。正面说的是坚持自己的原则,孟子的理论都很坚强,比如"富贵不能淫,贫贱不能移,威武不能屈"。坚强的负面含义指的是不够灵活或者是调整得不够,老子把坚强当作一个负面的东西说,一方面是老子喜欢从反面立论,逆向思维,与众不同,见人之所不见,言人之所未言。还有一方面,老子针对的是当时的那种兵荒马乱、好大喜功、争权夺利的历史环境,所以他要注意从反面来谈。

老子的这个说法对后世影响很大,比如说以柔克刚、以弱胜强、以小胜大、以退为进,等等。以柔克刚,在战争中有这样的例子,尤其是在武功上,中国人一直追求着以柔克刚、借力打力、四两拨千斤、顺势取胜等。最明显的就是太极拳,太极拳是尽量用一种比较柔和的方式,希望能够在搏击中取胜。最近也有一些争论,认为太极拳在搏击上可能并不特别实用,但是目前来说太极拳不仅仅是用来搏击的,太极拳代表了一种练身、健身、自卫,以至于为人处世的一种方式,是一种柔韧的精神,一种先让一步的精神,可以战胜那种来势汹汹的对手。

以弱胜强，这个在中外战争史上就更多了。楚汉之争，处于弱势的刘邦最终打败了强势的项羽；第二次世界大战中，处于弱势的苏联战胜了强势的法西斯德国。

以退为进，有时候为了前进，需要先撤退一下。毛主席关于运动战的思想，其中就包含了以退为进的思想。

以小胜大，我想起二十世纪六十年代的时候，当时常常讨论一个问题，就是历史上小人物有可能战胜大人物。小人物没有包袱，不以势压人，他从弱小慢慢地往前发展，这样的人物，战胜自满自足、高高在上、自吹自擂的人，也是完全可能的。

老子还有一个说法，"专气致柔，能如婴儿乎？"专气，把全身的气息、精神都专一起来。向着什么样的目的专一呢？就是使自己更柔和、更温柔、更谦逊、更容易调整、更容易变化。处在这种情况下，要做到一个什么样子呢？能像婴儿一样吗？老子认为婴儿充满了正气，不做任何的防卫，反倒是无敌的。

老子认为如果一个人把自己吹得太厉害了，太逞强了，就会露出破绽，就会露出弱点，容易被对手抓住，将其摧毁。所以人宁可表现得柔一点、弱一点，而不要过于逞强。在《三国演义》《水浒传》里到处都能看到这样的例子，一个人逞强、闹事、挑衅，结果反倒失败。如林冲到柴进的府里，碰到的那个教头，那个教头主动地向林冲挑衅，林冲多方退让，最后的结果只能是那个挑衅的教头失败。历史上这样的例子多得不得了，当然这些东西都不是绝对的，我们有些革命烈士、爱国义士恰恰是在落入敌手以后显出了最坚强的那一面，那也一定是被人们尊敬、树为榜样的。

无死地不找死

出生入死。生之徒，十有三；死之徒，十有三；人之生，动之于死地，亦十有三。夫何故？以其生生之厚。

盖闻善摄生者，陆行不遇兕虎，入军不被甲兵；兕无所投其角，虎无所用其爪，兵无所容其刃。夫何故？以其无死地。

——《道德经·第五十章》

为学日益，为道日损。损之又损，以至于无为。

无为而无不为。取天下常以无事，及其有事，不足以取天下。

——《道德经·第四十八章》

老子讲摄生，摄生是老子那时候的说法，意思和养生差不多，就是要爱惜自己的生命，使自己能够长寿。但是摄生还多了一个意思，摄是摄取，把对生命有利的各种因素都吸收过来、集合起来，就像古人讲的狐狸精、蛇精在深山老林里每天练功，汲取日月之精华，把最美好的东西吸收到自己身上来，最后就变成人了。

老子怎么讲摄生？他说："出生入死。生之徒，十有三；死之徒，十有三。"简单一些，我们可以这么理解：人始出于世而生，最终入于地面而死。属于长寿的人有十分之三；属于短命而亡的人有十分之三。人一生下来就开始走向死亡。生命开始了，死亡也开始了，人一出生就进入到死的这个队伍里。而一个人在生活中碰到的有利于活的因素，有利于活得好的因素，占十分之三。推动一个人走向死亡、妨碍活的因素，也占十分之三。老子的估算实在是很深刻很有意思，虽然这个东西也没法搞成数据，用严格的数学方法来研究，但是大体上我觉得是有道理的。

有利的因素，比如有各种各样的东西可以当食物，各种各样的东西可以做衣服来保护身体。人生当中有各种事情，能吸引你的事情，能让你高兴的事情，十分之三，我认为这已经不少了，哪能天天高兴。按我们中国人的说法，不如意事常八九，百分之八九十都是不如意的事，但是不如意的事不见得是置人于死地的，所以老子说"死之徒，十有三"。

"人之生，动之于死地，亦十有三"，这句话可以有两种解释，一种是本来是为了活着而干的一些事，最后把人带到死的危险里面去了，这个有十分之三。还有一种解释就是这个生活的环境里，既有生的因素，又有死的因素，可生可死的因素，十有三。这两种解释都可以供我们参考。

"夫何故？以其生生之厚"，看了这句话以后，就觉得我的第一种解释更靠谱，为什么本来想活着，结果变成催着自己走向死地了呢？因为太厚待自己了，太娇惯自己了，太贪婪了，好上求好，永不罢休，欲望不断增长、不断膨胀，过度了。

"盖闻善摄生者"，"盖闻"，听说过，或者知道，"善摄生者"，善于养生、善于聚集有利于生的因素的。"陆行不遇兕虎"，兕是指犀牛，走在陆地上碰不到犀牛和老虎。老子大部分时间是在东周做图书馆馆长，东周都城在河南洛阳，当时的河南是亚热带气候，有很多犀牛。"入军不被甲兵"，到了战场上，不会碰到武器，不会被弓箭或者刀剑伤害。"兕无所投其角"，犀牛的犄角没地儿可撞。"虎无所用其爪"，老虎的爪子没地儿可扑。"兵无所容其刃"，士兵的兵刃没地方使。"夫何故？以其无死地"，为什么呢？因为你没进入死地，身上不具有死的因素。

这话听着很空，实际上讲得太深刻了，就是人的非正常死亡，是由于他进入了死地，或者具备了死地的结果。什么叫死地？就是不该去的地方，有高度风险的地方，或者是自己身上的弱点。很多武侠小说讲过，一个人最终练就金钟罩铁布衫，刀枪不入了，但是他身上总有那么一处（可能是在小肚子上，可能在头顶，也可能在其他的一个怪地方），会留下一个破绽，会留下一个薄弱点。

什么情况下，一个人的生命处于比较安全的状态呢？老子说，处于自己能够养护、能够善待自己的一种生命状态。这种状态就是不要去死地，不要违法乱纪，不要残害别人，不要吸毒贩毒，不要无法无天，不要杀人越货等，因为所有的这些都是死地，不进入死地，就能够很好地爱护自己的生命，善待自己的生命。

我一个八十多岁的人，这样的例子，看到过很多，有些人年轻的时候身体非常好，强壮得不得了，甚至到了二十多岁，从来没感冒过。有一个朋友就曾经问我，什么叫头疼？头怎么会疼？他从来没有头疼过。还有的人从来都不在乎熬夜，前一天不睡觉，第二天接着该干什么干什么，什么反应都没有。

这些身体特别强壮的人，往往就没有自我保护的意识，没有有些事不能做的意识，比如过度熬夜、过度劳累、过度吃喝，尤其是过度吸烟喝酒，所有的这些行为习惯都在直接或间接地把人引到死地去。

我喜欢说一句话，什么叫健康？健康就是向不健康说"不"，就是拒绝一切不健康的有害于身心的习惯和生活方式。老子说的人生当中的积极因素、消极因素、生的因素、死的因素、妨碍生的因素，或者追求生的快乐，结果变成催人早生病早亡的因素。我们要有所理解、有所估量、有所选择，这才是人的最好的摄生手段。

老子对做人的一些看法，和孔孟比较起来，好像不如他们那么积极，但是也有些是一致的。比如说他们都提倡谦虚、自然，提倡对人生的各种事情要有所选择，以及要做对人生最有利的事情。

老子更强调，不要做和你的人生追求、人生目的，和天道，和大道相反的事情。他在《道德经·第四十八章》中说"为道日损。损之又损，以至于无为"。意思是要想符合大道，要想体悟和活用大道的话，就要每天注意减少一点自己不应该做的事情，减少一点不应该说的话，以至于能够做到无为而治，达到无为而无不为这样一个境界。这个时候身体会越来越健康，精神能够保持常态，各个方面都会不争而胜、不言而行、无为而无不为。这是老子很高明的说法，和一般人的思路不完全一样。

四、老子的名言与"怪论"

老子影响深远的两句名言

治大国,若烹小鲜。

以道莅天下,其鬼不神。非其鬼不神,其神不伤人;非其神不伤人,圣人亦不伤人。夫两不相伤,故德交归焉。

——《道德经·第六十章》

其政闷闷,其民淳淳;其政察察,其民缺缺。

祸兮,福之所倚;福兮,祸之所伏。孰知其极?其无正也。正复为奇,善复为妖。人之迷,其日固久。

是以圣人方而不割,廉而不刿,直而不肆,光而不耀。

——《道德经·第五十八章》

老子这一生说了很多有哲理的话,这些话与众不同,独一无二,非常惊人,也非常给人以启发,让人觉得原来世界上还有这样的道理。

至今非常有名气的一句话叫作"治大国,若烹小鲜"。治理一个大国就好像是烹调小鱼,小鲜就是小鱼。这句话太厉害了,出其不意,非常美好。具体的解释有多种,比较普遍的解释是:治理大国少折腾,别自己弄出事。治理一个大国,像炖小鱼一样,第一,不用去鳞,鱼那么小,把鳞一刮,没了。第二,在炖小鱼的过程中，不要来回地翻面，否则它就烂成了一锅糨糊，就找不着鱼了。这是古人的解释，还可以加一点解释，就是炖小鱼得注意火候，如果火非常大，就会把鱼煮没了，或者把汤煮干了。总而言之，越是治理大国越不要折腾，不要没事找事，不要添麻烦，不要把这个鱼折腾得最后找不着了。

我个人觉得治大国若烹小鲜，不用这么一板一眼地去解释。它讲的是一种精神状态，举重若轻，治大若小。国家越大，越不能着急，也不要紧张，不要忽左忽右。

大和小之间既有相依性，又有共同性，做一件小事也得考虑到各个方面。比如说炖鱼得考虑鱼的保鲜程度、鱼的品种，需要加一些什么样的调料，怎么让人爱吃，怎么好消化，吃不完怎么样，还要考虑和其他菜怎么搭配，等等。就是做一顿便饭，炖一条小鱼，也要考虑到谁先谁后等许多方面。

治国也是一样，实施某个政策，调整某个政策，提倡干一件什么事，或者进行什么工程，都要思前想后，从各个方面寻找最佳的方案。既不能急躁，也不能懒惰；既不能冷淡，又不能狂热，这些和炖小鱼是一样的。有了治大国若烹小鲜这样一种状态，就是一个有把握的状态。这种状态做事就能够做好，所以治大国若烹小鲜，至今在中国乃至全世界仍然是有名的话。

美国前总统里根在他的就职演说中，就引用了老子"治大国，若烹小鲜"的话，中国也有一些领导人在自己的讲话中引用这句话，说明政策、策略的重要性，说明妥善掌握的重要性，说明有些事不能性急，有些事不能忽左忽右来回地变，等等，这些说法都非常重要。

老子还有一段话也非常有名，那就是"祸兮，福之所倚；福兮，祸之所伏"。灾祸、坏事情是好事情的一个兆头，从坏事情那儿引出来好事情，发展成好事情，是好事情的前奏，这是"祸兮，福之所倚"。遇到灾难了，遇到困难了，受到挫折了，不要伤心，不要灰心，不要恐惧，因为在困难的时候，隐藏着转机。

"福兮，祸之所伏"，一件大好事，一次胜利，一个好消息，里面可能埋藏着灾祸。这也很简单，一件好事使你得意扬扬，一件好事使你目空一切，一件好事使你听不见批评的声音，所以好事也能变成坏事，人生当中这样的故事太多了。大国有兴衰，个人有成败，好事会变成坏事，坏事会变成好事。

类似的，中国还有成语"塞翁失马，焉知非福"。世界上很多事的后果是没法预测出来的，很可能是走向了反面。人生就好比下棋，能看出十步，那就是了不起的棋手了。到了老子这里，也许还应该包括庄子，他们能看出二十步、三十步、五十步。看到好事时，遇到喜讯的时候，老子会警告大家，不要粗心大意，不要骄傲自满。他碰到坏事，碰到挫折，碰到困难的时候，老子会劝告大家不要灰心丧气，不要自怨自艾，更不要怨天尤人，而应该徐图恢复，从坏的事情里来找好的可能，找好的根源，这个就是一个真正的有为的人。

尤其是一个政治家、一个科学家，碰到这种情况在所难免。二十世纪五十年代，当苏联披露斯大林的某些错误的时候，毛主席就很喜欢引用老子这两句话，讲好事也可能变成坏事，坏事也可能变成好事。虽然斯大林的错误给大家带来了困惑，给国际共产主义运动带来了一些困扰、一些麻烦，但我们仍然应该从积极的方面看到我们吸取教训，把各方面的工作做得更好的可能，这个对人有很大的鼓舞作用。

其实在西方世界也有一些类似的话，比如说失败是成功之母，这也是非常辩证的、充满人生的沧桑和阅历的话。每个成功前面都有一连串的失败，一个科学原理的探寻，一个先进技术的发明，前面都有一系列的失败，最后才取得了成功。失败当中包含着进展，失败当中也有非常宝贵的经验，所以失败是成功之母。

失败是成功之母，就有点祸兮福所倚的意思。胜利依靠着失败，胜利从失败的经验总结当中成长起来、成功起来，使我们获得成果，即失败是成功之母。到了雪莱的诗里，就变成："冬天到了，春天还会远吗？"没有冬天，不经过冬天，哪来的春天呢？也是这样的含义。自古以来这种鼓励人们不怕困难，不怕挫折的美好的说法非常多。

老子的祸兮福所倚，福兮祸所伏，值得我们牢记，使我们能够多看出几步、几十步棋，高瞻远瞩，富有信心，能够使自己的人生终得胜利、终得成功。

怪论其实是高论

> 天下皆知美之为美，斯恶已；皆知善之为善，斯不善已。
>
> 有无相生，难易相成，长短相形，高下相倾，音声相和，前后相随，恒也。
>
> 是以圣人处无为之事，行不言之教；万物作而弗始，生而弗有，为而弗恃，功成而弗居。夫唯弗居，是以不去。
>
> ——《道德经·第二章》

现在讲老子一些独特的高论，也可以说是老子的怪论。别人一看会一惊，怎么有这种理论呢？但是仔细想一想，觉得很高级、很高明，别人看不到的东西，他说出来了。

老子说"天下皆知美之为美，斯恶已"，天下的人都知道什么叫美，这可就糟啦！"皆知善之为善，斯不善已"，大家都知道做了什么事是行了善，具有什么样的品德是善良的、是美好的，也就反倒不善了。这个话有点雷人了。但是仔细想一想，又觉得它有一部分道理，而且这部分道理也很重要。

第一，什么叫美？我们对美的看法是有区别的，在美的问题上会有各种糊涂的说法。譬如，在中国的封建社会，曾经以为女人的脚裹得越小越美，这种美实际上太恶劣了，它损害了妇女身心，是对妇女的摧残。西方世界虽然没有裹小脚，但是他们以穿高跟鞋为美，高跟鞋做到窄窄的一个尖的时候，会造成女人脚的骨头、腿的骨头畸形，也不见得是好。还有一些地区认为，鼻子上穿一个大环才是美。美本身会带来歧义，有可能事后人们觉得它不是美，而是不美，甚至于是伤害、是残害。

第二，有了美就会显出丑来，这样人们就会争这个美，美引起了竞争。老子的主要意思是美能显出丑来，他是从这个意义上来说的。但是自古以来有很多人不接受老子的这个说法，认为美就是美，丑就是丑。

比如说大家都知道西施是很美的，那么这样就给效颦的东施以一种心理上的打击，东施就会很不高兴了，你们都看着我丑。但是东施的丑并不是西施的美所造成的，西施的美，无法为东施的丑负责。人们喜爱西施的美并不是西施经营，或者是恶劣的意图在那儿起作用，只表现大家对美的喜爱。所以美的问题似乎不应该说知道美就不好，但是知道了美就会有争，这又确实是事实。

在二十世纪八十年代的时候有一篇小说，是一个姓徐的女孩子写的，叫《杨白的污染》。大意是：在一个名字叫杨白的地方，有这么一部分人，在政治运动中落了马，找了麻烦，出了事，在那个地方劳动，在劳动中改造自己的思想。本来这批人虽然有点倒霉，因为那个政治运动后来也被否定了，但是在当时一起劳动，互相结交一下，学习干点农活，而且能够在青山绿水、在田地里、在户外生活也过得不错。

可是后来有消息说，要在这部分人中找一些表现好的人，表现好的不必在这儿劳动了，可以回到城里去工作。这可坏了，人和人就互相挑上毛病了，因为都想回去。但回去的名额是有限的，比如说是10%，那么只有证明那90%都不如你的情况之下，才有可能捷足先登，结束这段在劳动中改造的生活，早点回城里，于是这儿一下子就变成精神污染了。你防备我、我防备你，你挑我的毛病、我挑你的毛病。

我们就觉得皆知美之为美，为了抢这个美，以至于出现了一些不好的情况，这也是可能的。比如说体育竞赛也是这样，发展人的体能，改善人的体质，增强人们之间的友谊，树立一种更加健康更加光明的生活方式，这是体育竞赛积极的方面。为了争夺第一名，为了得奖金，皆知奖金之美，出现了服用兴奋剂、成绩造假，甚至使用不道德的手段来损害其他的运动员，破坏最强劲的对手，这样的例子也有一些。为了争夺一个美好的东西，有时会出现不美好的事，如相互之间的算计，弄虚作假，乃至于违规违纪，那么皆知美之为美反倒不好了。

还有其他的情况，如出现虚假的美，这几年整容成风，因手术失败，最后变成毁容，这样的故事我们常常会在网络上、报纸上看到。所以这也是一个麻烦，皆知美之为美，最后为了美，不惜采取假的做法。

我记得在清朝的小说《官场现形记》里面，有一个比较大的官到各地去视察，这个大官特别痛恨人奢华，喜欢看官员穿着带补丁的衣服，他认为这样的官员才是廉洁的、朴素的官员。于是这个大官快要到某地的时候，当地就产生一个怪现象。什么现象呢？旧官服、破官服价格高于新官服、好官服。

这些都告诉我们，就是知道了一件好事，也还要小心，这件好事说不定会往斜了发展，说不定会往坏了发展。

"天下皆知美之为美，斯恶已；皆知善之为善，斯不善已"，这话说得非常怪，很多大学问家、大学者都认为老子说得太矫情了。美就是美，丑就是丑，怎么会反过来是说坏呢？有一次我和一些金融家一块儿聊起这件事，他们说不用我讲，他们最明白什么叫皆知美之为美，斯恶已。就是他们都认为某一种股票是优选股，是最有前途的股，大家就把所有的资金都投到这只股票上来，一下子大量资金奔着这只股票来，就产生了大量的泡沫，这只股票多天连续涨停。买这股票的人都发了大财，大家都疯了，有的卖了房子来买这只股，有的是借了钱来买这只股，最后到什么时候为止？就是这些泡沫全部破裂，这只股变成垃圾、彻底完蛋为止。

皆知美之为美，它包含过度的集中，缺少多样选择的状况，所以皆知美之为美，斯恶已。老子当年提出来的这样一种怪论，实际上是很有见地的。

老子的重磅炸弹

　　天地不仁，以万物为刍狗；圣人不仁，以百姓为刍狗。

　　　　　　　　　　　　　　　　——《道德经·第五章》

　　故失道而后德，失德而后仁，失仁而后义，失义而后礼。夫礼者，忠信之薄，而乱之首。

　　　　　　　　　　　　　　　　——《道德经·第三十八章》

老子有一句名言："天地不仁，以万物为刍狗；圣人不仁，以百姓为刍狗。"刍狗是什么意思？是用草扎的狗，在祭祀的时候用。现在有的地方，也有扎纸人、纸马等来办丧事，最后烧掉，算是为死者送行了。

老子说"天地不仁，以万物为刍狗"，就是人最后都会死亡。那么"圣人不仁，以百姓为刍狗"，这话和他说过的"圣人常无心，以百姓心为心"，看似有点自相矛盾。

老子所谈的圣人并不婆婆妈妈，也不是一个感性的人，圣人是一个和天道结合起来的人，天道万物尊重的是自然，是自然的规律，是自然的法则。就是说一切的一切有自己的产生及死亡，有自己的存在及毁灭，这句话真是个重磅炸弹。因为除了老子，别人还没有这样说过。

庄子是和老子齐名的道学始祖之一。但是庄子说的是，"天地有大美而不言"，从感情上对天地还是有一种爱恋、崇拜、亲近，所以说"有大美而不言"。孔子则强调要知天命，说过"天何言哉？四时行焉，百物生焉"（天何曾说什么了？但四季能循序运行，万物能生长不息），孔子也是肯定天地的。

老子没有否定天地，但也没有肯定天地。他说天地不仁，天地不是一个有道德感情的人格化的存在，而是一个自然的存在，本身包含了让人高兴让人满意的事情，也包含了让人痛苦、让人哭泣、让人失望的事情。尤其是存在，它还包含着另一面，就是毁灭。

印度教就很强调毁灭，印度教有三大神，其中一个最伟大的神——湿婆，是主管毁灭的。由此看出，毁灭在人生当中，在世界当中，在宇宙当中，也是永远存在着的现象。毁灭也是大道，一曰大，二曰逝，这个逝既是流过去了，在某种意义上也是毁灭了，所以人死了叫逝世。

老子为什么要这样说话呢？他是什么意思？是要让你失望，让你感到痛苦？不是。恰恰相反，我们应该看到天地的这一面，我们应该看到死亡、灭亡对于各种的事物来说都是会有的。问题不在于它最终会灭亡，问题在于它存在的期间，它有它的合理性，有它的美好，有令人十分珍惜和认真对待的一面。

还有就是佛家，讲一个道理叫"爱欲生嗔怨"。人活在世界上有很多的爱，对恋人的爱，对家人的爱，对生命的爱，这些爱都是很感人很美好的。但是佛家又看到另一面，因为有了爱欲，所以会有嗔怨。很简单，爱了得不到回报，或者自以为得不到回报，认为自己对别人爱得深，可是别人却很冷酷，这不就成嗔怨了吗？

看看《红楼梦》，为什么林黛玉对贾宝玉有那么多不满，经常把贾宝玉说得又急又没辙，又哭又无奈？因为林黛玉太喜欢贾宝玉了，对贾宝玉的一点一滴、一举一动都盯着，特别敏感，这样很容易变成负面的感情。

佛教认为各种感情是相通的，美好的感情也会通向消极、负面的感情，从而构成人的烦恼，甚至会成为人身上的枷锁，使人永远得不到解脱，永远得不到自由。佛家的正规说法是，人有七情，即"喜怒哀惧爱恶欲"，必须把七情六欲都看穿，才能够解脱，获得精神的自由。

天地不仁，遇到不顺利的事情，不必呼天抢地、怨天恨地、咒天骂地。本来天地就不是一个脉脉含情的女性，世界上的事情，该怎么发展就怎么发展，该怎么变化就怎么变化，该生就生，该死就死，该顺利就顺利，该挫折就挫折。这个说法在某种意义上使人清醒，使人不要老是自作多情、怨天尤人，它有正面、积极的意义。

圣人以百姓为刍狗，这话在今天看来非常遗憾。因为我们的一个基本的思路、基本的思想是爱民亲民，与民同乐，人民才是创造历史的动力，我们要爱人民。老子这个地方说到的具体的意义，也包含着一种圣人不是小资，圣人不是多情的风流少年，圣人不是婆婆妈妈的所谓妇人之仁，圣人会考虑到这个世界的变化有各种各样的可能性。

简单地说，所谓"圣人不仁，以百姓为刍狗"，一个出发点就是说哲学高于文学，哲学高于道德，哲学高于一切，老子的道德观念是一个哲学的观念，并不感性，不把它美德化，也不把它文学化，说让人看了、知道了以后，怎么感动，怎么热泪盈眶。它不是这样的一种东西，而是让人变得很豁达、很冷静，敢于正视这个世界的一切的完美与不完美、好与不好、道德与不道德的一面。所以老子的这个说法与众不同，给人很大的启发，而且使人变得更坚强。

老子是不提倡坚强的，老子的说法看多了以后，感觉会使人变得很阴柔，什么事都想到先退一退，什么事都想到要谦虚、要空虚、要静止下来、要无为，不要张罗那么多的事，好像是让人变得比较软弱、比较退缩，甚至于变得比较消极。但是这个重磅炸弹——老子说天地不仁、圣人不仁，让人一下子打了个激灵，一下子不那么脉脉含情了，也不那么多愁善感了，让人正视世界上应该正视的一切。

老子还有更独特的说法，"失道而后德"，体会不了道，就只好向德行、向功能来求助、招手、祈求。"失德而后仁"，德没有了，自然而然的那种功能、那种心理也不够了，这时候就得讲仁爱。"失仁而后义"，失去仁爱，只好讲正义讲原则。"失义而后礼"，连义也没有，那就只能讲文明讲礼貌，讲表面的这一套。所以我说老子的"天地不仁"和"圣人不仁"是一个重磅炸弹，它对于那些软弱的人、那些含情脉脉的人、那些小资化的人来说是一个很好的提醒，是给人脸上、脑袋上先泼上一桶凉水，这样就会增加对人情冷暖、世态炎凉的适应力与抵抗力了。

老子喜欢做非常抽象的推断，比如他就认为在伏羲氏、神农氏那个时期，人们过着最幸福的生活，那时候也没讲这么多的仁义道德，大家自自然然地该怎么活就怎么活，饿了就吃饭，冷了就穿衣服，人少了就互相照顾，人多了也注意谁也别挤着谁，他认为这个就是道。

其实这些说法也都是老子的片面之谈，他是有意识地和儒家的那些主张保持距离。

天真还是反智

小国寡民。使有什伯之器而不用，使民重死而不远徙。虽有舟舆，无所乘之；虽有甲兵，无所陈之。使民复结绳而用之。

甘其食，美其服，安其居，乐其俗。邻国相望，鸡犬之声相闻，民至老死，不相往来。

——《道德经·第八十章》

古之善为道者，非以明民，将以愚之。

民之难治，以其智多。故以智治国，国之贼；不以智治国，国之福。

知此两者，亦稽式。常知稽式，是谓"玄德"。"玄德"深矣，远矣，与物反矣，然后乃至大顺。

——《道德经·第六十五章》

《道德经》里有一些话，今天的人很难理解，或者让人非常反感。比如老子说他理想的社会是"小国寡民"，意思是国家的规模不大，人也不多，当然那时候说的是诸侯国家了。"使有什伯之器而不用"，虽然有十倍百倍的各种各样的器具、设备，但是没有什么人去使用。"使民重死而不远徙"，老百姓怕有危险，乃至于会送命，所以远处绝对不去，就在家乡附近生活就行了。"虽有舟舆，无所乘之"，虽然有船有车，但是没有人乘坐出行。"虽有甲兵，无所陈之"，虽然有各种各样的武器，各种各样的打仗用的东西，但是用不着把它摆出来，也用不着列阵。"使民复结绳而用之"，虽然大家认字，但是没有复杂的事，让大家回到结绳记事的时代，即系一个绳结，说明大概的意思就完了。

这样的话，对自己吃的东西，觉得倍儿香；对自己穿的衣服，觉得特别漂亮；对自己住的地方，觉得特别踏实；对于自己的习俗，觉得很舒服。"邻国相望"，其他的诸侯国家甚至都能互相看得见。"鸡犬之声相闻"，对方邦国鸡打鸣狗汪汪的叫声，也能"听得见"。但是"民至老死，不相往来"，即使这样，直到老死，相互都不往来，踏踏实实地过自己的日子。小国寡民，就这么过着最简单的生活，这才是最幸福的生活。

老子琢磨的这些东西让我们听了吓一跳，我们国家，从落后被欺负被侵略，到革命、改革的成功，在发展中不断摸索，吸取经验教训，才有了这么大的发展。所以对我们这一代的人，甚至上一代的人和下一代的人来说，发展是硬道理，我们整天想着的就是发展。可听老子一分析，我们难免透心凉，敢情他希望的是这样的社会，这不是太反动了吗？

老子另一个说法让人更没法理解，"古之善为道者，非以明民，将以愚之"，说古时候善于运用道来治国、来解决难题的人，并不是想用道来让老百姓变聪明。恰恰相反，是想用道让老百姓变得傻一点，这样的话老百姓就好治理了。

"民之难治，以其智多"，整个国家的老百姓之所以越来越难治了，是因为老百姓太聪明了，知道的事情太多了。知道的事越多，意见越多，出的事、惹的麻烦也越多。"故以智治国，国之贼"，所以哪位要是想着用发展智力这种方法来治国，就是害这个国家，就像是这个国家的盗贼，就像是这个社会的敌人。"不以智治国，国之福"，反过来以愚治国，提倡愚笨，百姓都傻乎乎的，这才是国家的福气。这话读得我都有点瘆得慌，因为除了《道德经》，我还从来没见过类似的说法。从古至今，包括国外，很少有提倡大家都要傻一点的说法，尤其是提出治理国家的人要用愚笨来治理百姓，来推行自己的道。

后来的人解释这个话题，都尽量用别的词来代替，比如说愚，不敢解释为愚笨。那怎么解释？有人说对应为质朴、朴素，把愚解释成质朴、朴素，把智解释成谋略、智谋，智谋就是出主意。

但是请注意，老子懂什么叫朴、什么叫智，那个时代已经有这些词了。老子也懂什么叫谋，甚至于机会主义，用现在的话说就是机会主义之心，但是他没有用那些词，他用的是智。他就是反对智，他就是提倡愚，这里我们应该看到，老子处的那个时代，人们怀念远古时期，就像有一些人在长大了以后，会特别怀念自己的童年时代一样。童年时代很多事都不知道，家里有困难，只要是三顿饭能凑合过去，我们照样玩得很快乐，跟朋友之间也用不着想那么多复杂的问题。

在某种意义上，老子是在那个混乱的年代回忆起中原文化的童年时代，觉得那个时候那种生活非常可爱，那个时候没有这种发展的观念，或者很少有发展的观念。就是其他的跟道家不一样的圣人，如孟子，他说不违农时能够解决温饱，五十岁以上老人能穿绸子，七十岁以上老人能吃上几片肉，这就行了，还想什么别的？

所以老子这个话题里的愚和智，是一种对童年时代的怀恋，也包含了一种对当时那样战乱混乱、阴谋诡计、争权夺利的春秋时代的批判控诉。还有就是由于老子对发展认识不足，在那个时代确实没有，他也不可能有什么正面的理解，他提出了用愚来反智这样一个主张，这个主张说老实话，我们是不可以苟同的。

我们在敬佩老子的许多思维能力、思辨能力、概括能力、哲学能力的同时，可以很明确地说，老子的这个说法不对。但完全是胡说八道吗？请注意，也不是。

今天，西方的左翼人士当中，也洋溢着一种思潮，就是对现代性的批判，认为现代拼命地发展科学技术，拼命地满足人类的某些贪婪的需要，甚至是不合理的需要，正在造成人类的某些危机。比如说克隆技术会带来危机，人工智能会带来危机，过度的消费会带来危机。社会财富越积累，这个盘子越大，但是分配越来越不公平，社会矛盾越来越大，各种危险也越来越多，这个也引起批评。

还有一种对文化本身的质疑，说人类在发展文化的时候付出了很大的代价，很多原来美好的东西都取消了，比如说科学技术的发达，使人用不着走那么多的路了，人走路的能力已经下降了；空调技术的发达，使人用身体来调节、来抵抗温度变化的能力在减弱；人工智能技术的发达，使人的记忆、知识、博闻强记的能力也在减弱，以至于大家都在讨论这种传播技术的发展，使一部分人变得越来越愚笨了。

所以对文化的某种质疑，早在老子那个年代就已经产生了，老子的总的反智主义，我们完全不能够接受，但是老子对文化的质疑、对现代性的质疑、对发展的质疑，这倒是值得我们深思的。

微妙玄通，深不可识

> 古之善为道者，微妙玄通，深不可识。夫唯不可识，故强为之容：
>
> 豫兮，若冬涉川；犹兮，若畏四邻；俨兮，其若客；
>
> 涣兮，其若凌释；敦兮，其若朴；旷兮，其若谷；
>
> 混兮，其若浊；澹兮，其若海；飂兮，若无止。
>
> 孰能浊以静之徐清？孰能安以动之徐生？
>
> 保此道者，不欲盈。夫唯不盈，故能蔽而新成。
>
> ——《道德经·第十五章》

老子有一段话讲，一个人如果能够很好地追求大道，善于当真正的好的士人、读书人、候补官员，那么他会出现一种什么样的风度？什么样的举止？什么样的风格？"善为道者，微妙玄通，深不可识"，就是你真正做好了，真正成为在求道、学道、用道各个方面取得突出成绩的这样一个人的话，要做到微妙玄通，深不可识。这段说法和其他几处略有不同。因为老子不像孔子，他并不是那么注重人的外在的表现，不是那么注重人的举止行为、礼貌、文明。

"微"是精微，别人看不到的东西你能看到。"妙"是深刻，是有魅力。你为什么会感觉到这个世界的妙呢？因为你看得比别人深，看得比别人有趣，你不但能够发现这个世界所包含的种种伟大的东西，发现它令人叹服叫绝的巧妙，不但有学习把握的能力，而且还有审美、欣赏、感动的情商和能力。

"玄"是深刻，同时也是概括，老子善于概括，而且善于概括别人所没看到的东西。有人概括分析说"玄"字在古代是和水旋转的一种波形有关，所以"玄"也可以理解成是一种螺旋形的提高、螺旋形的深入。

"通"，是透彻通透，明白事理。微妙玄通的人深不可识，凡人没法了解，因为他知道的东西和凡人差了好几个量级。"故强为之容"，勉强地形容一下，有点拿捏不准。

"豫兮，若冬涉川"，小心翼翼的样子，有种冬天过河的谨慎小心的感觉。"犹兮，若畏四邻"，我们现在讲犹豫，它这里说先豫，然后再犹。"犹兮，若畏四邻"，就像说什么话、做什么事，不希望打搅到邻居，或者说不希望自己说的话、做的事情让邻居完全知道，完全了解。"四邻"也可以做环境解释，春秋时代复杂得很，要考虑到环境对自己的要求，对自己的压力，哪些地方方便，哪些地方不方便，也要考虑仔细。

"俨兮，其若客"，要很郑重，要控制得住自己，就像去做客一样。当然了，做客的时候，到别人家，一举一动、一颦一笑，各个方面都要注意自己的礼貌、文明，不要有什么不得体的、不适宜的事情发生。可是说完这些以后，发生了一点变化，而且让人一下子不太容易理解清楚。"涣兮，其若凌释"，慢慢地就放松了，慢慢地就散开了、化开了，就好像是冰块慢慢地解冻了。前面说的小心翼翼、谨小慎微，非常像儒家说的，不像老子说的，到了这儿它又转化了。因为老是挺拘谨，挺紧张，自我控制，不苟言笑，这也不行，事物慢慢地会变化，开始不那么紧绷着了，就像把一大块冰放在常温里，或者放到水里，慢慢地把它化开了。

"敦兮，其若朴"，这人挺敦厚实在的，就像没有加工过的木头一样，"朴"本义是指没有加工过的木头。用现在的话就是保持原生态，回到原生态了，回到本色了，用不着装模作样了，也用不着老在那儿修饰打扮自己。是什么样就什么样，想哭就哭、想笑就笑、想说就说、想打盹就打盹，呈现出了未曾加工的原生态。

"混兮，其若浊"，头脑也活跃起来了，耳朵也听到了各种各样的事情，好像并不那么纯净了。虽然朴素，但是并不纯净，是浑然的一体，多种因素、繁杂的东西都在身上有体现，所以是"混兮"。就像浊水一样，里头还有各种的东西，也许有小鱼小虾，也许有水草，也许有土，也许有沙粒。

这一段话到底是什么意思？老子讲的是人生，而且讲得非常美好、非常可爱。这一段话的魅力，既是内容的魅力，也是修辞的魅力。因为这里面有很多的若式比喻，讲述了大自然和人生的某些现象，比如让人想到冬天的河流，想到在冬天的河流上渡河的劳苦人民；让人想到和邻居的共同生活，不但有自己，而且有各种各样的邻居。让人想到做客时，互相很注意礼貌，满脸笑容，态度、举止温柔敦厚，温良恭俭让；还让人想到了春天坚硬的冰块，慢慢地就化了；让人想到还没有加工的木头，原木是多么可爱，还有一股芳香；让人想到胸怀空旷得就像山谷一样，宰相肚里撑大船，很包容，也很善于倾听，又有点混杂，好像是不避污浊。

按现在的习惯，最后一句话似乎有点难听，估计当时老子说这话也不是当坏话说的，他的意思就是用不着为了纯洁而拒绝多样，拒绝繁杂。"混兮，其若浊"，也是很可爱的。从人的生活、人的营养学上来说，混比纯好，营养学告诉我们越杂食越好。中餐特点之一，就是吃的东西很杂。

老子可以接受人各方面的特质，他的考虑是多么美好。现在我们自问一下，我们自己的举止是什么样的呢？是不是这几方面都照顾到了呢？是不是该小心的时候也足够小心，该放松的时候也能足够放松？我们是不是也能够忍受、能够包容、能够吸收复杂多样的信息，又能加以消化？我们是不是能够足够地尊重环境、尊重别人，使自己的举止各个方面做得更合适、更得体？

替天行道

> 天之道，其犹张弓与？高者抑之，下者举之；有余者损之，不足者补之。
> 天之道，损有余而补不足。人之道，则不然，损不足以奉有余。
> 孰能有余以奉天下，唯有道者。
> 是以圣人为而不恃，功成而不处，其不欲见贤。
> ——《道德经·第七十七章》

> 反者，道之动；弱者，道之用。

天下万物生于"有","有"生于"无"。

——《道德经·第四十章》

在前面讲《道德经》的时候，我们讲到了无为，讲到有之以为利、无之以为用，讲到虚和静，讲到不敢为天下先，等等，似乎都是比较收缩，比较低调，比较深沉的心态。

《道德经》里面也有挑战性和批判性，我们绝对不能忽视的是它对于天道和人道的理解，而且话说得尖锐，批判性完全出乎人们的预料。如"天之道，其犹张弓与"？天道不就像拉弓射箭一样吗？

"高者抑之，下者举之"，这个弓拉得过高了，就往下压一压；哪个地方低了，就往上举一举。起码两只手的关系是这样的：前手抬高了，就往下压一压；后手拉低了，就往上举一举。"有余者损之"，哪个地方用劲用过了，两只手不平衡了；或者几个手指头不平衡了；或者弓箭变形了，这种情况下，就降低一下，让那个地方的劲儿小点。"不足者补之"，哪个地方劲儿没使上，手指头也好，手背也好，腰也好，腿也好，因为拉弓射箭，看的是两只手，用的是全身的力气，哪里用劲用少了，就要增加，用劲多的地方就要减少。

"天之道，损有余而补不足"，天之道是什么？是让有余的、过多的，太强势的那部分人往下压一压，减少一点来补不足，来帮助那些弱势群体。简单地说，天之道是要适当地压一压有余的、过多的、过富的、过高的这部分力量，适当收缩一下，适当控制一下，多少让他们拿出点有余的资源来帮助穷困的、孱弱的、解决不了温饱的人，就是说要"抑强扶弱"，就是强要扶弱，而不能恃强凌弱，不能够仗着强势去欺负、剥削、压迫弱者。

老子后面来了一句，这句话可是要命。说"人之道，则不然，损不足以奉有余"，目前人间的法则是什么？是丛林法则，老子那时候当然没有"丛林法则"这个词。人之道是反过来的，是"损不足以奉有余"，是压迫弱者，剥削弱者，把弱者的资源奉献给强者。本来他的粮食吃十年都吃不完了，但是不行，还得给他交粮食；他吃肉吃得已经肥得不成样子了，但是不行，有肉还得先给他吃，老子说这就是"人之道"。

这话说得可是太厉害了，老子这几句话简直像十九世纪、二十世纪的社会革命党、共产党的语言，就是我们要反剥削反压迫。他要往这个方向走，所以不能够按人之道，按剥削压迫弱者、被剥削者的这条路走。这就是中国历次农民起义的口号。这个口号叫什么？最厉害的就叫替天行道。

替天行道是干什么？就是要劫富济贫，就是要开仓放粮，就是要打击那些为富不仁的寄生虫，等等。这些话都非常符合二十世纪中国革命者的心愿，所以千万别认为学了老子以后，这人就踏踏实实地只剩在一边练气功了，就是睁着眼也不看，长着耳朵也不听，对什么事也不评论，一切听其自然。

《道德经》里有揭示社会不平等、不公平的现象，特别是对恃强凌弱、恃富凌贫这样的现象，给予了强烈的批评。老子在其他地方也还有类似的观点，他说，为什么人民吃不饱？因为上边的人吃得太多了，这话也很厉害，带有非常明显的挑战性。为什么人民穿不暖？我们按这个逻辑分析一下，因为上边的人储备的衣服太多了。

老子的这些话都带有挑战性和批判性，但是《道德经》本身毕竟不是一部提倡阶级斗争、提倡造反、提倡农民起义、提倡武装斗争的作品。老子主要是从哲学上来考虑的，老子能够产生这样的观念，是顺着他自己的大道之路、哲学之路、天道之路来得出结论。

在《道德经》里，老子分析道的特色是"反者，道之动"，就是这个道的运动，首先是一个否定，是对已有的秩序、认知、格局的某种否定。所以前面说的天道是帮助弱者的，而人道是欺负弱者的，这一个说法就是要把它反过来，即我们要批评那些强者，让他们为弱者多做贡献，这就是"反者，道之动"。

老子是用一种历史辩证法来看待社会上的很多问题。我们学习马克思主义，讲历史唯物主义，而老子这个地方唯物主义讲得很有限，他也没有讲生产力和生产关系，没有讲经济基础和上层建筑，但这的确是一种历史的辩证法。

老子知道什么事情都是物极必反，他知道人太强势、太过了，容易崩坏，容易变老、变弱。他知道一个弱者走投无路的时候，也许会爆发出一种特殊的力量，所谓置之死地而后生。他看到了世界上的这种辩证的变化，每一种事物、每一种局面往往都会向相反的方面变化的道理。

　　中国有封建的帝王，有对人民剥削的各种君王，但是中国文化里从来也没有中断过对帝王权力的挑战，有"反者，道之动；弱者，道之用"的分析和努力。中国的文化不仅有君君臣臣、父父子子、虚静无为的一面，也有"王侯将相宁有种乎"的言论，更有"水可载舟，亦可覆舟"这样的警告。在这部讲哲学讲得很玄妙的《道德经》里，也有这样的名言和启发。

大哉，老子

> 信言不美，美言不信。
> 善者不辩，辩者不善。
> 知者不博，博者不知。
> 圣人不积，既以为人，己愈有；既以与人，己愈多。
> 天之道，利而不害；圣人之道，为而不争。
>
> ——《道德经·第八十一章》
>
> 道可道，非常道；名可名，非常名。
> 无，名天地之始；有，名万物之母。
> 故常无，欲以观其妙；常有，欲以观其徼。
> 此两者，同出而异名，同谓之玄。玄之又玄，众妙之门。
>
> ——《道德经·第一章》

　　我们看《道德经》的时候，还会注意它的第一章和最后的第八十一章，当然我们现在不能够肯定这样一个章节顺序是老子自己排定的，还是有后人在里面起作用。但是没有关系，这样一个大致的顺序，已经流行了几千年，已经是一个事实，已经是一个存在，它形成了自己的逻辑、自己的结构，所以我们不妨这样谈。

很多名言恰恰在第一章和第八十一章里，让我们逆向而行，先讲第八十一章是怎么结束的。老子说"信言不美，美言不信"，真实可信的话，不一定非常美好，不一定顺耳，不一定听着舒服；而又美好，又顺耳，又舒服的那些话不见得靠得住。这句话就有了深度，信言不美，美言不信，世界上的事情不见得都符合我们的愿望。

而且，我觉得老子这句话还有个意思，就是说整部《道德经》五千多字，告诉人们的都是最真实的哲理，并不是投人们所好而编出来哄人们的话。所以不能完全按美好、顺耳、舒适来要求《道德经》。

"善者不辩，辩者不善"，这个"善"，可以当良善、良好、美好来讲，在中国古文里也常常当精通、通透来讲，比如说善竞走、善乒乓球，都是精通的意思。一个真正的好人，或者是一个真正精湛的论述，都不一定是滔滔雄辩的，不一定能说得多么漂亮，多么富有说服力。相反的，"辩者不善"，滔滔不绝发表高论的人，有时候他并不精通，并不内行，所说的并不精彩。

"知者不博，博者不知"，真正有智慧的人，他知道的事情有限，他能谈的事情有限，有很多东西他并不知道。相反的，那种万事通、万能膏药、通用马达似的人，往往并不是真正的智慧，而是一种忽悠、一种显摆、一种不懂装懂。这话也有它的深刻性。

"圣人不积"，圣人不是为自己积攒，既不需要积攒财富，不需要积攒智慧，也不需要积攒名气。"既以为人，己愈有"，越是为他人着想，越是能够为他人服务，越是从他人的利害出发，自己的学问会越来越大，各方面的资源越积累越丰富。

"既以与人，己愈多"，越舍得给别人、帮助别人、资助别人、援助别人、支持别人，自己的东西越多。老子看透了小鼻子小眼，争个不休的那种不聪明的状态，甚至于说是丑态，我们的生活中也有很多这样的人，什么都争，又实在没有什么真的本事，最后弄得大家都瞧不起他。相反，一个人又有真的本领，又有真的业绩，对很多事不争，愿意多去帮助别人、支持别人，也许他不是世界上最富有的人，但是随时愿意用自己的财产去资助比他更困难的人。这样的人，他的人气、他的资历和声望、他的影响，不知道比那种抠门，专和别人争夺的人要好多少。一个人在社会上，在一定的环境里，能够受到旁人的拥护和爱戴，所得到的正面的效果，是大家都羡慕的。

"天之道，利而不害；圣人之道，为而不争"，天的道就是那个大道，有利于各种事物的正常发展、自然发展，不是去妨碍各种事物的自然发展。"圣人之道，为而不争"，圣人之道，该说的也说了，该做的也做了，为而不争。

无为的另一面是有为，自然而然的为已经为了，用不着争自己的地位，也用不着天天做证明，证明自己最正确。天天一张口就是自己是最正确的人，说明是没有信心的。以这样的话结束，让人觉得戛然而止，觉得老子说得很有分寸、很诚实，说得很可信。

回过头来，我们看看第一章，第一章更有名。老子说"道可道，非常道"，能够说的那个道，要讲的那个道，并不是平常说的那个道，能说出来的道，不是那个恒久之道。据说，本来是"非恒道"，后来因为避讳，不用"恒"字，才说成的"常"。

"名可名，非常名"，那种可以命名的名词，尤其是概念、哲学概念，并不是最恒久最根本的概念。往往是一时的，甚至于是滥用的、寿命短促的一些概念。

"无，名天地之始；有，名万物之母"，有人解释说，无，就是天地之始的名字。也有人解释说，无，就是在天地开始的时候，什么东西都没有命名，人类还没有命名的能力、命名的知识。"有，名万物之母"，命了名，对万物的认识也就开始了，万物也就有了自己的活动的空间了。

"故常无，欲以观其妙；常有，欲以观其徼"，所以我们从无的观点，从它原先并没有存在这样一个设计、寓意上来观察，了解它绝妙的道理。我们要从它终于有了，在无以后会有，有了以后来观察它的关节、它的窍门、它的道理。"同谓之玄"，这都称作玄、称作抽象、称作深刻、称作一个无所不包的大道理。

"此两者，同出而异名，同谓之玄。玄之又玄，众妙之门"，两者一个无，一个有，同出而异名，都是大道里的表现，大道既表现为无，也表现为有。把表面上看很玄虚、空洞，有点够不着、看不见的一些大道慢慢地体悟到了，感觉到了，似乎有所理解了，这样的话也就进入了众妙之门。就是进入了拥有各种深刻的、有魅力的、有说服力的道理的大门。

一个人的一生会碰到许多愉快的和不愉快的事情，特别是碰到了不愉快的事情，如自己预先没有料想到的挫折、误解、攻击，或者是失败的时候，如果有一点儿对于天道的理解，有一点儿知道万物的无中生有、有生于无，或者是万物的盛衰成败互相转化的道理，心情就完全不一样了，胸怀就更加宽阔了，眼光也就更加远大了。

第一章真是太厉害了，非常大气，不是考虑具体的修身齐家治国平天下，也不是说这套道理能够帮助哪个诸侯战胜敌人统一天下，不是从实用的角度，而是从终极的角度，从根本的角度，就是要为天下的各种事物、大千世界，找出根本、找出道理、找出大道、找出依据来。

派头很大，目标很大，这种道理带有一种概括性、终极性，甚至可以说带有一点神性。因为第一章讲的这些东西，不是具体的实际的存在，而是人类用自己的智慧，加以总结加以分析的根本。这个根本是经验所达不到的，然而智慧能够达到；是行为所达不到的，然而语言可以达到。这个语言也特别妙，想想"道可道，非常道；名可名，非常名"，既互相对仗、对偶，又有自己的一个节奏、一个旋律。

"无，名天地之始；有，名万物之母"，光说道不容易听明白，那怎么办？讲讲道里面最重要的两个现象，一个叫无，一个叫有，无会变成有，有会变成无。就是后面老子说的，"有无相生"。这概括性也太强了。前面讲的道和名，你可能觉得玄虚，有和无很实在，什么事都有，有和无，都有存在，也都有灭亡；都有出生，也都有成长。所以，转到无和有上来。

然后说"同出而异名"，这些都是大道的表现，既是有，又是无，无可以变有，有可以变无。就在这来回的变化之中"玄之又玄，众妙之门"，甚至于给我们一种感觉，就是老子说的话已经包含了天地，包含了有无，包含了道和名，包含了玄和妙，太伟大了。让我们通过学习、阅读《道德经》，提高我们的智慧、我们的心胸、我们的格局。

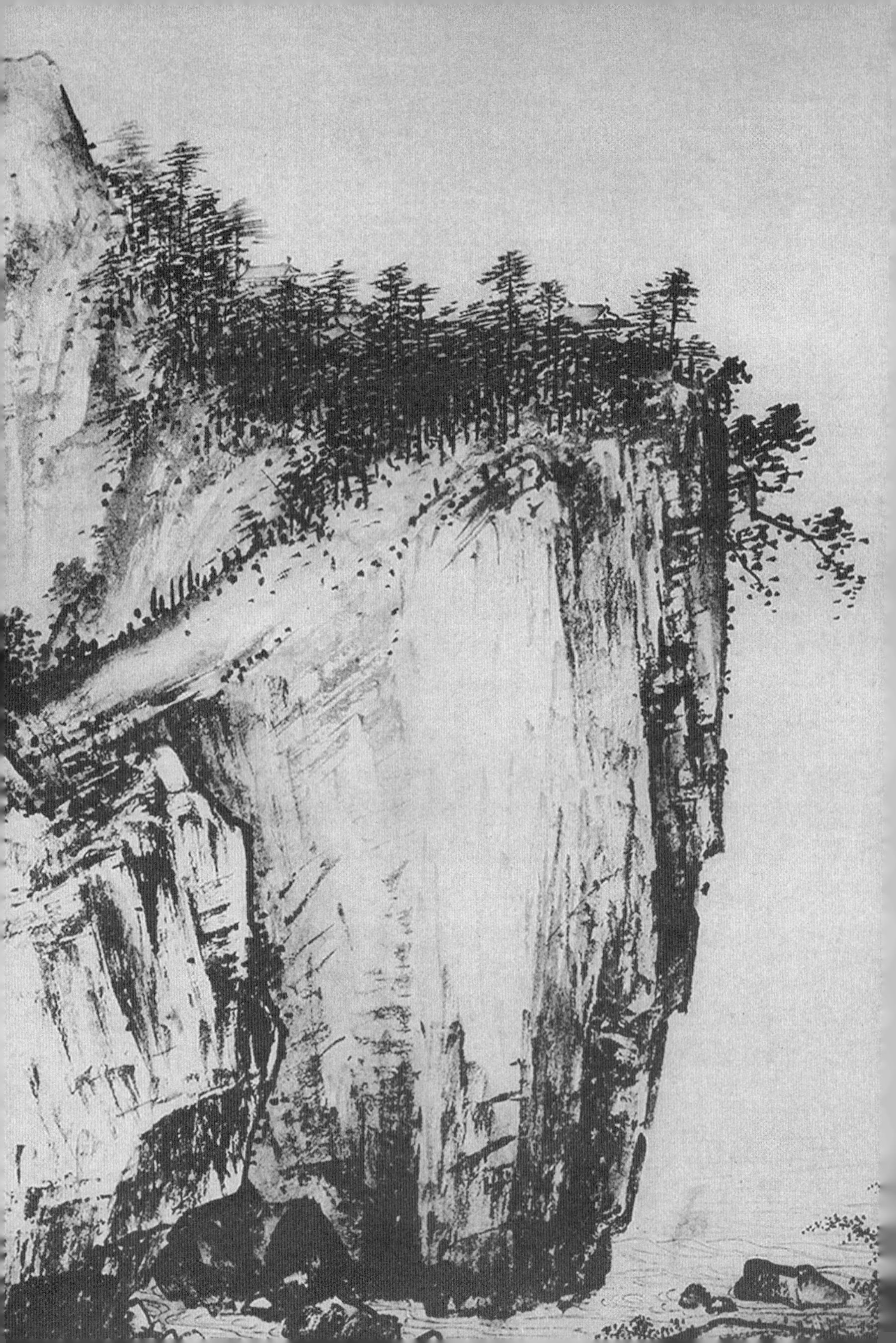

第四章

《庄子》——其乐无穷

一、"齐物"与"思辨"

庄子的逍遥

> 北冥有鱼,其名为鲲。鲲之大,不知其几千里也。化而为鸟,其名为鹏。鹏之背,不知其几千里也。怒而飞,其翼若垂天之云。是鸟也,海运则将徙于南冥。南冥者,天池也。
>
> ——《庄子·内篇·逍遥游》
>
> 惠子谓庄子曰:"吾有大树,人谓之樗。其大本拥肿而不中绳墨,其小枝卷曲而不中规矩。立之涂,匠者不顾。今子之言,大而无用,众所同去也。"
>
> 庄子曰:"子独不见狸狌乎?卑身而伏,以候敖者;东西跳梁,不辟高下;中于机辟,死于罔罟。今夫斄牛,其大若垂天之云。此能为大矣,而不能执鼠。今子有大树,患其无用,何不树之于无何有之乡,广莫之野,彷徨乎无为其侧,逍遥乎寝卧其下?不夭斤斧,物无害者,无所可用,安所困苦哉!"
>
> ——《庄子·内篇·逍遥游》

庄子是公元前369年诞生的,是个非常独特的人,写的文章想象力丰富,人们都说它是汪洋恣肆,就像大水冲过来一样。我喜欢用庄子自己的两个词儿来形容——"心如涌泉,意如飘风",本来这话是形容一个强盗的,说强盗办起事来思维活跃得像喷泉一样，思想迅猛得像大风一样，刮来刮去，太独特了。

庄子开篇提出来的命题叫作"逍遥游"。把人生说成梦的是有的，把人生说成戏的也是有的。但是庄子希望的人生是什么？是逍遥之游。逍遥又是什么？中国古代似乎还没有自由这个观念，庄子给了我们一个逍遥的观念，逍遥就是中国古代的圣贤心目中的自由，不受外物的限制，不受束缚，自得其乐，想到哪儿做到哪儿，全凭自己的爱好，使自己愉快，使自己自由，使自己发展，使自己满足。

开篇就挺奇特的，庄子说在北冥，北方的一个大池子里，有一条大鱼，这条大鱼的身躯以千里来计算。这条大鱼变成鸟，叫作大鹏。这只大鹏的翅膀也有几千里。根据现代科学的理解测量，地球的直径也不过是一万多公里，这条大鱼、这只大鸟，了不得。

毛主席的词《念奴娇·鸟儿问答》就是从庄子的鲲鹏这个故事说起，"鲲鹏展翅"，鲲是鱼的名字，鹏是鸟的名字，变成鸟以后，翅膀一展，"九万里，翻动扶摇羊角"，扶摇是高天上的风，高天就是高空、太空，把整个太空都掀动了，羊角是指上空空气的流动。毛主席是把鲲鹏作为一个正面的形象，作为一个有志者的大的精神、大的气魄。

庄子讲完大鱼、大鸟以后，紧接着写斑鸠和蝉对大鱼、大鸟的讽刺与嘲笑。斑鸠和蝉觉得很奇怪，鱼和鸟长那么大干吗？飞那么高干吗？飞那么远干吗？像它们想上哪个树枝就上哪个树枝，如果飞不上去了，就在地上跳跳，蹦跶蹦跶也挺好。

庄子说到这里略微有点损，意思就是小鸟理解不了大鸟，蝉也理解不了大鱼，这叫小大之辩。小和大之间，心情不一样，看法不一样，要做到互相沟通、互相理解很困难。

《逍遥游》这一篇的最后，有点想不到，这个惠子老是充当庄子的对立面，喜欢跟庄子抬杠。他听了庄子这些伟大的、宏伟的、超乎正常人想象力的话以后，就跟庄子说，他见过一棵大树，大家都管这棵树叫樗，就是大臭椿，"其大本拥肿而不中绳墨"，那个树干，不中绳墨，就是没有办法用木匠工具量度，看不出这棵树能有什么用途。"其小枝卷曲而不中规矩"，小一点的树枝，曲折拐弯，乱七八糟，总而言之就是俩字：没用。这么大的一棵大树，一点用都没有。这棵大树就在大路边上长着，可是"匠者不顾"。木匠从那儿过连看都不看，因为看也没用，什么用处都没有，劈了当柴火也不好用，既不是栋梁之材，也不能打家具。惠子的意思就是说庄子能说是能说，能想是能想，但是没用。

庄子回答，"今子有大树，患其无用"。有这么一棵大树，可是没有用，为什么非得打家具呢？为什么非得要拿它造房屋？"何不树之于无何有之乡"，把它放在一个什么也没有的地方。"广莫之野"，就是又广阔又荒凉的野地。"彷徨乎无为其侧"，围着这棵树可以走来走去，自己也犹犹豫豫，不知道要干什么。"逍遥乎寝卧其下"，可以逍遥自在地在树底下铺上东西，躺在那儿睡一觉不就完了吗？人为什么非得要干什么事？人为什么要自己管住自己？人为什么要自己给自己定这样的或者那样的任务？"不夭斤斧"，这样的树不会被哪个人拿着什么工具砍掉，过早地结束它的存在。这么一棵没用的树，没有人照顾的树，没有人有兴趣的树，没有人注意的树，这才真正叫作逍遥。

"物无害者，无所可用，安所困苦哉"，因为它没有用，就没有人害它，没有人用它，没有人锯它，这棵树想怎么长就怎么长，在这睡一觉，是多么逍遥自在。

庄子把这个无用说得非常美好，就要做这棵无用之树，就喜爱这棵无用之树，就要在这棵无用之树下睡一觉，来享受逍遥，享受自在，享受没有压力、不受管束的生活。这个层面上看庄子很厉害，很会说，而且想得也很高尚，和别人不一样，他要的是逍遥，在这棵树底下睡一觉，就能感觉到的逍遥。

让我们想一想，庄子的逍遥是从鲲鹏开始的，是要飞九万里，翅膀就好像是一大块云彩，遮住了半个天空。这么伟大的志向，这么巨大的形体，这么高的期许，最后落了一个什么结果？找了一棵大臭椿树往那儿一靠，呼呼睡一觉，这究竟是鲲鹏的大智还是无奈?

看到鲲鹏的时候,非常佩服,非常惊讶,觉得庄子真牛!可是看到最后弄了一棵"无何有之乡"的大椿树,"广莫之野"的大椿树,而且在树边有一个人,彷徨地走来走去,也不知道自己要干什么。然后,怎么逍遥?就是逍遥地睡一觉。

是不是又感觉到所谓的逍遥,既是伟大又是窝囊?怎么这么伟大的鲲鹏过了几分钟,就变成只能够找个树底下睡个觉的窝囊废了?这是牛还是怂?不同的人从庄子的故事中,必然会有不同的感受、不同的理解,也许是喜悦,也许是叹息和遗憾。

齐物论

  南郭子綦隐机而坐,仰天而嘘,荅焉似丧其耦。颜成子游立侍乎前,曰:"何居乎?形固可使如槁木,而心固可使如死灰乎?今之隐机者,非昔之隐机者也。"

  子綦曰:"偃,不亦善乎,而问之也!今者吾丧我,汝知之乎?女闻人籁而未闻地籁,女闻地籁而未闻天籁夫!"

——《庄子·内篇·齐物论》

纪渻子为王养斗鸡。

十日而问:"鸡已乎?"曰:"未也,方虚憍而恃气。"

十日又问,曰:"未也,犹应向景。"

十日又问,曰:"未也,犹疾视而盛气。"

十日又问,曰:"几矣,鸡虽有鸣者,已无变矣,望之似木鸡矣,其德全矣。异鸡无敢应者,反走矣。"

——《庄子·外篇·达生》

现在谈庄子的齐物论，槁木死灰与呆若木鸡。齐物论是庄子思想的核心，他在这方面进行了许多思考，进行了许多既有相当深度，又非常片面的、钻牛角尖的一些论述，所以这些论述非常奇特。作为文章来说几乎是天下第一；作为认识来说，又让人很难全部接受。

庄子讲一个民人叫南郭子綦，颜成子游去看望南郭子綦，看到南郭子綦简直像个死人，对什么事都没有反应。然后跟他说，你怎么看着就像一块干枯了的木头，又像一堆烧完了以后剩下的死灰，一点朝气都没有了，怎么变成了这样的人？

南郭子綦笑了，说：你不知道吗？"吾丧我"，我已经把那个小我忘掉了，那个小我在我身上已经不存在了。我脑子里只有大道了，只有世界了，只有天地了，我脑子里再没有那些对个人的小打小闹、小恩小惠、小利小害的斤斤计较了，所以就成了这个样。

这个描写非常有意思，也非常令人吃惊。因为槁木死灰作为一个成语，表达的是一个活死人的精神状态，是一个活死人的面貌。就是一个人对什么事都没兴趣，没有追求，也没有厌恶。几千年来都用这话形容绝望、毁灭，形容差不多是死的一种状态。比如《红楼梦》里描写李纨，因为丈夫早亡，青春守寡，所以描写她感情的事情、和男女有关的事情，都是槁木死灰。这是最高级的道德。守寡的人见了异性，她本人的反应必须是零，必须是"槁木死灰"，所以这里用了这么一个词儿。

庄子在这儿所写的不是一个快要灭亡了的精神状态，不是一个消极得不得了的精神状态，而恰恰是得了大道的、修养到了巅峰的一种状态。这里为什么把"槁木死灰"形容成得道？只有一个解释，就是庄子认为当时的社会环境太坏了，到处是阴谋诡计、争权夺利、血腥屠杀，到处是危险的陷阱。从外边得到的，都是算计、敌意、欺骗、阴谋，所以只有用槁木死灰的态度来对待世界、对待外部环境，才能够让自己平安、自己干净。

提倡槁木死灰，实际上是对当时环境的否定，一种绝望的表现。成了槁木死灰，起码还能踏踏实实地活两天。

庄子还讲了一个故事，后来成为一个很有名的成语，就是呆若木鸡。呆若木鸡现在也常用，形容一个人又傻又迟钝，呆得像木头鸡。木头鸡的特点是什么？有鸡的形状，有鸡的身体，但是没有鸡的生命，没有鸡的灵魂，没有鸡的任何功能。

"呆若木鸡"的故事是：纪渻子给周宣王养斗鸡，这里的"养"是指调教训练，看来那个时候就有斗鸡这种娱乐活动。过了十天，周宣王问鸡调教好了吗？纪渻子说没有，这只鸡现在"虚憍而恃气"，很浮躁，很自大，还好生气，实际上没有什么真本领，全是虚的，这样的鸡不能让它去参加斗鸡的竞争。

又过了十天，第二十天了，周宣王又问。纪渻子回答说还是不行，现在有什么响动，有什么声音，有什么光影，这只鸡还动不动都有反应，一有声音它警惕，一有光影它就摆出一副好斗的样子，这样的鸡是幼稚的鸡，看着很敏捷，实际上并不灵，打不赢仗的。

又过了十天，第三十天了。纪渻子回答说还没有成，现在这只鸡看什么东西瞪着眼，急得不行，而且气很盛，趾高气扬，自以为很了不起，这样的鸡也是不中用的。

又过了十天，已经过了四十天了，周宣王再问。纪渻子说行了，"鸡虽有鸣者，已无变矣"，这鸡已经对外界没有反应了，没有变化了。用现在的语言来说，已经非常淡定了，看着它就跟只木头鸡一样，但是是一只会打鸣的木头鸡。

"其德全矣"，这个时候它像木头鸡一样，功能、品智、品德已经全面完成了，已经是一只完整的鸡了，不会因为一时一地的声、影、晃动，或者是因为周围有别的鸡走过而分心分神，其他的外物与挑战对于它来说就跟没有一样。这样的鸡把别的鸡都吓坏了，因为没见过一只鸡居然能够跟木头鸡一样，这神鸡，什么都深藏不露。

现在还有一种说法叫静水流深，水安静，证明它是深水，且深不可测。水往下流，越来越深，把握不住底下有多深。相反的，如果水又冒泡，又起浪头，那没有多深，因为浅才起大浪。深的地方的水流，在底下，在暗处，是看不见的，此所谓静水流深。

呆若木鸡也是这样的，真人不露相，露相非真人。越是表面上看着非常了不起的那种人，越是不堪一击，吹牛行、吓唬人行、表演行，实战是不行的。呆若木鸡，这是庄子所向往的一种境界，但是后人只从字面上看，认为说的是傻、是迟钝，我们的理解和庄子恰恰相反了。

让我们自问一下，浮躁、虚骄，动不动就抖机灵，动不动就上火，就冒气、冒泡，这种精神状态，这种肤浅，我们身上有没有？

极致的精神定力

> 故曰，夫恬惔寂漠，虚无无为，此天地之平而道德之质也。故曰，圣人休焉，休则平易矣，平易则恬惔矣。平易恬惔，则忧患不能入，邪气不能袭，故其德全而神不亏。
>
> 故曰，圣人之生也天行，其死也物化。静而与阴同德，动而与阳同波。不为福先，不为祸始。感而后应，迫而后动，不得已而后起。去知与故，循天之理。故无天灾，无物累，无人非，无鬼责。不思虑，不豫谋。光矣而不耀，信矣而不期。其寝不梦，其觉无忧。其生若浮，其死若休。其神纯粹，其魂不罢。虚无恬淡，乃合天德。
>
> 故曰，悲乐者，德之邪也；喜怒者，道之过也；好恶者，德之失也。故心不忧乐，德之至也；一而不变，静之至也；无所于忤，虚之至也；不与物交，惔之至也；无所于逆，粹之至也。
>
> 故曰，形劳而不休则弊，精用而不已则劳，劳则竭。水之性不杂则清，莫动则平；郁闭而不流，亦不能清，天德之象也。
>
> 故曰，纯粹而不杂，静一而不变，惔而无为，动而以天行，此养神之道也。
>
> ——《庄子·外篇·刻意》

前面我已经讲到，庄子以槁木死灰、呆若木鸡来形容一个人的精神定力，形容一只斗鸡的精神定力。

庄子还有一套理论，他说"恬惔寂漠，虚无无为，此天地之平而道德之质也"。就是说安适、淡漠、寂寥、虚无、无为，即第一不闹腾，第二不打盹儿，第三不咋呼，第四不急躁，这个才是天地最正常的一种平衡状态。这才是道德的本质，道德的本质不是让人苦苦修炼，而是让人安安静静、踏踏实实回到人的最原生的状态。所以说人如果能够休止于此，如果不妄作言行，不乱说乱动，就能够很平易、很日常、很自然地生活。

而如果一个人能做到平易自然，也就能够做到恬淡虚静，就能够达到一种富有精神定力的状态，而且不用费劲，压根就是安定的，外界对他的影响很小很小，差不多就是零。又平易自然，又恬淡虚静，根本不受外界的影响，那么忧愁祸患也就无法侵入了，邪气不会上身，没有亏损，所有的精神状态、精神品质、精神功能都很齐全。

圣人的出生是与天同行，是和天一块儿生下来的；圣人的死是与物聚化，外界变化了，他也就变化了，外界的一切都是变化的。静止的时候是阴，动起来的时候是阳。总而言之，他本身体现的是天地万物，不为自己操心，也不为自己发愁。

"悲乐者，德之邪也"，有的事感到悲哀，有的事感到快乐，这是人的精神走了歪门邪道的表现。"喜怒者，道之过也"，有欢喜的时候，还有发怒的时候，说明人掌握不住大道。"好恶者，德之失也"，对一些东西有好感，对一些东西有厌恶之感，这个也是失去了自己品德的表现。

"心不忧乐，德之至也"，做到既不忧愁也不快乐，就达到了道德的极致了。"一而不变，静之至也"，从早到晚，从今天到明天，从这个月到下个月，没有什么大的变化，该什么样什么样，是静之至也，达到了安静的极致。

另外庄子还讲，一个人在净水里才能看清楚自己的影像，因此水静也是智慧和观察的前提。"无所于忤，虚之至也"，什么事都不戗着来，不背叛，不顶撞任何事情，就做到真正的谦虚了。"不与物交，惔之至也"，不与外界的事情发生太多的互动，又做到淡了，淡也是一种非常美好的品质。"无所于逆，粹之至也"，跟谁都不发生矛盾，就做到纯粹了。这些说法比"槁木死灰""呆若木鸡"好听，甚至还有点高大上。

庄子的这一套思想、这一套鼓吹，到底是从哪儿来的？我们不能不想到，庄子在全书的一开始所讲的那个鲲和鹏的故事，代表他的精神状态，代表他的心胸，他的世界不斤斤计较，不是眼皮子底下的鼠目寸光，而是有几千里之宽、几千里之高、几千里之大，他的精神已经和道接轨了，已经和无穷大接轨了，已经和永恒接轨了。他内心已经雄伟、宏伟到这种程度了，社会上的那些小打小闹、祸福得失、成败顺逆，对他来说近于零。

微积分告诉我们，当用无穷大做分母的时候，上边的这个N，无穷大分之N，差不多就是零了。庄子的这种定力，这种槁木死灰状，这种呆若木鸡态，不是由于灰心丧气，不是自戕，不是自己要把自己灭掉。要灭掉的话，就不用写这么漂亮的书了，也不用发表这些理论了，上吊也行，跳井也行。

正是他内心雄伟、智慧达到了极致，反过来对自己的日常，对自己碰到的各项事物、各个人、各种条件、各种状态，他看得冷了，热极了就冷了，冷极了就热了。在庄子的理论、庄子的故事里，我们看到了一种非常特异的精神形态，他是想干什么？他把行为否定了，把感情否定了，把欲望否定了，把期待否定了，把什么都否定了。

他肯定的是休息，是安静，是空虚，是虚无，是孤独，他否定的是人气，是奔走、追求。就是说在庄子心目当中，当一个人的精神追求到了极端的高度、极致的广度、极大的格局、极清醒的认知的时候，再回过头来看这些实际的事，名誉、地位，乃至于去当说客，去辅佐哪位君王去治国，都看不上了。

不但看不上了，也看透了。在春秋战国时期，很多的奔走，很多的智谋，是自取灭亡。有时候，庄子把自己说成了槁木死灰、无用，而且只能够躺在大臭椿树底下睡觉，把自个儿糟践没了。但是他背后又有一种骄傲，又有一种了不起、看透一切的感觉。

庄子太特殊了，庄子太厉害了，同时庄子的这些说法又给我们一个启发，即什么东西都不能过分，什么东西都不能到头，什么东西都不能到顶。如果到了顶、到了头、到了无穷大，反倒把自己整个的生活全否定了。让我们自问，在对待外界的各种干扰时，我们怎么样才能恰当地把握？既不斤斤计较，又不能成为木头鸡。

相对的真理

  道隐于小成，言隐于荣华。故有儒墨之是非，以是其所非而非其所是。欲是其所非而非其所是，则莫若以明。

  物无非彼，物无非是。自彼则不见，自是则知之。故曰：彼出于是，是亦因彼，彼是方生之说也。虽然，方生方死，方死方生；方可方不可，方不可方可；因是因非，因非因是。是以圣人不由而照之于天，亦因是也。是亦彼也，彼亦是也。彼亦一是非，此亦一是非。果且有彼是乎哉？果且无彼是乎哉？彼是莫得其偶，谓之道枢。枢始得其环中，以应无穷。是亦一无穷，非亦一无穷也。故曰：莫若以明。

——《庄子·内篇·齐物论》

庄子有一句名言，"彼亦一是非，此亦一是非"。我们往往把这句话理解成没有是非的感觉，没有是非的分辨。反正这么说也是一种谁是谁非，那么说也是谁是谁非，或者干脆把它解释成公说公有理，婆说婆有理，公婆俩人吵起来了，各说各的理。

但是庄子的思想要深刻得多，要彻底得多，彻底就是追根究底，追得人一口气憋在那儿上不来，这才叫哲学。庄子的哲学不仅仅是讨论谁是谁非，是否靠得住，而且讨论你和我、彼和此、这个和那个之间的甄别，一些妄议、一个争论到底有多少根据。

春秋战国时，学术观点可谓百花齐放、百家争鸣，诸子百家争得非常热闹。虽然我们现在看那是一个学术争鸣的黄金时代，但是当时并不是这样的。当时看到的是各种各样的夸张、各种各样的兜售、各种各样的狗皮膏药，江湖术士都争得一塌糊涂。当时的政治权力、军事斗争，以及天下的不统一，处在一种极端混乱的状态，国无宁日，民不聊生。所以庄子认为一般的俗人所做的是非之争、道理之争、意见之争、政见之争，根本不值得一提。

庄子有一些有趣的见解。第一，言语并不是清晰的和肯定的。因为说出来的话，自己都不觉得准确、有把握、有根据。他甚至说言语就像鸟叫一样，自己出点怪声，到底什么含义，有几个人对自己所说的话能够清楚地加以把握、加以解释，而且经过认真地推敲？真那么推敲起来，人还怎么说话？这一条就够绝的了。

第二，所有的人不都是有一个成见的吗？在没有讨论的时候已经有见解了，在没有调查研究的时候已经有见解了。那个时候不叫成见，叫诚心。

他说每个人都有自己的诚心，都以自己的诚心作为自己的老师，作为自己的依据。而把这个没有根据的见解当成了见解，这样的话不就更乱了吗？这样争来争去，也说不清自己到底要坚持的是什么，也说不清别人坚持的是什么，尤其说不清别人到底是要干什么。可是已经势不两立了，已经争上了，这又有什么意义呢？

第三个道理更深奥了。他说"道隐于小成"，真正的道理、真正的大道，最根本的道，都隐藏在那些小小的成功、小小的世界里了。找不着真正的大道，一般的人，包括君王及其臣子，这些掌权的人，他们知道多少天道，知道多少大道，知道多少老子所说的大且流动、恒久且来回的否定的道呢？一个君王所知道的那些，也许是跟其他邦国打交道的时候得到了一点便宜，也可能是请来了一个能说会道的人做他的大臣，那里能有多少大道？

"言隐于荣华"，这个"言"，就是语言。天知道隐藏在修辞里的、隐藏在那些华丽的词句里的、隐藏在引人注意的抑扬顿挫的语调里的话是什么。说半天，首先感动、吸引人的是言语中那些表面的东西，而一个人真正要说的是什么，听一遍就能明白了吗？看了一个人的文章就明白了吗？不明白，所以"道"不明白，"言"也不明白。而且庄子不避讳地指出儒墨之争，一边是孔孟，一边是墨家，争得还挺厉害，但是他们争来争去，他们互相了解对方的主张吗？

庄子认为真正的事实、真正的本质、真正的道理、真正应该说明的，或者应该牢记的那些语言都是隐藏着的。而说出来的往往是表面的，是意气用事的事，是印象式的、被成见所左右的靠不住的东西。

第四点，庄子喜欢分析，说"彼出于是"，"是"在这里当"此"讲，彼就是另一面，英语里也有这种说法，一个是以自己为主体，剩下的就是他者，就是others，就是别人。

别人的、他人的、那边的，和自己这边的相互对照是离不开的。对对方来说，"彼"就成了"此"，成了自我，成了这边，而"此"就变成了对方的那边了，成了"彼"，就已经不是这边了。可是人又都是有立场的，都站在自己这边，往往是拿自己当标尺来衡量别人，符合自己的愿望、符合自己的标尺，就认为是正确的；不符合自己的、符合人家的标尺就认为是错误的。

但实际上彼离不开此，此离不开彼，没有此（是）就没有彼；没有了那边，没有了他者，也就没有了这边，没有了自我。不仅彼和是（彼和此）是这么一个关系，生和死、是与非也是这么一个关系。"方生方死"，生下来了，也就开始死了。没有生，哪来的死；生的最后都是死，可能是五十年后死去，也可能是七十年后或者更晚死去。但是一个人死的过程是从他生下来开始的，方生就是方死。

方是就是方非，由于某种原因自己认同了某种见解，这种认同的原因，有可能使自己在将来的某个时期、某个时候否定对方的见解，甚至是己方的某种见解。

这一点在今天的国际政治上最为明显，一个国家为什么要承认他国呢？为什么要认同他国呢？为什么要和一个国家结盟呢？为什么强调跟一个国家的友谊呢？肯定有原因，这个原因离不开一个国家的利益和已经有的成见。那么由于这种利益，由于成见，发展了一段时间以后又可能否定了。

所以庄子提出了一个很奇怪的设想，就是不要分彼和此，不要分生和死，不要分是和非。这样就处在道枢，处在环中，就好比在一个圆形的中心里，就变成了圆心。往哪儿走都是道，也分得清是和非、此和彼，成了大道的枢纽。

让我们想一想，我们自己有没有这种情形，还没有考虑成熟，自己还不知道自己到底说了什么话，可是就跟人家争上了，甚至就跟人家对立上了，有没有这种情况？

道通为一

　　天下莫大于秋豪之末，而大山为小；莫寿于殇子，而彭祖为夭。天地与我并生，而万物与我为一。既已为一矣，且得有言乎？既已谓之一矣，且得无言乎？一与言为二，二与一为三。自此以往，巧历不能得，而况其凡乎！故自无适有，以至于三，而况自有适有乎！无适焉，因是已！

　　　　　　　　　　　　　　——《庄子·内篇·齐物论》

　　卮言日出，和以天倪，因以曼衍，所以穷年。不言则齐，齐与言不齐，言与齐不齐也，故曰："言无言。"言无言，终身言，未尝言；终身不言，未尝不言。有自也而可，有自也而不可；有自也而然，有自也而不然。恶乎然？然于然；恶乎不然？不然于不然。恶乎可？可于可；恶乎不可？不可于不可。物固有所然，物固有所可。无物不然，无物不可。非卮言日出，和以天倪，孰得其久！万物皆种也，以不同形相禅，始卒若环，莫得其伦，是谓天均。天均者，天倪也。

　　　　　　　　　　　　　　——《庄子·杂篇·寓言》

　　庄子的一个特点，就是在大千世界之中寻找事物的共性，寻找事物的同一性，从而认为人们对事物的分析、区别，各种不同的评价未必有什么道理。

庄子有一句名言，说"天地与我并生，而万物与我为一"，就是说我的出生是跟天地在一块儿的，没有天和地，没有这个大千世界，怎么可能有我呢？反过来没有了我，我又何必再去讨论这个天地，正因为我来过，我曾经感受过天地，天地也离不开我的感知。天地和我互相谁也离不开谁，我们是不可分离的关系。

万物与我为一，世界上那么多东西，那么多属性，但是它们作为天地之间的、作为世界上的、作为大道的产物，它们没有什么区别，该是什么样就是什么样，它们对于各自来说都是合适的，都是大道的表现。因此我们也用不着费劲把这个挑出来，把那个导出去，把万物弄得非常麻烦，自讨苦吃。

庄子说任何的事物"然于然"，它是这个样，就是因为它是这个样；"不然于不然"，它不是这个样，就应该不是这个样；"可于可"，我们可以认同它的这种状况，就因为它本来就是这样的；"不可于不可"，我们不认同它是这样的，就是因为它本来就不是这样的，各有各的道理，各有各的特质和存在的依据，用不着乱做评论，也用不着说三道四。

庄子还说正因为这样，如果失去对比的对象，孤立地看一个事物，什么东西都可以说成大的或小的、长的或短的。所以相传活了八百多岁的彭祖，也可以认为他是夭折的。而一个夭折的孩子，也可以认为他是长寿的，因为这个孩子本来被判定活不了，但他活了十年才死，那十年对他来说也是长寿，十年可以做很多事，也可以有很多状况发生。彭祖也是一样，他活了八百多岁，最后死了，他也许能活一万岁，和一万岁相比，他的八百岁不就是夭折了吗？和一百岁相比，他的八百岁不就是长寿了吗？

长寿和夭折本是比较的产物，不比较哪来的长寿和夭折。长寿比平均寿命长，夭折比平均寿命短，但是夭折比更夭折又长，长寿比更长寿又短，所以各有各的长寿，各有各的夭折。

漂亮的人、丑陋的人，以及各种各样的状况，作为道的体现，是一样的，本来就是一个同样的东西，所以说道通为一。庄子讲万物都是通的，就是人要能看得明白，表面上不同的东西，它们之间有很多相同的属性，整个天地就是一，人跟天地合起来就是一，万物和天地合起来就是一。

但是人又要谈论天地，又要认识天地，所以天地本来是一，有了关于天地的概念，有了关于天地的语言及这个语言的表述，就出来二了。这个意思还包含着一个主观世界和客观世界的分离。本来主观世界是离不开客观世界的，没有天地万物就没有任何一个主体的存在，主体是世界的一部分，主体不是世界之外的。

当主体来讨论世界、认识世界的时候，主体就变成二；主体说的那些话，那些对于世界的印象评价、对于万物的评价，就变成二。然后庄子说一加二就又变成三。这个一，有各式各样的一，我们说天地，这是一；我们说天地和万物结合起来，这也是一；我们说庄子，谈论天地，谈论万物，庄子、天地、万物三者结合起来，这也是一。

这一也是一个不断扩张的概念，对于一的评论、讨论就是在客观世界、客观的天地之外，又出来一个观察天地、掌握天地、讨论天地的主观的精神世界，这就是二。然而当讨论到天地这样一个客观世界的时候，又讨论到观察天地的精神世界。就是说在天地和精神世界之外，又出来了一个主观的世界。这个主观的世界不仅仅对于天地是精神世界，对于认识天地、讨论天地的精神世界，也是一个精神世界。这样又出来一个观察精神世界的精神世界。

反过来用这种方法，一二三四五六以至于无限，好比拿两个镜子互相照。甲镜子照成了乙镜子，这时候我们一看这是两面镜子。甲镜子照上了乙镜子以后，乙镜子又把甲镜子和甲镜子所反射的乙镜子的形象，照在自己的镜子里，照出来的是两面镜子。乙镜子本身是一面镜子，甲镜子是一面镜子，甲镜子里的乙镜子的映像，又是一面镜子，三面镜子。这三面镜子又传到甲镜子里，四面镜子、五面镜子……无限多的镜子，就成了一种长廊效应，镜子里面又出来了无限的镜子，因为它们能够互相比照。

庄子是比较早研究主体和客体关系的，主体和客体互相一作用又没完了。

有一种静坐的方法，就是设想自己的心里开了一朵荷花，自己坐在设想的这朵荷花里，然后荷花里的这个想象的自己，心里又开了一朵荷花，这么开下去，还有穷尽吗？静坐的人这么一想，舒舒服服就融化在这里了，这是一种静坐的方法，跟庄子分析的道理差不多。

庄子告诉我们，这个世界分析来分析去，实际上它开始的时候没有什么了不起，但是有了主体和客体的区别，越分析就越复杂多样，这只是一个角度。庄子还编了一个故事，讲这种复杂其实来回都是一个样，就是有名的朝三暮四的故事。

一个养猴的人告诉猴说，早晨吃三颗果子，下午吃四颗果子，猴不干。于是养猴的人说，早晨吃四颗果子，下午吃三颗，猴欢呼。庄子讲这个故事，是说世界就那么回事，不是早晨三个下午四个，就是早晨四个下午三个，最后还是七个。世界就是这么七颗果实，怎么分都是一样。

我们现在认为朝三暮四，是说一个人的坏，说一个人的缺点。早晨这样，下午那样，没有准，靠不住，用庄子的眼光看这恰恰反映我们的智商跟猴子是一样的，我们没有比猴子更高明。如果我们比猴子更高明，就会觉得朝三暮四也可，朝四暮三也可，中间并无大的区别。

庄子就是通过这样的一些分析和说法，认为万事万物是齐物。把它看成一个、看成一种、看成一个平面就可以了，不必在那儿枉费心机地说这个、说那个，帮这个、骂那个。当然这也只是人生的角度之一，因为真正按这个思想分析下去，我把它看成是一，这个是符合道德的；我把它看成二，还是符合道的；看成三四五六七八，我看成一百八十万样，仍然是符合道的，又何必争论一不一的问题？争论一不就是不齐物了吗？

思想的极致与诡辩

丽之姬，艾封人之子也。晋国之始得之也，涕泣沾襟。及其至于王所，与王同筐床，食刍豢，而后悔其泣也。予恶乎知夫死者不悔其始之蕲生乎？梦饮酒者，旦而哭泣；梦哭泣者，旦而田猎。方其梦也，不知其梦也。梦之中又占其梦焉，觉而后知其梦也。且有大觉而后知此其大梦也。而愚者自以为觉，窃窃然知之。君乎！牧乎！固哉丘也！与女皆梦也！予谓女梦，亦梦也。是其言也，其名为吊诡。万世之后，而一遇大圣，知其解者，是旦暮遇之也。

既使我与若辩矣，若胜我，我不若胜，若果是也，我果非也邪？我胜若，若不吾胜，我果是也，而果非也邪？其或是也，其或非也邪？其俱是也，其俱非也邪？我与若不能相知也。则人固受其黮暗，吾谁使正之？使同乎若者正之，既与若同矣，恶能正之？使同乎我者正之，既同乎我矣，恶能正之？使异乎我与若者正之，既异乎我与若矣，恶能正之？使同乎我与若者正之，既同乎我与若矣，恶能正之？然则我与若与人俱不能相知也，而待彼也邪？

——《庄子·内篇·齐物论》

在前面的《齐物论》当中，我们已经知道了人的思考、人的逻辑、人的分析，会达到一种极致，而达到极致以后，往往就又反过来否定人的思考。

庄子所说的"齐物"，就是认为世界上各种不同的意见、不同的事物、不同的生命状态，其实用不着把它们区分得那么清楚，也没有什么可区分的。但是请想一想，庄子的齐物论及认为世界上的事情需要分辨、需要争个水落石出的区别论观点是不是一种区分？区别论强调世界上有是与非的区别、有长寿和短命的区别、有好与坏的区别、有美与丑的区别、有大与小的区别。

齐物论和区别论不就有区别了吗？区别论是一种强调区别、强调不同、强调相异的思想方法、思想角度，齐物论就是和这种思想区分，就是和这种人间的、正常的、普通的、浅薄的看法辩论，但是齐物论又否定辩论。庄子的一些说法简直是一般人想不到的，而且精彩到了极点，甚至会让人怀疑这是不是诡辩。比如齐物的极致是"齐生死"，庄子认为该生了就是生，该死了就是死，这些都是大道的表现，用不着认为生就多么好，死就多么不好。

他甚至举出一个例子：有一位叫丽姬的美丽女子被晋国人抓走了，刚抓走时整天哭泣，但是到了晋国，嫁给了晋王，过上了幸福美好的生活后，这个丽姬后悔了，后悔当初哭得没道理。庄子不可思议地说，人死跟丽姬被抢走一样，只不过没回来，自己没再说话。也许死了以后会觉得很幸福，也许死了以后会觉得比活在这个世界上还好，也许原来认为死是不好，那只不过是做梦而已。

对这个做梦的问题，庄子又做了一个新的分析：一个人在梦里哭了半天，第二天起来可能玩去了，打猎去了；在梦里快乐了半天，第二天可能碰到倒霉的事了。因此梦不能相信，梦是臆想的，人不能因为做了不好的梦而感到痛苦或焦躁，这些都是不必要的。

我们要想一想，我们认为自己做梦，这本身是不是又是一个梦？在实际中有了真的痛苦、真的快乐，一段真的离奇的经历，然后醒过来以后，做了一个更大的梦，这个梦里梦见的是真实的痛苦，然后认为自己从梦中醒过来了，这才是梦。从梦中醒过来了，认为头天夜间的那些心情、那些见闻都是梦。

如果再醒一次，醒过来才发现，醒过来才是梦，是梦中之梦。当然按照这个逻辑推下去，认为醒过来是梦，本身就又是梦，谁能说得清楚？庄子说这就叫吊诡。一个人判断自己做梦，本身就含有一种危险，把这个判断如果推向极致，会怀疑自己的醒，是不是一种更高级的梦？那么还要进一步地醒，然后才能知道醒梦就是大梦。这个听起来吊诡，简直能把人给急死了。但逻辑上庄子讲得是有道理的。

庄子提出来对很多事情的分辨，何者为梦、何者为真，这种分辨是靠不住的，是没有把握的，并不是最后的结论。分辨什么东西都是真的，那么梦也是真的；分辨什么东西都是梦，那么梦也是假的。那么真才是最可靠的看法和判断，因为你没法判断。

庄子这个分析也有一绝，比如说我跟你争论，我胜了，我说得你理屈词穷，那真能证明我胜了吗？你真败了吗？真能证明我就是正确的、你就是谬误的吗？反过来说，争论的结果是你胜了，我败了，那么真能证明你就正确吗？真能证明我输了、我错了吗？

庄子提出一个更有趣的问题，找谁来做证？找谁来判断？找谁来做结论当裁判呢？如果找一个同意你的见解的、是你那头的人，他来做证有什么意义？如果找来一个同意我的见解的、是我这头的人，找来又有什么意义？他不用做证，他就一定表示拥护我的见解，反对你的见解。他是帮助其中一人的，找他来做证，不是越证越糊涂了吗？

找一个对咱们俩的意见都不同意的人，他能做什么证？他做证的结果不就是一场混战吗？他裁判的结果、他判断的结果不是更招人骂吗？再找一个，对咱们俩的意见都同意的人，他觉得都有理，找他来做证，这又有什么意义呢？

庄子通过这件事说明，这个裁判对于当事人来说并没有意义。就算辩论结果我胜利了，你失败了，也没有意义，并不证明你不正确。对于第三者、第四者、第五者，他们也没有资格来判断我们俩谁说得对，谁更对。

庄子提出一个观点——世界上有是有不是，就是世界上有肯定也有否定，否定也是一种肯定，为什么呢？就肯定了这个否定。世界上有然有不然，然是真实的、这样的、如此运动的。不然不是这样的。但同时又是然不然，因为它本身也是一种存在的方式。

反正它有一种存在，不存在也是一种存在方式，否定也是一种肯定，否定了否定，就是肯定。这个就跟负乘负，变成正一样。什么事仔细想起来都绕一个圈，想着想着就给自己挖了一个坑，挖到了极点，又把自己原来所想的那个东西也否定了。

这个说法在现代世界、在西方世界也很有意思，人们管它叫数学悖论。比如说有一个著名的理发师悖论，理发师有一个规矩，就是谁要是给自己理过发，就绝对不再给他理发；没给自己理过发，就要好好地给人家理发。那么现在就碰到了一个问题，这个理发师给不给自己理发？如果给自己理发，他就违背了那个不给给自己理发的人理发的原则；如果不给自己理发，他又违背了愿意提供不给自己理发的人理发服务的许诺，不就是没有辙了吗？

您说这究竟是诡辩还是揭露了人的语言、思维方式、逻辑本身就含有内在的矛盾？

超越与提升的三级跳

　　惠子相梁，庄子往见之。或谓惠子曰："庄子来，欲代子相。"于是惠子恐，搜于国中三日三夜。

　　庄子往见之，曰："南方有鸟，其名为鹓鶵，子知之乎？夫鹓鶵发于南海而飞于北海，非梧桐不止，非练实不食，非醴泉不饮。于是鸱得腐鼠，鹓鶵过之，仰而视之曰：'吓！'今子欲以子之梁国而吓我邪？"

——《庄子·外篇·秋水》

　　故分也者，有不分也；辩也者，有不辩也。曰：何也？圣人怀之，众人辩之以相示也。故曰：辩也者，有不见也。

　　夫大道不称，大辩不言，大仁不仁，大廉不嗛，大勇不忮。道昭而不道，言辩而不及，仁常而不成，廉清而不信，勇忮而不成。五者无弃而几向方矣！故知止其所不知，至矣。孰知不言之辩，不道之道？若有能知，此之谓天府。注焉而不满，酌焉而不竭，而不知其所由来，此之谓葆光。

——《庄子·内篇·齐物论》

　　从庄子的一些论述、一些见解，我们可以看出来他非常与众不同，他思辨的主要的一个方法，就是我们在平地上议论问题时，他一下子跳到三丈高处，从高处来俯瞰我们论述的各种问题，居高临下。

　　这个高不是地位高，而是指智商高、见解高、心态高，因此超过了常人。同时正因为高，所以他不争，不在乎别人的说法，也不在别人面前显摆，只享受自己的思想，超越种种庸俗、烦躁、焦虑和无聊的争执。

　　《庄子》里面有这样一个故事：惠子在梁国当宰相，庄子来看惠子。一到那儿就有传言，说庄子要夺惠子的宰相之位，可见庄子的智慧、辩才在当时很有名。惠子很紧张，就带着人到处搜捕庄子。这个说法不见得完全可靠，因为后来我们看到惠子成了庄子的一个最好的谈话对手，两个人的讨论，两个人的辩论，也正好显示了庄子的智慧。等到见到惠子以后，庄子就笑了，说从前有一种非常高尚的鸟，叫鹓鶵。从南海一直飞到北海，那是很长的一段距离。鹓鶵很清高，晚上休息，除了梧桐树，别的树一概不去。因为梧桐树树叶大，味道又香，木质又好，是一种高雅的树。俗话也说：没有梧桐树，也就没有凤凰来，凤凰只停在梧桐树上。

不是练实（竹子的果实），鹓鶵不吃；不是醴泉（最甘甜、最清洁、最高级的矿泉水），它不喝。有一次它飞着飞着正好遇见一只猫头鹰，古人对猫头鹰看得比较低。猫头鹰捡到一只已经腐败了的老鼠，正准备吃这只老鼠，看见鹓鶵从高空飞过，就非常紧张，怕它抢它的食物，于是这只猫头鹰向着鹓鶵怪叫一声，要吓唬一下鹓鶵。

然后庄子笑着问惠子，是不是也要拿梁国来吓唬自己？

从这个故事里我们可以看出庄子是何等自信、何等自傲，何等看不起这些世俗的、争权夺利的、蝇营狗苟的俗人，所以《庄子》一开头就出了一个大鲲鱼、大鹏鸟，而且用大小之辨说明其思想境界跟常人没有任何相通之处，根本就不用搭理，这可以说是思想的一级跳。庄子很清高，常人最热爱的那些东西，他看着和死老鼠一样，这又是一级跳。干的那些事儿，他都没有兴趣，常人认为有用的东西，他都认为没有什么用处。他可以在一棵大臭椿树下四仰八叉地好好睡觉，这就是他的逍遥，这就是他的幸福。他并没有野心，也不想跟谁挑战，只想过自己的逍遥生活，这又是一级跳。

而在《齐物论》里，庄子又反过来认为，其实大和小的分辨都是相对的，是和非的分辨也是靠不住的。你说你是，我说我是，你说他非，我说你非，这个都不一定是靠得住的结论，没有人有资格做这个结论。所以他根本就不认为非得把事情争个清楚不可。

庄子在很多地方举过这样的例子：一只乌龟是在泥泞里乱爬乱走好，还是被请到一个神庙里被当作神仙供起来好？在供奉之前得先把乌龟杀死，洗干净，加上各种的装饰，然后大家都来给它磕头行礼。庄子宁愿在泥泞里乱爬。

庄子是能上又能下，高的话，可以当鲲鹏，可以一飞几千里。中间的话可以找棵大臭椿树，找个谁也看不见的地方好好睡一觉。再低下一点，当一只在泥泞里爬行的乌龟也可以。可以当鹓鶵那样高雅的鸟，非梧桐不栖，非练实不食，非醴泉不饮；也可以过很低级、很穷困、很不像样的生活。

我认为正确的，从你那边看就是错误的，很好，也可能就是错误的；你认为是正确的，我认为是错误的，那也很好，也可能就是错误的。真实的，也可能就是虚假的；虚假的，从另一个角度看，又是真实的。我这边姑妄言之，我暂时这么说两句；你姑妄听之，你就把它当作空话、胡说八道的话，你从耳边过一下，也就行了。

这些东西强调多了，又让人产生一种疑惑，这不成阿Q了吗？说了半天，庄子追求的和阿Q追求的，在这一点上是完全一致的，就是精神胜利。我没有能力，也没有毅力改变我的生活环境、改变我的社会环境、改变我的家国命运。但是我可以把坏事都想象成好事，把倒霉的事都想象成幸运的事，我可以把穷想象成富，你认为我穷，我认为我得到的够了，多了没用，多了自寻烦恼，因此我就是富的。你认为我级别低，我认为我最高，因为我有这学问，我的思维能力，你们连摸都摸不着，更够不上，这个有点阿Q的味道。

但是庄子不是阿Q，庄子是思索的大师，是思维的奇人，是精神的巨匠。他之所以什么事都能凑合，并不追求真正的改善，也不准备为改善做出什么贡献，是由于他太看不起这个世界了。庄子看不起这些俗人，他们认为正确的与不正确的，庄子都看不上。

他是三级跳，再接一个三级跳，越跳越高，以至于视万物如无物，视争论如犯傻，视一般人的计较和追求为做梦。正是他有这种高瞻远瞩，才把有些事情看虚了、看假了、看空了，也就满不在乎了，这也是中国古代的圣人在特殊环境下的一种思想方法。

二、庄子的养生观

养生·尽年·善生·善死

吾生也有涯,而知也无涯,以有涯随无涯,殆已!已而为知者,殆而已矣!为善无近名,为恶无近刑,缘督以为经,可以保身,可以全生,可以养亲,可以尽年。

庖丁为文惠君解牛,手之所触,肩之所倚,足之所履,膝之所踦,砉然响然,奏刀騞然,莫不中音,合于《桑林》之舞,乃中《经首》之会。

文惠君曰:"嘻,善哉!技盖至此乎?"

庖丁释刀对曰:"臣之所好者道也,进乎技矣。始臣之解牛之时,所见无非全牛者;三年之后,未尝见全牛也;方今之时,臣以神遇而不以目视,官知止而神欲行。依乎天理,批大郤,导大窾,因其固然。枝经肯綮之未尝,而况大軱乎!良庖岁更刀,割也;族庖月更刀,折也。今臣之刀十九年矣,所解数千牛矣,而刀刃若新发于硎。彼节者有间而刀刃者无厚,以无厚入有间,恢恢乎其于游刃必有馀地矣,是以十九年而刀刃若新发于硎。虽然,每至于族,吾见其难为,怵然为戒,视为止,行为迟,动刀甚微,謋然已解,如土委地。提刀而立,为之四顾,为之踌躇满志,善刀而藏之。"

文惠君曰:"善哉!吾闻庖丁之言,得养生焉。"

——《庄子·内篇·养生主》

在《庄子》一书当中，有一章叫作《养生主》，《养生主》的体量不大，篇幅不长，是《逍遥游》的五分之一，是《齐物论》的七分之一。但是这一章很有名，而且比起别的来说，这是最好懂的一章。

"养生"这个词是从庄子那儿开始的，我们到现在都喜欢用这个词语，许多电视台都专门开辟了养生节目。以为庄子讲的是养生，可是他一上来就说："吾生也有涯，而知也无涯，以有涯随无涯，殆已！"就是我们的生命是有限的，但是知识、智慧是无穷的，以有限的生命去追求无限的、无穷的知识和智慧，太难了、太苦了。他先来了这么一句，意思就是，一个人不要给自己定过大的目标。

紧接着他说的还不是养生，他说的是什么？"为善无近名，为恶无近刑"，做好事，也不是马上就能出现好的名声，就被夸奖；做坏事也不是马上就会受到惩罚、受到制裁。

养生"可以养亲"，养亲，有的说它是可以赡养自己的父母，能活得长；也有的说这里的"亲"是神的意思，是养神，可以享齐天年，不至于中途过早地死掉，这里有点养生的意思。这段一个是讲不必急着追求知识，另一个讲不必急着追求正义的兑现，好人好报，恶人恶报，这方面别着急。

这使我想起，北京话里有一句俗话：您歇着吧您。歇着吧是什么意思？就是别着急，您想的那件事情不见得您看得见，不见得马上就能够兑现、就能做到，您认怂吧，您踏实点。有点这个意思在里头。那么这个话，我们当然不能认为庄子说得很全面，他太缺少积极性了。

因为人生并不是说，所有的追求都要能达到目的才追求。追求本身就是人生最重要的事情，就是最重要的内容，也是最大的浪漫。如果一辈子没有追求，那活着岂不没劲了吗？所以庄子的话不能全盘接受，但是他这么说也有道理。

接着是最有名的庖丁解牛、游刃有余。话说文惠君正在思考关于养生的问题，这时候他看到最有名的厨子在给他表演屠宰牛。庖丁非常娴熟地把宰后的牛分解开，我们现在叫大卸八块。怎么做的？只见庖丁手抓肩顶，脚踩膝跪，哗啦一响，刀一进去嚯嚯地响，所有这些解牛的动作"莫不中音"，那个声音很好听，特别悦耳，特别清脆，完全就和奏乐一样。"合于《桑林》之舞"，《桑林》之舞，专家们解释说是那时候祭祀的一种舞蹈。舞蹈首先出现的时候是为了祭祀祖上、祭祀天地等，是带有宗教色彩的一种表演。"乃中《经首》之会"，《经首》当时应该也是祭祀活动的一个乐章。简单地说，这样一个用刀去拉去割的活动，就像是跳舞，随着音乐跳舞，就像一个艺术活动，把劳动艺术化了。就是人类社会发展到一定阶段以后，劳动成为艺术，劳动成为人生的第一要求，是人生的第一快乐。

文惠君一看，说：这个技术太棒了。厨子说，这个已经不只是技术了，他所追求的是道，是大道，是精神。解牛的时候，他根本就看不到一只完整的牛。什么意思？原来三年以前，他认为这是一只完整的牛，没地儿下刀子，骨头挡着，毛挡着，皮挡着，什么东西都挡着，没法动手。三年以后，他眼睛里无全牛，看见的是一只已经分解开了的，已经被大卸八块了的牛，到处都有缝，到处都可以分离。他说这叫什么呢？这个刀是有间的，这刀是能把东西分开的，而那个牛是无间的，牛本身看着是没有缝隙的，可是真正操作起来、劳动起来，牛变成了有间的，到处都是缝隙。这个刀非常薄，这个刃非常利，这样就可以进入一切的无间的地方，它就成了一个以无有入无间。就是这个刀的刃薄到了像没有刃一样，薄到了像零一样的，它的厚度是零。我们知道这个刀的刃是越小、越薄就越好用。

这个非常像老子的一个很深奥的理论，叫"天下之至柔，驰骋天下之至坚"，最软的东西，可以跑到最硬的东西里，在那儿走来走去，跑来跑去，在驰骋，就像跑马一样。刀在牛身体里头，划过来划过去，这叫无有入无间。用好像不存在厚度的那个刃儿，进入好像并不存在的那个缝隙之中。

庖丁把宰牛分解牛解释成一种无间之道，以无有入无间。文惠君听了以后，说得到了养生之道，从这里头得到养生之道了。庖丁还说，一个好的厨子，一个月得换一回刀，因为不断地切割牛肉块等食品，都要费这个刀刃；一个了不起的高级厨师一年换一回刀；但是他干这个活儿已经十九年了，没换过刀，这刀还跟刚磨出来刚造出来一样，它的钢、它的刃、它的锋利不受损失。

文惠君一下子就明白了，这就叫养生。不要让自己的神智、体魄、精神、四肢在人生当中受到磨难，受到损失。别人看着根本过不去的关，你这儿过去了；别人看着过不去的坎儿，你毫不费力地就过去了。就像那个刀，有的是一个月就得换一回，一个月它就老了；有的是一年它就老了，但是到了咱们这位特级厨师，而且是讲大道的厨师手里，十九年还和原来一样，不老、不弱、不残、不坏、不需要更换，这就是养生之道。

养生主要是养神

公文轩见右师而惊曰："是何人也？恶乎介也？天与？其人与？"曰："天也，非人也。天之生是使独也，人之貌有与也，以是知其天也，非人也。"

泽雉十步一啄，百步一饮，不蕲畜乎樊中。神虽王，不善也。

老聃死，秦失吊之，三号而出。

弟子曰："非夫子之友邪？"

曰："然。"

"然则吊焉若此可乎？"

曰："然。始也吾以为其人也，而今非也。向吾入而吊焉，有老者哭之，如哭其子；少者哭之，如哭其母。彼其所以会之，必有不蕲言而言，不蕲哭而哭者。是遁天倍情，忘其所受，古者谓之遁天之刑。适来，夫子时也；适去，夫子顺也。安时而处顺，哀乐不能入也，古者谓是帝之县解。"

指穷于为薪，火传也，不知其尽也。

——《庄子·内篇·养生主》

夫道未始有封，言未始有常，为是而有畛也。请言其畛。有左有右，有伦有义，有分有辩，有竞有争，此之谓八德。六合之外，圣人存而不论；

> 六合之内，圣人论而不议；春秋经世先王之志，圣人议而不辩。
>
> ——《庄子·内篇·齐物论》

庄子提出一个说法：要保身，首先要把身体保护好；要全生，生命要保持完整，各个方面都要处于一种完整的没有受损害的状态。养亲，同时要善于调养自己的精神，调养自己的心理、生理以及各个方面的能力。尽年，能够尽享天年，而不是因为什么，过早地结束了自己的生命。

我们前面提到的那个庖丁，他和文惠君还解释过这么一个问题：他说有时候眼睛看着这个刀不能下，伸不出去，但是精神感觉到这个地方可以接着走，刀一下去就走对了。所以他说，解牛靠的不是操作的技术，而是神遇，就是遵循自己的精神，有什么感受、有什么发挥、有什么反响，就这么做，就能把这个牛该分解的、该切多少块都弄好了。

这是非常中国化的说法，我们在前面已经讲到老子对于养生的论述，又讲到了庄子关于养生的故事和他对养生的许多奇妙的说法，都跟我们现代人的想法有很大差距。现在我们要说养生，会把它作为一个生理卫生学的范畴来看，或者把它当作一个医学的范畴来看，有的时候，我们还会把它和体育、教育联系起来看。

当然我们也认为人的精神状态非常重要，人不应该整天愁眉苦脸，不应该焦虑，不应该自己给自己制造精神负担。但是古人有一种整体主义，什么问题，都认为应从大道上来解决。掌握了大道，个人修养可以做得很好，做事可以做得很好，可以把全家的关系处理得很好，可以把一个国家治理好，乃至使天下臣服。

所以养生实际上讲的是养神，永远使自己的精神处于一种最佳的状态，调整自己的心态，去体会那个抓不住摸不着，又无往而不利、无往而不胜的大道。养神使人做任何事情都是合乎大道的，都是很顺利的。

别人看着无间隙的对象，你在里面穿过来横过去，竖过来翻跟头，怎么玩都行，什么事到你那儿都变得举重若轻、游刃有余。拿着刀在宰了的牛身上，怎么走都绰绰有余，到处都有空隙，到处都有下刀的地方，这确实是一种幻想，也是一种理念。

道是完整的，只要一个人很完整地掌握了道，也就会养生了。当然这种整体主义也有不够准确的地方，因为这个养生并不是说心态好，养神养得好，就可以从早晨笑到晚上，那不成傻子了吗？神和生命的处境是一样的，有高有低，有顺有逆，有直线有曲折，会受到各种干扰，什么干扰都不受是不可能的。关键在于调节，在于平衡。就是有了干扰，被外物所干扰、为外物所忧虑，但是仍然可以调节回来，慢慢地明白过来以后又感到踏实，感到平衡，这是调节精神状态的最好方法。

讲养生，忽然又讲到，公文轩看到一个只长着一条腿的人，非常惊奇这是什么人，是天生如此还是由于人祸造成的？想了想自答说，这是天生的，不是人为造成的。从养生讲到残疾，天生如此，不必焦虑，不必胡思乱想，也不必想一些自己做不到的事情。有的事能办到就去操持，有的事办不到就别操持了。天生的一条腿怎么办？没有办法让他长出第二条腿来。

再往下讲，就讲到人的死了，庄子是诸子百家中讲生死讲得最多的人。孔子的态度非常明确，也非常聪明——"未知生，焉知死"，连人怎么生还说不清楚，哪知道死到底是怎么回事，死的意义到底是什么，死后会怎么样，应该怎么样面对死亡。孔子表示不予讨论，这事咱们先搁置起来。

庄子也有"六合之外，圣人存而不论"之论。什么意思？六合，就是上下左右前后，或者是上下东西南北，这是六面，也就是三维空间。三维空间以外的事情，人死后的事情，或者是看不到摸不着的事情，比如说关于神、关于鬼、关于另外一个世界。这些东西"存"，就是承认它的存在，但是没有办法去讨论它，虽然承认它存在，但是不说它。

"六合之内，圣人论而不议"，这个也有意思。六合之内的事情，可以说它，但是不给以评议，并不给它做什么价值的判断。这个表达了一种聪明，表达了一种距离之美，至少不找麻烦。

但是在谈到具体的死亡的时候，庄子讲了很多。在讲养生的时候，庄子讲到，老子的一个朋友，在老子死后去追悼，很短的时间就出来了。别人问他，他是老子那么好的朋友，怎么那么简单、那么仓促地吊唁一下就出来了，是不是有点不够意思？他回答说，老子不是普通人，为老子在那儿吊唁的、哭泣的、治丧的人太多了，一太多了就过了，过了是老子最不喜欢的。而且生和死都是自然现象，该生就生了，该走就走了。

生是符合规律的，符合大道的。死也是顺着大道走的，所以现在如果遇到丧事，我们都用一个词，叫节哀顺变，节制悲哀，顺着变化，也就接受了这个变化。

在《养生主》的后面，庄子还讲到了死的问题。庄子有时候讲一个道理，本来讲得非常漂亮，但是他又有一点夸张，往极致发展。文章是可以这么写的，做事却不能这么极端。极端到什么程度？他说这人活着也挺受罪，就好像倒挂在房梁上一样。该走了，也就不受罪了，就从倒挂房梁的命运里解脱出来了，就再也不生气了、不焦虑了、不麻烦了，说不定是个好事。这个说法超出了人们的常识和常情，这就是庄子的文人特色，文学夸张很难避免。人们喜爱生命、珍惜生命，为死亡而悲哀，这是很正常的事情。当然也不要太过分，悲哀也不能过分，不让悲哀也不能过分，否则就不是顺着道走了。

庄子提倡，要使自己的神态能够完全，要使自己的心态自然，要使自己的神态、心态、精神和大道一致，喜怒哀乐还要听其自然。而且最后总能够找到平衡，找到快乐，找到释然，找到逍遥。

善其生者，善其死

夫大块载我以形，劳我以生，佚我以老，息我以死。故善吾生者，乃所以善吾死也。夫藏舟于壑，藏山于泽，谓之固矣！然而夜半有力者负之而走，昧者不知也。藏小大有宜，犹有所遁。若夫藏天下于天下而不得所循，是恒物之大情也。特犯人之形而犹喜之。若人之形者，万化而未始有极也，其为乐可胜计邪？故圣人将游于物之所不得遁而皆存。善妖善老，善始善终，人犹效之，又况万物之所系而一化之所待乎！

子祀、子舆、子犁、子来四人相与语曰："孰能以无为首，以生为脊，以死为尻；孰知死生存亡之一体者，吾与之友矣！"四人相视而笑，莫逆于心，遂相与为友。俄而子舆有病，子祀往问之。曰："伟哉，夫造物者将以予为此拘拘也。"曲偻发背，上有五管，颐隐于齐，肩高于顶，句赘指天，阴阳之气有沴，其心闲而无事，跰𨇤而鉴于井，曰："嗟乎！夫造物者又将以予为此拘拘也。"

——《庄子·内篇·大宗师》

"善吾生者，乃所以善吾死也。"这是庄子的一句名言，他的意思是说，能够好好活着的人，也应该能够好好地死。顺顺当当地活着，也应该顺顺当当地死。在诸子百家之中，真正非常认真地、多次从不同的角度讨论生死问题，特别是死的问题的是庄子。

"夫大块载我以形，劳我以生，佚我以老，息我以死"，什么意思呢？大块就是指物质的世界，指自然，指天地，这样一个自然、这样一个天地、这样一个物质世界，就好比是一个大的数据库，当然这是我的发挥。这个数据库，下载了一个小数据，就是人，就是你、我，你、我这样一个形体是由世界给予的。这话是很科学的，不用多解释。"劳我以生"，活下来了，活下来就得辛苦，活下来就得干事，活下来就不那么舒服。"佚我以老"，什么时候稍微放松一点呢？什么时候稍微安逸一点呢？老了，就安逸了；老了，就没有那么多想法、那么多追求，所以"佚我以老"。"息我以死"，息就是休息，然后什么时候看着太辛苦了，该休息了，那就是死了。整体来看这些话，说得还是很健康的。

我们可以举意大利文艺复兴的代表人物达·芬奇的例子，他写过一篇文章叫《生与死》。他说死是一个勤劳者的休息,勤劳的一天会带来甜蜜的睡眠,勤劳的一生会带来安静的死亡。他也是这样看的,也用了劳和息这两个概念。他的话庄子曾说过,所以既然这一切都是上天、大自然必然的一个规律,必然是大道的表现,那么我们善其生者应该也善其死,活的时候我们顺应天意好好地活着,死的时候我们也要顺应天意,踏踏实实地死去。

庄子还有一些其他的论述,不一定是庄子本人的,也可能是他的学生、他那一派的人后来发挥的。比如,生实际上是死的一个元素,人生下来了以后就开始死了。死也是生的一个元素,甚至是生的开始,人死了,但是精神也好,肉体也好,物质是不灭的,这是现在的预言。能量也是不灭的,能量和材料仍然以不同的形式开始了新的生命,这是一种现代的说法。

庄子认为死说不定也是某种开始,他没有细分析。他说气聚了,就是生,气散了,就是死。庄子甚至认为,生和死不用那么严格地区分清楚。什么叫生,什么叫死? 或者说死也是生的一种存在的方式,因为既然生了,死也已经存在了。

在《养生主》里,庄子还讲了一个观点,人的死就像柴火烧完了一样,柴可以烧完,但是火可以传下去,叫薪尽火传、薪火相传,这是很有名的成语。一个人虽然去世了,但是他的理论、思想、范例、榜样、成就还会被传承下去,我们就会用薪尽火传,柴可以烧完,火并不完。

所以不必把死说得非常可怕,要把生和死看得更开一点,生和死都是大道,要顺应。庄子的话是正确的,但是他有些做法我觉得有点过了。传说他的妻子死了,在《庄子》里也略有描述,他不哭,不悲伤,而且自己还敲着盆、碗在那儿唱歌,这个是过了一点。

生和死都是大道的表现,乐生哀死也是大道的表现,哀得太过分是不应该的。有的宗教甚至认为人死了,悲哀过度是一种罪,是对信仰的一种违背,这种说法也是可以参考的,但是完全不允许悲哀我觉得就过了。庄子鼓盆而歌的故事,也让人觉得有点矫情。

庄子在《大宗师》里特别强调有四个人,他们是莫逆之交,他们是最靠得住的朋友。莫逆就是融洽，从来不找碴，从来不逆行，大家见解一致。什么见解？对生死的见解，这四个人共同的认识，最重要的、意见相同的，就在于他们认为无才是头，万物的开始都是无，每个人都是从无开始的。

比如说你是八〇后，那么1980年前你是无。一个房子、一个器具或者一座山，甚至地球、银河系，在它们出现之前、形成之前都是无，所以"无"才是头。以"生"为脊背，就是背和腰，最重要的、最壮的这一段是"生"，有生之年。以死为屁股。这就像一个人一样，这个人不可能没有头，他的头是无，他不可能没有身子，他的身子是生，最后他还得长个屁股，他这个屁股就是死。所以无、生、死是一体的，这是庄子的一个理论。这四个人就因为在这一点上，认识绝对一致，才成了莫逆之交。

庄子还有个说法，认为死好比回老家，人本来就是从无那儿来的，死了以后又回归无了。有时候我们用这个人"没了"，来代替去世这个说法，那么没了，这不也回老家了吗？从哪儿来的回哪儿去，伤什么心？闹腾什么？这个说法也挺高级。把死作为回到了大自然，回到了大块，回到了头颅那里去了，回到了原来，回到了当初，这也是一种说法。

庄子对待养生，对待人生，对待生死，看法都是作为一个整体。应该说这个整体是一个高明的整体，是一个开阔的整体，是一个令人羡慕的整体观。一个人如果能认识到这一步，他的思想就开放多了。老子说"天地不仁，以万物为刍狗"，也有这个意思，就是天地没有义务让人永远存在下去，就好像是一个用草做的祭祀用的人一样，用完了以后该烧就烧了，该扔掉就扔掉了，天地用不着跟你脉脉含情，搂着你，宠着你。

我们对人生的种种变故，种种可能有的麻烦以及死亡的终结，可以用一种看得开的态度，用一种顺变的态度，用一种自己不给自己找麻烦、找不痛快的态度来对待。庄子的生死观很高明，说法偶有过分也难免。文人写文章，有时候一花哨，他就写过了。庄子够了不起的，他的各种想法实际上是让人变得更清醒，清醒了才能安定，安定了才能有智慧，才能快乐。

三、人的情感，心的方向

虚室生白比自以为是好

颜回见仲尼，请行。

曰："奚之？"

曰："将之卫。"

曰："奚为焉？"

曰："回闻卫君，其年壮，其行独。轻用其国，而不见其过。轻用民死，死者以国量乎泽若蕉，民其无如矣！回尝闻之夫子曰：'治国去之，乱国就之，医门多疾。'愿以所闻思其则，庶几其国有瘳乎！"

仲尼曰："嘻！若殆往而刑耳！夫道不欲杂，杂则多，多则扰，扰则忧，忧而不救。古之至人，先存诸己，而后存诸人。所存于己者未定，何暇至于暴人之所行？且若亦知夫德之所荡，而知之所为出乎哉？德荡乎名，知出乎争。名也者，相轧也；知也者，争之器也。二者凶器，非所以尽行也。

"且德厚信矼，未达人气；名闻不争，未达人心。而强以仁义绳墨之言，术暴人之前者，是以人恶有其美也，命之曰菑人。菑人者，人必反菑之，若殆为人菑夫！

"且苟为悦贤而恶不肖，恶用而求有以异？若唯无诏，王公必将乘人而斗其捷。而目将荧之，而色将平之，口将营之，容将形之，心且成之。是以火救火，以水救水，名之曰益多。顺始无穷。若殆以不信厚言，必死于暴人之前矣！

"且昔者桀杀关龙逢，纣杀王子比干，是皆修其身以下伛拊人之民，以下拂其上者也，故其君因其修以挤之。是好名者也。

"昔者尧攻丛、枝、胥敖，禹攻有扈。国为虚厉，身为刑戮。其用兵不止，其求实无已。是皆求名实者也，而独不闻之乎？名实者，圣人之所不能胜也，而况若乎！虽然，若必有以也，尝以语我来。"

——《庄子·内篇·人间世》

庄子是一个想象力非常强的人，也是发挥主观能动性，发扬主体精神非常明显、突出的人。如果认真地读《庄子》，尤其是读《人间世》这一章，就会发现庄子对于人情冷暖、世态炎凉很有研究，很老到，且非常接地气，眼里不掺沙子，看得清清楚楚。同时对那些读书人——当时叫作士的，其中很多人是候补官员，都想着能够按自己的那套学问、那套理论见解，参与到政治权力生活当中，为各个邦国的诸侯、君王效劳，做一番事业，自己也能光宗耀祖——庄子有很多的警告及忠告。

庄子讲了一个故事，其中他假托孔子和颜回的对话，实际上是庄子自己设想的，或者是编撰出来的。卫国君王年轻气盛，比较好斗。颜回作为孔子最满意的一个仁爱榜样的学生，决心要到卫国去，要用孔子所教给他的仁德、文化、理智、为政以德，去劝导卫君能够走正道。

但是孔子给颜回泼了一大盆冷水，孔子问颜回，到那儿有什么办法能说服卫国的君王呢？颜回希望自己能做到很端正、很正派，同时很谦虚，表面上可以迁就，可以走曲折的道路，但是在原则上要坚持走端正的道路。

孔子马上就否定了，说：要想帮助卫君改弦更张，帮助他另外采取一套治国的方略，恐怕是自找倒霉。到任何一个地方，想改变人家当地的那套为政的办法，首先自己要站得住，能够保全自己。如果自己都站不住，在那儿找了麻烦，甚至在那儿丢了脑袋，还怎么帮助人家改正？一下子就让人家在治国理政的方面做很大程度上的修改，这是根本不可能的。

这里所说的孔子实际是庄子。孔子对颜回有志于去改变卫国的现状，完全否定。那么他出了什么样的主意？他说了十二个字——"瞻彼阕者，虚室生白，吉祥止止"（注：见下一节）。"瞻彼阕者"，就是远远地看着那个空白的地方，远远地看着这个空虚的世界。"虚室生白"，一个房子，只有它是虚室，里面没放什么东西，或者只放很少的东西，它才是光亮的。这倒是生活经验之谈，家里东西越多，越显不出亮来了，照明状况越显不出好来了。"吉祥止止"，如果人能够做到，像一座空房子一样，这个时候才是最吉祥的。人应该把自己做空，不要那么自信，既不要相信自己的德行，也不要相信自己的智谋，这些德行和智谋到了其他地方很可能是吃不开的。

孔子后面又讲了很多。孔子说：到那儿，如果看着不行，也就不必提什么意见了。不说话，也不做事，白白地走一趟，这还算是好事。一看气氛不对，没有说话的余地，也没有人对自己说话感兴趣，就一声不吭了，什么事都不干，这个容易做到。但是再没有活动的空间了，这个事儿就难了。如果没有活动的空间，没有前进和后退的空间，没有行走的空间，没有采取任何行为的空间，不就是把自己僵死在那儿了？那么去了就是去了，什么事都干不成，这样的话究竟又是为了什么而去？

看到这里，我们会觉得这不太像孔子的话，因为孔子毕竟还有一种说法叫"知其不可而为之"，孔子提倡认为这件事情是正确的，是符合仁义道德的，是符合修身齐家治国平天下要求的，就是干不成，也要试着去干一干。而这里庄子说的是，空虚最好，无为最好，别找事才吉祥。要想坚持自己的想法，而且想去说服这些君王，是自讨苦吃，是自取灭亡，是事与愿违，最后是进退两难。

庄子的观点虽然不见得全面，但是庄子对那个时代的险恶、那时候社会生活的困难、那时候一个读书人想参与到政治生活当中想有所建树之困难等的估计，很成熟、很老到。

心斋与坐忘

颜回曰："端而虚，勉而一。则可乎？"

曰："恶！恶可！夫以阳为充孔扬，采色不定，常人之所不违，因案人之所感，以求容与其心。名之曰日渐之德不成，而况大德乎！将执而不化，外合而内不訾，其庸讵可乎！"

"然则我内直而外曲，成而上比。内直者，与天为徒。与天为徒者，知天子之与己，皆天之所子，而独以己言蕲乎而人善之，蕲乎而人不善之邪？若然者，人谓之童子，是之谓与天为徒。外曲者，与人之为徒也。擎跽曲拳，人臣之礼也。人皆为之，吾敢不为邪？为人之所为者，人亦无疵焉，是之谓与人为徒。成而上比者，与古为徒。其言虽教，谪之实也，古之有也，非吾有也。若然者，虽直而不病，是之谓与古为徒。若是则可乎？"

仲尼曰："恶，恶可！大多政法而不谍。虽固，亦无罪。虽然，止是耳矣，夫胡可以及化！犹师心者也。"

颜回曰："吾无以进矣，敢问其方。"

仲尼曰："斋，吾将语若。有心而为之，其易邪？易之者，皞天不宜。"

颜回曰："回之家贫，唯不饮酒不茹荤者数月矣。如此，则可以为斋乎？"

曰："是祭祀之斋，非心斋也。"

回曰："敢问心斋。"

仲尼曰："若一志，无听之以耳，而听之以心；无听之以心，而听之以气。听止于耳，心止于符。气也者，虚而待物者也。唯道集虚。虚者，心斋也。"

颜回曰："回之未始得使，实自回也；得使之也，未始有回也，可谓虚乎？"

夫子曰："尽矣。吾语若：若能入游其樊，而无感其名，入则鸣，不入则止。无门无毒，一宅而寓于不得已，则几矣。绝迹易，无行地难。为人使易以伪，为天使难以伪。闻以有翼飞者矣，未闻以无翼飞者也；闻以有知知者矣，未闻以无知知者也。瞻彼阕者，虚室生白，吉祥止止。夫且不止，是之谓坐驰。夫徇耳目内通，而外于心知，鬼神将来舍，而况人乎！是万物之化也，禹、舜之所纽也，伏戏、几蘧之所行终，而况散焉者乎！"

——《庄子·内篇·人间世》

我们前面讲到颜回要去卫国游说，宣传自己的政见，但是被孔子泼了凉水。颜回问该怎么办。这里是假托孔子，庄子写的不见得是真的孔子。孔子说先斋戒，然后告诉其方法。颜回解释说因为家里一直很穷，所以已经很久没吃过肉，没吃过那些不该吃的东西了。这个意思就是自己现在就处在一个斋戒的状态。

那个时代，在参加一些正式的仪式，尤其是祭奠的仪式，事先都要斋戒，孔子当年也是这样的。孔子告诉颜回，颜回说的斋戒是祭奠仪式的斋戒，自己说的斋戒是什么？是心的斋戒，就是人的内心需要斋戒。这种说法非常有味道，所以"心斋"这个词现在也留下来了。所谓心斋就是先要做到心志专一，去掉一切杂念。听外界的声音、听别人说话，了解外界，不能光靠耳朵，而是要靠心。光靠耳朵那是感官的东西，感官的东西是表面的，不一定靠得住。但又不能够完全靠心，还要靠什么？要靠自己的气。因为用耳朵听只能够留在耳朵里，靠心只能得到符号，或者只能得到对于外部世界的揣摩估计，就是大体上是用心想办法去对应这个符号。气是虚而待物的，只有气本身是空虚待物，而空虚就符合了大道。

空虚是什么？空虚就是道，"唯道集虚"，只有道才能把处在虚无状态的气凝聚在一起。"虚者，心斋也"，能够做到心完全空无下来，这才叫心斋。这说得有点玄，但是"心斋"这个词给人的启发非常大。我们平常说斋，后来叫吃斋，吃斋就是吃素，吃没有厚重味道的东西，没有刺激的东西。有的地方还叫封斋或者把斋，都是按照一定的宗教规矩来掌握自己的饮食。但是庄子发明了一个词叫心斋，就是说不仅仅是在吃的方面可以简化，可以纯化，可以控制到最低的限度，减少一切的刺激；在思想里、在心思上更需要封斋。

我们来分析一下，心斋和气是什么关系？中国人非常重视气，按现在的理解，古代的气第一层指的是呼吸，这个和现代无任何区别。另外，气是一种感受，比如说气状、气虚、心浮气躁，气是一种生理状态，也是一种精神状态。这种状态不是一个器官，而是整个的心理和精神的平衡程度、运用可能性、潜力的情况。一个人生了一场大病，或者做了一次手术，中国人认为这就是伤了元气。元气是什么？这个看不见，也不限于呼吸，还可以进一步说它是一种生命本身的能量、质量和总体的状态。所以心斋就是把心收缩到最大的限度。为什么？耳朵只是器官，器官只感知现象，容易受到干扰，如声音太大耳朵受不了。心容易有心思，容易有成见，容易有喜怒哀乐，受各种各样的情绪干扰，所以心要收缩，要涤荡，要纯洁化、最小化。那剩下的是气，剩下的是生命的本体，是生命的不以意志而改变的状态。

但是气，光一个抑制，它改变不了这个状态，气是一种自在的东西。气里还包括了不受大脑的命令，包含了内脏的状况、肌肉的状况，这些东西并不受或者不完全受大脑的控制。

和心斋最类似的一个说法，就是坐忘，在《庄子》里不止一次提到。坐就是打坐、静坐，往那儿一坐，忘记各种让自己不安的、让自己焦虑的、让自己贪婪的东西，这就叫坐忘。

庄子还解释过什么叫坐忘。"堕肢体"，四肢和身体都不使用，完全放在一边了。"黜聪明"，黜就是罢黜、废黜，把聪明废掉。"离形去知"，既脱离了形体的拘束，也去掉了智谋，去掉了心计。"同于大通"，得了道，就通了。这是庄子的一个特点，老子没有特别地讲"通"，庄子认为道的一大特点就是通。什么跟什么都能打通，都能分析清楚，都能看出它们的一致性、和谐性和平衡性。

一个是心斋，一个是坐忘，含义差不多，都坐忘了，心当然是吃素的了，不在焦虑、兴奋、贪婪之中。心斋所说的心要吃素是什么意思？就是要去掉贪欲、自私、埋怨、恐惧，去掉对别人的恶意，去掉许许多多的心里的肮脏的、虚伪的、低俗的东西，这话有点意义。

心斋和坐忘，一直是中国传统文化自我修养里很重要的两个词，这两个词本身又是相通的，这也是大通，通过心斋和坐忘达到了人与道德的合一。

心理压力与息事宁人

叶公子高将使于齐，问于仲尼曰："王使诸梁也甚重，齐之待使者，盖将甚敬而不争。匹夫犹未可动，而况诸侯乎！吾甚栗之。子常语诸梁也曰：'凡事若小若大，寡不道以欢成。事若不成，则必有人道之患；事若成，则必有阴阳之患。若成若不成而后无患者，唯有德者能之。'吾食也执粗而不臧，爨无欲清之人。今吾朝受命而夕饮冰，我其内热与！吾未至乎事之情而既有阴阳之患矣！事若不成，必有人道之患。是两也，为人臣者不足以任之，子其有以语我来！"

仲尼曰："天下有大戒二：其一命也，其一义也。子之爱亲，命也，不可解于心；臣之事君，义也，无适而非君也，无所逃于天地之间。是之谓大戒。是以夫事其亲者，不择地而安之，孝之至也；夫事其君者，不择事而安之，忠之盛也；自事其心者，哀乐不易施乎前，知其不可奈何而安之若命，德之至也。为人臣子者，固有所不得已。行事之情而忘其身，何暇至于悦生而恶死！夫子其行可矣！

"丘请复以所闻：凡交，近则必相靡以信，远则必忠之以言。言必或传之。夫传两喜两怒之言，天下之难者也。夫两喜必多溢美之言，两怒必多溢恶之言。凡溢之类妄，妄则其信之也莫，莫则传言者殃。故法言曰：'传其常情，无传其溢言，则几乎全。'

"且以巧斗力者，始乎阳，常卒乎阴，大至则多奇巧；以礼饮酒者，始乎治，常卒乎乱，大至则多奇乐。凡事亦然，始乎谅，常卒乎鄙；其作始也简，其将毕也必巨。夫言者，风波也；行者，实丧也。风波易以动，实丧易以危。故忿设无由，巧言偏辞。兽死不择音，气息茀然，于是并生心厉。克核大至，则必有不肖之心应之，而不知其然也。苟为不知其然也，孰知其所终！故法言曰：'无迁令，无劝成。过度，益也。'迁令劝成殆事。美成在久，恶成不及改，可不慎与！且夫乘物以游心，托不得已以养中，至矣。何作为报也？莫若为致命，此其难者。"

——《庄子·内篇·人间世》

庄子假托孔子之名，讲完颜回要去卫国的事情以后，又讲叶公子高要出使齐国的事情。我们所说的叶公好龙中的"叶公"，指的就是叶公子高，他是楚国王室的一个成员，要被国君派去齐国，心理压力非常大，就请教孔子。

他一上来说得就挺逗：这次去齐国的任务很重，很紧张，早晨接受了任务，晚上一身的虚火光剩喝冰水了，平常自己吃饭是随随便便怎么吃都没有关系的，结果这次我喝起冰水来了。为什么？他说齐国的特色是这样，对使者很客气很礼貌，但是跟他们说什么事，他们根本就不放在心上，也不会给办，拖延着，所以自己很紧张。这个也很有意思，礼貌、拖延、不急着给办事，就是现在我们也会碰到这样的问题。

叶公子高接着说，记得孔子经常说（就是所谓的孔子说），办一件事，如果是君王给的任务，办不成，会有"人道之患"，就会被君王责备，会被君主惩罚。如果办成了，会有"阴阳之患"，这里的阴阳有点像中医里的阴阳，说的是人由于心理压力，由于疲劳、紧张，精神状态、生理状况出了麻烦。而这件事他还没办，就已经有"阴阳之患"了。

孔子说，人间两件大事不能违背：一个就是给父母办事，得无条件地去办好；另一个就是给君王办事，按照君臣之意，按照君臣关系的原则，也是没理由，必须办好，这叫作不得已。人生当中有些事不是自己能随便决定的，有需要服从的地方,有需要听命的地方,有不能讲条件的地方。叶公子高这件事首先是不能讲条件的,不用想着逃避这个任务,逃避这个压力,这是不可能的。这一点讲得很有道理、很守规矩。

然后孔子又讲了很有技术性、很具体的一个问题,即不要"溢言",说话不要说过了,尤其是传话不要传过了。孔子说诸侯国、邦国之间,离得近的,交往靠实际的信用。离得远的国家,就需要使臣、外交官传话,当然当时的外交还是中国内部的。这传话一种是传好话,就是你夸我好,我夸你好,这样的话也常常会"溢美"。我们现在还有这个词,就是夸得太过分了、太厉害了,这是溢美之言,就像水倒多了都流出来了一样。还有一种可能是溢恶,双方有些不满意,在情绪作用之下说了点难听的话,经过中间这一传,这事就闹起来了,这就是溢恶之言。溢美之言,也许人家听了还高兴,因为人都爱听好话。溢恶之言,人家听了以后就会大怒,大怒以后又觉得不太可能这样说,觉得传话之人传的这个话,不是很能够令人信服,让人听了以后不太相信。最后弄点什么事到传话之人身上,在传话当中再添油加醋就更糟糕了。

这个问题其实不光是外交,人生当中也会碰到这种事。我没少见这样的人,他们好像天生就喜欢挑拨离间,喜欢传话,而且特别喜欢传难听的话,也不知道他们在传话当中是怎么添油加醋的,他们有一种希望看到出乱子的心态,有一种浑水摸鱼的本能。

所以孔子给叶公子高提的第一个建议,是出使齐国,请注意,传话要小心,要息事宁人。本来自己的压力就够大了,中间传点话再出大的问题,那个罪过就更大了。但是孔子没有提出,如果传话打的折扣太多了,息事宁人,把几方应有的警惕没有唤起来,这个责任也不小。所以这个所谓的孔子的说法也仅作参考。

孔子第二个建议就是不要贪恋,当使者也好,当什么也好,干成了就好,赶紧见好就收,功成则退。他讲了一个非常高明的道理,说很多事儿一上来往往很好,但拖的时间长了,就会复杂化,甚至恶化。比如两人角力,掰腕子、摔跤。游戏刚开始，大家客客气气、规规矩矩，时间长了就使坏招了，双方就不按当初定的规矩来办了。因为老不能取胜，急了。一个很君子的、美好的、讲规则的游戏，最后生出各种犯规思想、犯规行为，乃至于造成两个游戏者的矛盾。

孔子又举了一个更好玩的例子。比如喝酒，几个人一块儿喝酒，开始时很高兴、很客气，相互礼让、相互示好。但越喝越多，就胡说八道起来了，没准儿你这句话他不爱听，他那句话你不爱听。最后骂起来了，打起来了。我见过这种情形。喝醉酒打起来了，还出过人命，还判过刑，真是不得了。

庄子天马行空谈了那么多抽象的、玄虚的、伟大的、摸不着抓不住的高明的理论，同时他对世道人心、世态人情分析得也很好。不管什么事，该收就收，该退就退，千万不要恋栈，就是把一件事情做好了，不应该还往后拖，他这个说法也挺有趣。

老子其实早就提过这样的说法，就是一件事情做好了以后，及时地告退。这样很实在的、接地气的东西，在《庄子》这本书里谈的也还不少。比如庄子还谈过"酒驾"，一个人喝醉酒，赶着马车，或者是坐着马车，喝得越醉摔下来受的伤害越小，这是庄子的一个理论。他说因为人醉的时候缩成一团，自己也不害怕，精神是完整的。但清醒的时候看到马惊了，会被吓到，这种情况会受到大的伤害，这个说法也有点悬。但是我们从这些地方可以看出来，庄子既是一个善于想象的大师，又是一个善于说话的大师。

循道避祸

> 颜阖将傅卫灵公太子，而问于蘧伯玉曰："有人于此，其德天杀。与之为无方，则危吾国；与之为有方，则危吾身。其知适足以知人之过，而不知其所以过。若然者，吾奈之何？"
>
> 蘧伯玉曰："善哉问乎！戒之，慎之，正汝身也哉！形莫若就，心莫

若和。虽然，之二者有患。就不欲入，和不欲出。形就而入，且为颠为灭，为崩为蹶；心和而出，且为声为名，为妖为孽。彼且为婴儿，亦与之为婴儿；彼且为无町畦，亦与之为无町畦；彼且为无崖，亦与之为无崖；达之，入于无疵。

"汝不知夫螳螂乎？怒其臂以当车辙，不知其不胜任也，是其才之美者也。戒之，慎之，积伐而美者以犯之，几矣！

"汝不知夫养虎者乎？不敢以生物与之，为其杀之之怒也；不敢以全物与之，为其决之之怒也。时其饥饱，达其怒心。虎之与人异类，而媚养己者，顺也；故其杀者，逆也。

"夫爱马者，以筐盛矢，以蜄盛溺。适有蚊虻仆缘，而拊之不时，则缺衔、毁首、碎胸。意有所至，而爱有所亡，可不慎邪！"

——《庄子·内篇·人间世》

庄子讲的关于世态人情的复杂情况，还有一个很有趣的故事，鲁国的一个贤人叫作颜阖，公认是很有道德修养的得道之人，被卫灵公请去做太子的老师。卫灵公的太子叫作蒯聩，性格非常凶残。原文说"其德天杀"，有一种天杀的德行。天杀的，现在是骂人的话了，是一种极坏的、极恶劣的性格，"天杀"这两个字暗示蒯聩很喜欢杀人。

颜阖就去请教一个更有资格的大名人，叫蘧伯玉，说要去给卫灵公太子当老师，太子脾气很坏，该怎么办？蘧伯玉讲，就是要小心，一定要小心。

蘧伯玉说跟这样的人相处非常困难，表面上应该听话、接受，"形莫若就"，外表上处处都听他的、接受他的话；"心莫若和"，内心要保持一种和平的心态，他有什么脾气，也不足为奇。但是蘧伯玉又提出来说"就不欲入"，什么事都听他的，可是又不能完全掺和进去，不能变成他那样的人。他凶恶，你也跟着凶恶，那你就变成帮凶了，这个不行。"和不欲出"，心要平和，跟他在一起，有些事就尽量地妥协，尽量地跟他好好说，好好商量。可是这样的话，很快就显出你跟他的不同来了。他很暴躁，你很有修养；他很粗野，你很有礼貌；他动不动瞪眼，你经常保持着笑容。这样的话你就能显出来了，就成了名人了，一成了名人，他就会更加讨厌你。

蘧伯玉其实没有给出正面的方法，但是他提出了两难的处境，不救活他不行，救活了他也不行；不和和气气不行，太跟他和气了也不行，怎么掌握？只能自己掌握。他如果像一个小孩似的闹，你也就陪着当一回小孩；如果他没有任何的分寸，没有任何的界限，那么你也就跟着不那么拘束，也没有什么了不起，只能够这样。蘧伯玉这话里还有一个意思，虽然你是得道的大人物，很了不起，但是碰到这样的孩子，由于他是公子，是君王的儿子，拿他还真没辙。

然后蘧伯玉还讲了一个故事，就是螳臂当车。齐王出去打猎，有一只螳螂，用自己的小手臂挡住打猎的车队。据说因为齐王喜欢勇士，齐王一见螳螂这样勇敢，不在乎自己的渺小，胳膊那么小，居然要挡一个田猎的车队，敢于维护自己的利益，所以齐王要求车队改道，绝不能压螳螂。

蘧伯玉给颜阖讲这个故事的时候，已经把这个故事歌颂勇气、歌颂大无畏精神的意思给抹掉了，变成了一个嘲笑不自量力、注定失败的故事，让颜阖警惕。颜阖后来到底怎么处理的这件事情？《庄子·人间世》里没有说，但是《庄子》的"杂篇"中另外有一个关于颜阖辞让的故事，表达了一种辞让的心理。

庄子在《人间世》里，分析了一些世态人情，分析得确实很老到。庄子不仅仅是一个幻想家、文学家、诗人，还是一个想着大道、想着真人、想着治人、想着修炼的带几分非此岸色彩的幻想家。庄子很老到，懂得世态人情。

但是他写的这些，给别人讲世态人情的大人物，包括里面说到的孔子、蘧伯玉，他们出的主意，几乎没有一个能够针对世道的险恶、人情的恶劣的好主意，他没有办法。庄子强调只能够从个人的精神状态上调整，就是不管怎么样，我的心是平和的，我是不着急的，不跟权势较劲的。不管怎么样，我绝对不给自己找麻烦；不管怎么样，我先保全住自己，避祸第一。不论是孔子给颜回和叶公子高出主意，还是蘧伯玉给颜阖出主意，强调的都是内心的平静。

庄子还说，人照镜子不会在流水那照，而是到静止的水中照，以不流动的水照自己的影像。显然那个时候没有现代的镜子，人想看看自己长得什么样，最好的办法就要在清澈静水之中照。庄子用这个故事告诉人们碰到世态人情，甚至于面对权势，面对君王时的一种心境——心要静，只有自己静止了，才能把外界众多的状态，留止固定下来。

庄子把全身提高到核心价值的位置，所以甚至对一些英勇牺牲的忠臣、名臣，他认为他们是好名，没有能保护好自己。比如说大家看了《封神演义》以后，都会很尊敬比干，但庄子就认为比干是自取其辱、自取其祸，比干如果不是那么好名，一声不吭就可以保全住自己。

庄子讲了一个什么道理？就是保全第一，保身第一，避祸第一，这就是大道。大道首先得避祸，这个说法在那个时代并不奇怪。因为孔子也有类似的道理，遇到邦国、诸侯国无道，需免于刑戮，不至于被杀，或受刑、坐班房；孔子还讲邦有道的时候，不应该默默无闻，应该努力做一些有意义的事情；邦无道的时候，应该愚傻，应该犯傻，免得卷入得太深。

庄子希望士人、读书人、候补官员以及名人头脑清醒一点，别把自己估计过高，不要自取灭亡。这个话是有一部分道理的。

相濡以沫，不如相忘于江湖

　　泉涸，鱼相与处于陆，相呴以湿，相濡以沫，不如相忘于江湖。

　　　　　　　　　　　　——《庄子·内篇·大宗师》

《庄子》一书当中，有许多段落是中国美文的巅峰。庄子思想的巧妙、认识的深刻、语言的雅致、观点的新颖，让人读了以后念念不忘，简直是心爱得不得了。比如庄子讲鱼的故事，不是鲲那样的大鱼，而是鱼在倒霉的处境下的故事，叫作相濡以沫。"濡"当沾湿、沾上讲，如耳濡目染的"耳濡"，就是人经常听到什么，耳朵也渐渐沾上了这个东西。

庄子是这么写的："泉涸，鱼相与处于陆"，泉水干涸了，鱼困在陆地上。"相呴以湿"，都吐出一些水来，吐出一些湿的东西来。"相濡以沫"，用那种带沫的液体，互相滋润着，我吐出来的液体把你湿润，你吐出来的液体把我湿润。这样就不至于一下子死掉，就这样在艰难困苦之中，维持着共同的生存。

就我自己而言，我买过活鱼，但这活鱼不是养在一盆水里，而是在一个篓子里，这个篓子里的鱼跟鱼也吐出了好多沫。我当时看着，觉得非常难过，甚至感到恐惧，因为我觉得这个鱼，要陷于死亡了，它才会这样。鱼本来应该在水里、在海里、在江河里、在湖泊里游来游去，何等的畅快。现在它到了一个干篓子里头了，还弄出来很多的沫，这些沫是挣扎，是死亡的威胁。

但是庄子这么一形容，让人忽然从这里面发现了一种美，看到了一种在绝望中的希望。好像这些鱼是朋友、亲人、夫妻、父子，现在遇难了，到了最困难的时期，我见到你，我也没有办法救你，那我就将我残余的、身体里面的那点液体，吐到你的身上，让你身上沾点湿，沾点水。所以这个"相濡以沫"，可以解释成一种艰难困苦情况下的友谊和亲情，可以解释成人处死地而不死的一种最后的希望，一下子还出现了某种美感。"相濡以沫"这个成语，已经被中国人深深地接受了。

和《庄子》这一段同样地曾经感动我的，是鲁迅。鲁迅在给许广平的诗里，有过这样的话，"十年携手共艰危"，说他们俩结婚十年了，手拉着手共同度过了艰难的、危险的时光。"以沫相濡亦可哀"，在那种情况下，他们夫妻俩就像掉在干地上的两条鱼一样，你给我点水分，我给你点水分。想起来未免有点让人悲哀，但是这个悲哀里仍然有一种爱恋，相互之间的祝福，相互之间的依仗，相互之间的亲爱温柔，多好。就是在最艰危的年代，我们也是"以沫相濡亦可哀"。

夫妻之间的这种可哀的关系，是历来被人们所歌颂、所描写的。元稹的诗里面也有"贫贱夫妻百事哀"，贫贱的夫妻事事都可哀，事事都有感情，事事都难忘。鲁迅的诗、元稹的诗都讲到了"以沫相濡"，都让人感觉到了以沫相濡的艰难困苦，却也感受了以沫相濡中还仍然存在着的温情。

庄子的话不止于此，以沫相濡已经把人感动得一塌糊涂了，以沫相濡这个说法已经让人感到灵魂的震动、灵魂的颤抖了。想不到，庄子又一个三百六十度的前滚翻，空翻到上头去了，把以沫相濡的境界远远地超过去了。他说"相呴以湿，相濡以沫，不如相忘于江湖"，太了不起了。以沫相濡是令人记忆深刻的，以沫相濡是令人感动的，但是以沫相濡也是痛苦的，是危险的，真正的以沫相濡是让人感觉到非常难过的。以沫相濡再好，友情再好，亲情再好，相爱再好，庄子说什么？不如相忘于江湖。

如果把这些鱼，唰地一下扔到黄河、扔到长江、扔到洞庭湖、扔到鄱阳湖里面，这些鱼游过来游过去，想游多远就游多远。鱼儿在水里是多么自由，是多么能干，是多么舒服，但游起来有时候就顾不上老朋友，甚至互相都忘记了，每一条鱼都在享受着自己的逍遥，享受着自己的自由，享受着自己的生命。生命，一个幸福的状态，说不定反而是一个相忘的状态。这说得人心里面又乐又酸，为什么幸福了就会相忘？为什么相忘反倒会更幸福呢？为什么逍遥、自由、享受会出现相忘的情况呢？

想一想，"相忘"这个词也不简单，当年陈胜和儿时伙伴在一起的时候，有过这种话，"苟富贵，无相忘"。意思是如果他们中间哪一个人上去了，成了富贵荣华的人，希望他们之间的友谊不被忘记。所以相忘于江湖，恰恰是因为难忘于江湖。人不会都记得住每天的事的，难忘于江湖，但是又不会不珍惜。鱼可以在水里大幅度地游来游去，这种自由、这种快乐、这种新鲜的经验，实际上是难忘的，没有难忘哪来的相忘？

把人都忘记了，说明没忘记，真正忘记就没有忘记了，是不是？一个人一辈子也许会接触几千人甚至数万人，其中百分之九十五左右都是忘记的。一个人不认为和他人相忘，所谓相忘的，是因为难忘，难忘而又相忘，所以幸福、享受、生命、逍遥、自由，也有感情上的遗憾。

庄子在感情上提倡忘。他讲过坐忘，讲过相忘，人该忘的时候能忘，似乎也是一种幸福。比如说"好了伤疤，忘了痛"，这个俚语的意思是人要吸取教训，不要因为一件事好一点，就把过去的教训忘掉了，这个意思当然是很对的。可是我们要是较点劲呢？好了伤疤，忘不了疼，怎么办？好了伤疤和伤疤没好一样，那能是人类的一个选择吗？

　　该忘就得忘，该记就得记，忘了也还难忘，记住了还必须忘，或者记住了也难免忘。在我们看到这一些东西的时候，是好的文字，是美的文字，也是人生况味的最深刻的体现。

四、庄子的奇想和快乐

庄生梦蝶

> 昔者庄周梦为胡蝶,栩栩然胡蝶也。自喻适志与,不知周也。俄然觉,则蘧蘧然周也。不知周之梦为胡蝶与?胡蝶之梦为周与?周与胡蝶则必有分矣。此之谓物化。
>
> ——《庄子·内篇·齐物论》

庄生梦蝶是一个家喻户晓、脍炙人口的故事,讲的是庄周当年有一次做梦,梦见自己变成一只蝴蝶,这只蝴蝶很生动、很快乐,飞得非常自由酣畅。庄周醒来以后,一看自己翅膀没了,不是蝴蝶了,忽然感到奇怪,是庄周梦到蝴蝶了,还是自己本来就是一只蝴蝶,梦成庄周了?是刚才自己成为一只蝴蝶,在那儿飞的时候算是做梦呢,还是现在自己成了一个人、成了庄周是在做梦呢?

庄子的这个说法非常奇妙。实际上要区分现实和做梦很容易,不可能分辨不清的。人们碰到一件好事不敢相信,以为是做梦的时候,就捏一下自己的大腿,或者自己的胳膊,要是感觉到疼痛就证明自己不是做梦。

庄子的这个说法,不是一个生理学、心理学中梦境的问题,他讲的是人生的某种虚无感、人生的某种不确定感。因为自己今天发生的事情,对于昨天来说可能就是不确定的。人的一生中随时会有意外的惊喜,也会有意外的灾难,这些变化到了人的身上，有时候就会产生做梦的感觉。怎么会这样呢？比如朝为座上客，夕为阶下囚。早晨的时候还是座上的贵宾，等到傍晚的时候已经被逮捕了，成为囚犯了，那么哪个是真的哪个是假的呢？所以庄子的说法指的是人生的一种不确定感。

把自己说成蝴蝶，这是一个凄美的故事，有点可怜，有点凄凉，有点自我怜悯。人活一辈子，自己到底是什么却说不清楚，什么叫"我"？人能说清楚什么是自己吗？表面的事情当然知道，有姓名，那是爸妈给起的；有职业，但这就是自己吗？职业能代表自己的本质吗？职业能代表自己的灵魂吗？有配偶，有孩子，配偶和孩子能够代表自己吗？

所以人对自己有不确定感，人对自己的认知很不容易，这里面不免有些悲凉。就是说人活一辈子，最后总有某些说不清道不明、测不准的事情。人既可以梦见自己成为蝴蝶，蝴蝶也可以做梦，梦见成为一个人，这真是一种美，蝴蝶的美和人的美能够相通，蝴蝶的困惑和人的困惑能够相通。

相通是一种快乐，迷惑是一种审美。雾里看花、镜中看月，这也是一种美。美不是说都是放在显微镜底下，看得很精确、很精细，这种人生的不确定感也是一种美。如果人生太确定了，什么都知道，如十二岁的时候告诉你，你会在八十七岁去世，然后把十二岁到八十七岁的日程都写给你。你觉得那是一种快乐吗？那是一种幸福吗？人生的好奇心、人生的不解之心，有些事情觉得很奇异，有些事情觉得模糊，这些都是一种美感。

这个故事有很强的哲学意味，但是我宁愿说它是一个文学故事，是写人的一种感觉，而且非常中国化，当然它就被中国人所欣赏。李商隐就有"庄生晓梦迷蝴蝶，望帝春心托杜鹃"的名句。庄生早晨醒过来，回想起自己梦为蝴蝶的情形，对自己的人生感到迷惑，对自己的本质和确定性感到迷惑。望帝是蜀王，他死后化成了一只杜鹃，把他有生之年的一些遗憾、委屈、事迹，寄托在杜鹃的叫声当中，因为相传杜鹃的叫声比较悲惨，甚至还有杜鹃啼血的说法。但是"望帝春心托杜鹃"的故事远远没有"庄生晓梦迷蝴蝶"的故事深入人心，被人们所接受。

"庄生晓梦迷蝴蝶"的文学故事,还很有时代感。为什么我这么说?由于现代化的迅速发展,由于全球化的进展,第三世界的国家有时候会有一种困惑,就是丢了自己,找不到自己,西方称之为认同危机。因为现代化的过程当中,要学习发达国家许许多多的管理模式,尤其是科学技术等。学人家学得太多了,容易把自己丢了,这也是很有意思的一种感觉。

把自己丢了是什么滋味?在庄子时期,中国人就已经想到了这个问题,能不能认清楚自己?能不能了解自己?能不能把握住自己?这是多么有意义的一个话题。这个感觉,庄子写得有些悲凉。但是它并不见得是悲观的,而应是很严肃的一个问题,就是怎么样能够认定自己,知道自己的身份,知道自己的本质,知道自己的需要、自己的方向、自己的特色、自己的把握和对自我的珍惜。

我在1980年写过一个中篇小说叫作《蝴蝶》。《蝴蝶》是写在一些政治的风波当中,在人的一生的沉浮当中,在突如其来的变动之中,人那种类似找不到自己的困惑和努力寻找自己的状态,就是能够有一种安定、有一种定力、有一种自我的信心的努力,这也是蝴蝶。

鱼的快乐

庄子与惠子游于濠梁之上。庄子曰:"儵鱼出游从容,是鱼之乐也。"
惠子曰:"子非鱼,安知鱼之乐?"
庄子曰:"子非我,安知我不知鱼之乐?"
惠子曰:"我非子,固不知子矣;子固非鱼也,子之不知鱼之乐,全矣!"
庄子曰:"请循其本。子曰'汝安知鱼乐'云者,既已知吾知之而问我。我知之濠上也。"

——《庄子·外篇·秋水》

知鱼之乐，是一个家喻户晓的故事，也是一段美文。描写庄子和他的老搭档，也是他的一个辩论对手——惠子，两个人在濠水的桥上一块儿溜达。庄子看到白鲦鱼游得非常快，说"鲦鱼出游从容"，它们逍遥自在地在水里游着，是"鱼之乐也"。能自由从容地游来游去的鱼，不是鱼的快乐吗？庄子认为这是鱼的快乐，因为庄子主张逍遥，他认为在水里游来游去的鱼比较逍遥。

惠子就说："子非鱼，安知鱼之乐？"你又不是鱼，上哪儿知道鱼快乐不快乐？庄子说："子非我，安知我不知鱼之乐？"你不是我，你怎么知道我不知道鱼的快乐？

我们猜测庄子这句话的意思里，有点讥笑，或者是暗中影射惠子这个人太无趣了。一个有趣的人、有灵气的人，看见鱼游来游去，能感觉到鱼是快乐的。

惠子说好，我不是你，我不知道你到底知不知道鱼的快乐。但是你也不是鱼，对不对？所以你也就不知道鱼快乐不快乐。你说我不是你，就不知道你知道不知道鱼的快乐，说明我们两个人之间并不能够绝对互通。我不是你，我没法很好地了解你，那么你也不是鱼，你当然也不能很好地了解鱼了。

这个厉害了，惠子实际上抓住了庄子的一个辫子，你认为我不能知道你知道不知道鱼的快乐，也就等于你没法知道鱼快乐不快乐，话已经没法分辩了。这时候庄子来了一招，其实是不合乎逻辑的。庄子说"请循其本"，咱们从头捋一下，咱们是怎么说的？你问我安知鱼之乐，也就是从哪儿知道鱼快乐不快乐。你这么说就已经是知道我知道鱼的快乐，你默认了，所以才问我从哪儿知道的。我已经知道了鱼的快乐，你才问我从哪儿知道的。对不起，我就是从濠水之上，就是从这桥上知道的。

这里，庄子耍了两个小伎俩，从辩论上来说，他不太地道。在那个时代"安知"可以有两方面的意思，一个意思就是：如何能知道？怎么就知道了？问的是怎么。就跟我们现在的口语一样，哪儿知道的？循着什么途径知道的？实际上，惠子说的是庄子知道鱼的感受，没有什么逻辑的必然性。因为鱼究竟快乐不快乐，我们很难确定，庄子能不能了解鱼的感觉，我们也很难确定，这是第一个问题。

第二个问题，庄子有点循环论证。我们设想一下，惠子说，你不是鱼，哪里知道鱼的快乐？庄子回答，你不是我，你哪儿知道我就不知道鱼的快乐？惠子可以回答你不是我，你又怎么知道，我就不知道你到底知道不知道鱼的快乐？然后庄子就可以继续回答，你不是我，你又怎么知道我知道不知道你知道不知道，我知道不知道鱼的快乐？这就跟下象棋下到最后，你这么将军，我把老将挪出来，然后你在这边将军，我把老将移进去，来回谁也将不死谁。这种情况下只能算和棋，不能俩人就这么将下去，那么一万年谁也赢不了谁。所以这个是循环论证，这是行不通的。

在此我补充一句，北京颐和园里有一个非常美的小园林，叫作谐趣园。谐趣园里有一座石头桥，叫知鱼桥，名字就是从庄子的这个故事来的。上了这桥就知道鱼的快乐了，或者说上了这桥，就想起了庄子和惠子的辩论了。

我们接着来分析这个问题，这是一个很美好的故事，原因在哪儿？它的总题目叫"秋水"，秋水明月，都是最干净、最透明、最纯美的东西。在这种情景之下，庄子和惠子俩人在濠水的桥上遛弯，心情多么轻松、多么从容，所以他们是非常快乐的。然后这俩人就聊上天了，俩人又爱抬杠，它不是一次正式的辩论会，更不是科学研讨会，不是说俩人要研究鱼到底有没有快乐之感。

庄子讲鱼之乐其实说明了庄子的蓬勃生机，他与万物相通，与万物合而为一，实际上是庄子的快乐。庄子平常并不把快乐不快乐这些话挂在嘴上，他声明鱼很快乐，其实反映的是他自己心情的快乐；他说鱼从容，是他心情的从容；他看着鱼逍遥和自由，是他自己感到了逍遥和自由。他聊的这个话题没有任何功利的目的，没有任何科学认知上的计较，鱼到底有没有乐感，他并没有回答。

我们可以想象，任何一种生物，如果它生活在一个适合它的环境里，不受干扰，不受侵犯，没有异己的和敌对的力量想破坏它的生命、它的生活，那么那当然是一种生命本身的快乐。一只小鹿在树林里奔跑，不是有猎人追它，也不是有猛兽追它，那它不是很快乐吗？小鹿和鹿妈妈在那儿奔跑应该是很快乐的。一只雄鹰在高空自由飞翔，这不是很快乐的吗？

庄子有这种对鱼的快乐的感受，并且把它说出来，这个很真实、很可爱，连读者读到这儿都会感到非常快乐。惠子在这里反倒显得有点抬杠，庄子说这鱼挺快乐，惠子居然要问，凭什么认为它快乐？从哪儿知道它快乐？你又不是它，哪儿知道它快乐不快乐？

惠子也是没话找话，这也说明惠子也在一种很放松的状态之下，在秋水宜人的时间、地点和一个最好的谈话伙伴，和这么一位大思想家在那儿忽悠，所以不但鱼的游来游去是快乐的，这老哥俩的忽悠也是非常快乐的。惠子也无意于研究鱼之乐否，没有选择这个课题，也没有报这个科研计划，也不是非常认真地来对待和庄子的辩论的。那么这样它就变成一次秋游，就变成一次闲聊，就变成一次对大自然的欣赏和享受，尤其是对于鱼儿游水的这种曼妙的姿势，这种给人的观感的描述和肯定。所以这个故事仍然被人们所热爱，被人们所传播，被人们所欣赏。

庄子的男神

鲁哀公问于仲尼曰："卫有恶人焉，曰哀骀它。丈夫与之处者，思而不能去也；妇人见之，请于父母曰'与为人妻，宁为夫子妾'者，十数而未止也。未尝有闻其唱者也，常和人而已矣。无君人之位以济乎人之死，无聚禄以望人之腹，又以恶骇天下，和而不唱，知不出乎四域，且而雌雄合乎前，是必有异乎人者也。寡人召而观之，果以恶骇天下。与寡人处，不至以月数，而寡人有意乎其为人也；不至乎期年，而寡人信之。国无宰，寡人传国焉。闷然而后应，氾然而若辞。寡人丑乎，卒授之国。无几何也，去寡人而行。寡人恤焉若有亡也，若无与乐是国也。是何人者也？"

仲尼曰："丘也尝使于楚矣，适见独子食于其死母者。少焉眴若，皆弃之而走。不见己焉尔，不得类焉尔。所爱其母者，非爱其形也，爱使其形者也。战而死者，其人之葬也不以翣资；刖者之屦，无为爱之。皆无其本矣。为天子之诸御，不爪翦，不穿耳；取妻者止于外，不得复使。形全犹足以为尔，而况全德之人乎！今哀骀它未言而信，无功而亲，使人授己国，唯恐其不受也，是必才全而德不形者也。"

哀公曰："何谓才全？"

仲尼曰："死生、存亡、穷达、贫富、贤与不肖、毁誉、饥渴、寒暑，是事之变，命之行也。日夜相代乎前，而知不能规乎其始者也。故不足以滑和，不可入于灵府。使之和豫通而不失于兑，使日夜无隙而与物为春，是接而生时于心者也。是之谓才全。"

"何谓德不形？"

曰："平者，水停之盛也。其可以为法也，内保之而外不荡也。德者，成和之修也。德不形者，物不能离也。"

——《庄子·内篇·德充符》

庄子所讲的故事中，有一个故事让人有点接受不了，弄不清它什么意思。

故事说鲁国有一个人叫哀骀它，相貌丑陋，而且还驼背瘸腿，可是这个人非常受欢迎。鲁哀公就此跟孔子探讨，问孔子，哀骀它是个什么人？男人跟他在一起舍不得离开，愿意跟他在一块儿聊天，一块儿相处；女人见了他更是喜欢得不得了，有十几个有模有样的女人都说愿意嫁给哀骀它当妾，而不愿意嫁给别人当妻。古代妻和妾地位相差得非常远，妾算奴婢，而妻只有一个，是主人，两者完全不在一个位置上。这究竟是怎么回事？

然后鲁哀公把哀骀它召到自己这儿，接触没几天，他就非常喜欢这个人，不愿意离开这个人了。鲁哀公给哀骀它任命了很重要的官职，处处都相信他，处处都喜欢他。哀骀它太可爱了，鲁哀公问孔子：一个人怎么能做到这一步？我们看到这儿，还觉得有点奇怪，这是说的什么？下面孔子的回答更让人瘆得慌，孔子说当年他曾经看到过一种情景：有好几个小猪崽看到了它们的妈妈，就都跑到母猪的身旁，含着奶头想喝奶，刚一嘬，它们就知道了这头母猪死了，都吓跑了。

这是什么意思？稍微琢磨一下就明白了。

形体并不重要，猪妈妈形体和原来一样，但是已经死了，已经没有神了，已经没有生命力了，也就没有魅力了。形体差一点儿，有生命力、有魅力，仍然是可爱的。形体再好，但是没有生命，没有精神，没有内涵，这样也只能够让小猪崽们吓一跳罢了。

这是庄子一贯的观点，认为一个人主要是靠自己的精神、自己的内涵、自己的生命力获得亲和力，变得可爱，或者变得可厌。妙哉妙哉，这篇文章没有从正面写，没有说哀骀它说话说得好，说得深刻，说得有水平，说话的声音好，内容也好，智商也高。所以即使他相貌差一点，即使他驼背瘸腿，但是跟他在一起聊天就把人迷住了，庄子并没说。也没有说哀骀它特别聪明，说他品质特别好，一切都先人后己，帮助别人，关心别人，助人为乐。当然，那样的话相貌差一点，大家也喜欢这样的人，庄子并没说。也没有说哀骀它特别性感，所以十几个女人宁愿嫁给他当妾，也不愿意给一个平庸的人、低劣的人、粗俗的人当妻，这些都没有说。庄子把这些都空了下来，让人来猜测，世界上可能不可能有这样的人，靠内涵而不是靠形体，靠智慧而不是靠颜值，靠品德而不是靠背景，能够变得非常可爱？世界上有很多这样的可爱的人。

讲哀骀它的故事之前，庄子在《人间世》里还连着讲了好几个残疾人，讲到这些残疾人也有很高的修养。庄子强调神，强调大道，认为这些东西比一个人的形体重要得多。一个形体很糟糕、很吓人的人，如果他心思可爱、品德可爱、语言可爱，焕发着生命力，仍然可以取得君王的喜爱，还可以取得男性们的喜爱，也能够取得女性们的钦羡追求。

庄子又与儒家的说法不同。如果只说是一个人心神得道比他的长相、形体更重要，儒家也能够接受。为什么庄子不说哀骀它到底哪一点好？因为哀骀它没有经营自己的精神，没有经营自己的魅力，也没有经营自己的亲和力，他都无所谓、不在乎。鲁哀公说，即使让他当大官，他也满不在乎，他也不好好研究。

庄子的理想和老子说的一样，"无为而无不为"，自己不要经营自己，自己不要显摆自己，什么事顺着自己的性子，顺着别人的愿望，自然而然地就都做好了。这种亲和力比在那儿使劲下无用功要好，这说明人天生就有道心，有道心，就能与万物合一，与天地并生，即便长相丑，照样能成为世界上非常可爱之人。这样的经验其实我们都有，有时候一个人的长相、形体一开始我们觉得有点别扭，但是跟他熟悉以后，打交道多了之后，慢慢地就接受了，然后如果又发现了这个人的某些美好的品质，反倒非常喜欢他，所以庄子用这么一个极端的故事来表达对心性、对道、对神，乃至于对智慧的追求。

有时候我们也会看到反面的例子，比如一个人的长相和形体都很不错，但是他一说起话来，主持起节目来就显得啰唆、空洞、肤浅、自吹自擂，暴露了他实际上没有什么深刻的东西，分量非常之轻，人非常之庸俗。还看到过一些活动，仅仅靠请几个形象好的人撑场面，实际上是撑不起来的。相反的，有些人一开口，就立刻显出了他的境界和气质的不同，所以气质比形体更重要，学问比脸面更重要，品德比姿态更重要。听起来哀骀它的故事是一个稀奇古怪的故事，但是庄子是在苦口婆心劝我们，要从根本处来提高修养，从根本处来提高自己的境界和价值。

我们回过头来想想哀骀它是什么人。其实就是庄子心目中的男神，也是庄子那个时代的男神，他的智慧、他的强壮、他的精神力量、他的性感、他的吸引力、他的生命力，远远超过了一个所谓型男，或者是一个美貌者所达到的程度。

轮扁论斫

> 世之所贵道者，书也。书不过语，语有贵也。语之所贵者，意也。意有所随，意之所随者，不可以言传也，而世因贵言传书。世虽贵之，我犹不足贵也，为其贵非其贵也。故视而可见者，形与色也；听而可闻者，名

与声也。（悲夫！世人以形色名声为足以得彼之情。夫形色名声，果不足以得彼之情，则知者不言，言者不知，而世岂识之哉！）[①]

桓公读书于堂上，轮扁斫轮于堂下，释椎凿而上，问桓公曰："敢问，公之所读者，何言邪？"

公曰："圣人之言也。"

曰："圣人在乎？"

公曰："已死矣。"

曰："然则君之所读者，古人之糟魄已夫！"

桓公曰："寡人读书，轮人安得议乎！有说则可，无说则死！"

轮扁曰："臣也以臣之事观之。斫轮，徐则甘而不固，疾则苦而不入。不徐不疾，得之于手而应于心。口不能言，有数存焉乎其间。臣不能以喻臣之子，臣之子亦不能受之于臣，是以行年七十而老斫轮。古之人与其不可传也死矣，然则君之所读者，古人之糟魄已夫！"

——《庄子·外篇·天道》

在《庄子》这本书里面，有不少给人很多启发、引人深思的故事，比如轮扁斫轮的故事。

齐桓公在堂上读书，下边有个木匠师傅在做车轮，这个师傅叫扁。扁看到齐桓公读书，就过来问："大王，您这读什么书呢？"齐桓公说："圣人写的书。"轮扁笑了："什么圣人不圣人的？这些人还活着吗？""当然不在了。""是古人，那古人留下的就更是糟粕了。"齐桓公一听，一个做车轮的木匠师傅这么牛？说话怎么这么随便呢？齐桓公不高兴了，说："圣人的书，你敢说是糟粕，你给我讲讲，讲不出道理来，我要你的命。"这个师傅就说了，齐桓公看的书，都是讲一些伟大的事情、伟大的道理。他只是做一件很小的事情，只懂得很小

[①] 编者注：通行版皆有此段，故补之。

的道理。他就是做车轮,做这车轮需要有一个工具,这个工具叫斫。斫的样子大概相当于农家过去用的镐头,把镐头缩小到原来的十几分之一,就变成手里的小工具,在北京管它叫锛子,在陕西管它叫砍砍子。做这个车轮,就是要用斫这个工具砍出一个轮形来,砍出一个放轴的空洞来。如果砍的劲大了就甜了,上面就会来回晃荡;如果砍的劲小了就苦了,就会紧邦邦的,扣得太死了。所以说劲大劲小或者是甜了苦了,都不合适。

我顺便说一下,关于手工活儿甜了,像我这个年龄没有听说过。苦了,这个话我常常听,意思是说做过了。因为砍那个洞,一使劲,它大了,就会乱晃,我们现在的人说它是苦了。可是古代的时候,恰恰做得不够是苦了,弄得太紧了;做过是甜了,但是没关系,甜了苦了,现在都这么说。比如说一件衣服,袖子很长,要去掉一截,如果一下去多了,袖子就不够长,就说去苦了。

他说用斫的时候究竟使多大的劲儿合适,他爸爸也是做车轮的师傅,没法给他讲清楚,他也没法给别人讲清楚,多好的师傅都讲不清楚,看书更没用。就连这么点的小事都不是用语言能够讲清楚的,也不是用文字能够讲清楚的,得自己去琢磨这个劲,去拿捏这个劲,才能够掌握到一个最好的火候。也就是说怎么做车轮这件事一本书是说不清楚的,一个圣人也是说不清楚的,更何况是治国平天下的大事。这就是他认为书上写下来的东西,不过是糟粕的原因。

后面就没有再说别的了,可是这一段令人深思。语言和文字是中国人的依靠,然而恰恰是语言和文字,未必能够尽达其意。庄子在其他的地方说,道靠的是意译,要靠说才能把它说清楚,要靠言,就是要靠语言来表达道。可是这言要表达的是道的含义、道的内涵、道的用心、道的意义。

可是语言往往又不能够最准确地表达含义,因为语言本身是另外一个系统,它是一个符号,语言说出来以后,它和最准确最恰当最贴切的那个含义,中间是有距离的。语言很重要,要是不同的语言,这脑子更转不过来了,什么都接受不了了。书也很重要,但是语言永远不可能完全符合它所想要表现的一切。

庄子在另外一个地方讲过书就好比古人穿上鞋走路的鞋印,即那个鞋留下的痕迹。因为他的脚并不沾地,所以不是脚的痕迹,是鞋的痕迹,但鞋的痕迹并不等于就是鞋。尽管现在我们很多刑侦专家,看鞋印能做出许许多多的判断,但是毕竟没看见穿到脚上的那双鞋到底是什么样。鞋这个实物和那个脚又有一定的差距,所以鞋印并不等于脚印,脚印也并不等于脚,脚又不等于一个人的身体,身体又不能够完全表达一个人的心态、思想、学问,所以书实际上只能表达很小的一部分古人的经验、古人的头脑、古人的智慧,等等。

庄子说得也够苛刻的,书很厉害很了不起,但是庄子的意思跟孟子的那句名言是一样的——"尽信《书》,则不如无《书》"。靠着看书来治国平天下,未必是靠得住的。语言和文字,并不能够充分地解决沟通的问题、学习的问题、经验的长存问题。因此我们对语言,对书要有某种保留。庄子讲的这个意思,我们还可以找到无数的例子,有些事是可以靠看书来解决的,也有些看书起的作用非常有限。

记得我小的时候特别喜欢太极拳,有很多天不吃早点,用省下来的钱买了一本太极拳式图解。可是别说太极拳了,就是广播体操光看书学也非常困难。相反,如果有一个师傅教,当面给予指导,反倒就能够接受了。这说明有些事要靠语言,有些事不靠语言靠示范靠眼睛靠耳朵接收信息,尤其是靠别人的当面传授。

再比如我们常常讲游泳,为什么我们提出来要在游泳池中学习游泳呢?因为光看书,光上理论课是没有用的,就算上一百节理论课,下到水里也绝对游不起来。相反,要是跟着老师在水里,哪怕喝两口水,把脑袋放进去,体会就不一样了。

庄子居然在两千多年以前就思考这么深刻的问题:语言对人到底重要到什么程度?文字对人到底重要到什么程度?我们到底应该怎么样把握文字和语言?如何能够既尊重文字和语言的意义,保存文字和语言的传承,又不做文字和语言的奴隶?庄子在另外的一些地方又讲,不管看什么书,尤其是所谓圣贤之书,那都是跟我们这个时代离了很远的,而人处理的各种问题,是离不开当时的处境的，是离不开当时所面临的挑战的。太古远的东西，已经不能够成为人处理当前问题的直接论据了。

所有这些都证明了庄子思想的深刻，而他的故事又讲得很轻松很愉快，甚至于从这个故事里还能体会到古代的君王和一个木匠有很亲切的交流。齐桓公有点愤怒，甚至说如果那个木匠说不上来就要他的命，但是这个木匠也并没有惧怕齐桓公，并说出了自己的一番高见，这样的对谈真是值得人怀念。

森林和原野

马，蹄可以践霜雪，毛可以御风寒。龁草饮水，翘足而陆，此马之真性也。虽有义台路寝，无所用之。及至伯乐，曰："我善治马。"烧之，剔之，刻之，雒之，连之以羁馽，编之以皂栈，马之死者十二三矣！饥之，渴之，驰之，骤之，整之，齐之，前有橛饰之患，而后有鞭筴之威，而马之死者已过半矣！陶者曰："我善治埴。圆者中规，方者中矩。"匠人曰："我善治木。曲者中钩，直者应绳。"夫埴木之性，岂欲中规矩钩绳哉？然且世世称之曰："伯乐善治马，而陶匠善治埴木。"此亦治天下者之过也。

吾意善治天下者不然。彼民有常性，织而衣，耕而食，是谓同德。一而不党，命曰天放。故至德之世，其行填填，其视颠颠。当是时也，山无蹊隧，泽无舟梁；万物群生，连属其乡；禽兽成群，草木遂长。是故禽兽可系羁而游，鸟鹊之巢可攀援而窥。夫至德之世，同与禽兽居，族与万物并，恶乎知君子小人哉？同乎无知，其德不离；同乎无欲，是谓素朴。素朴而民性得矣。

——《庄子·外篇·马蹄》

庄子有时候很愿意发表一些奇谈怪论，原因是什么呢？在春秋战国，天下纷扰、诸子百家竞相争鸣，各种声音就像在农贸市场上商家兜售自己的货物一样,都在那儿喊着,想把自己的理论、见解发表出来,尤其是希望引起各个邦国的君王、卿相及其他大官的注意,能够受到欢迎,能够实现自我,能够有所发挥,光宗耀祖做一番事业。可是见解太多了,如果说得平淡无味,根本就没人听,所以很多人一上来就来点绝的,来点吓唬人的。庄子是不是也有这种情况,我们就难以判断了。但是庄子有怪论,比如他对伯乐的批评攻击。

在《马蹄》一章里,庄子一上来就说,这个马,它的蹄子可以踏霜践雪,可以走在冰霜上,走在雪上,一点也不怕凉;它的毛可以御风寒,不怕刮冷风,不怕温度下降,不需要穿大衣。它吃草喝水,跑起来时蹄子能够扬起来,跑得非常之快,这是马真正的性情。他说对于马来说不需要星级的宾馆来招待。

他在另外的地方还有一个更损的说法,说有一只大的海鸟飞到一个沿海的诸侯国家的宗庙里去了。当地的君王非常兴奋,说鸟飞到那儿去了,那是神鸟,是他们的贵宾,是上天派来的。因此君主告诉大家,要给鸟最高级的贵宾的待遇,要奏乐,还要给鸟弄好吃的,按最高的级别准备食物酒水。还要有各种的仪式,向这只鸟致敬,说不定还要点蜡烧香。把那只平常在海上吃点小鱼小虾的鸟足足折腾了几天,最后给折腾死了。

庄子这是说对待一个动物,对待一个对象,得按它的性格,按它的天性,按它的需要,来招待它,不能按你自己的性格,按你自己的需要,按你自己的喜好,来服务它,那最后不是服务,是把它整死了。庄子认为伯乐就是这样的人。

庄子说本来这马自己活得挺好,来了个伯乐,说自己最懂马,最能管马,最会使用马。又说烧,这烧我闹不清楚,为什么还要烧?要剃马身上的毛,要刻字,要在马身上刻字,还要给马戴上笼头。"连之以羁馽,编之以皁栈,马之死者十二三矣",再用绳把这跟那连上,加上木棍和绳子,这马已经让他给收拾得死掉了十分之二三了。然后这样还不算完,还"饥之,渴之,驰之,骤之,整之,齐之",有时候还会让这马饥饿一下,因为他认为那个时间不应该给它喂食,有时候也会让它渴一下,让它奔跑,甚至还要抽一鞭,有时候又要要求马整齐。"马之死者已过半矣",这伯乐说是培养千里马,结果把野马整得死了一半。

当然了，是不是伯乐识马以后，在训练马的时候又把马整死的，这个历史上没有记录。但是庄子说的这种情况多少有一点。他这里说的意思很简单，伯乐是按人的需要来培训马，不是按马的需要来培训马，庄子就抓着这个空子，攻击一下伯乐，要站在马的立场上，也许伯乐的做法有可以探讨的地方。要是站在人类的需要这个立场上，那么伯乐对这些马训练也不全都是坏事。一些野马培训为家畜，生活更稳定了，更能发挥作用了，这是另一面。

庄子的想法是非常奇妙的，底下他又说，"至德之世"，就是最美好的时代，最有德行、最讲道德的时代，人和鸟兽是不分的。人需要的时候，牵上一只动物，就可以跟人一块儿去玩。有兴趣的时候，还可以跑到一个大鸟窝旁边，跟鸟说话，可以去看那些鸟，鸟也不躲，人和动物高度和谐。

这倒让我想起票房非常好的美国电影《阿凡达》来了，阿凡达不就是这样吗？在遥远的星球上，人和动物在一块儿生活得很好，但是地球上的某个开发商去了，变成那个地区的敌人，破坏了那个地方。庄子所设想的那种人和动物亲密无间的和谐生活，两千五百多年以前就有，中国式的阿凡达的幻想。

庄子在《庄子·外篇·知北游》中，又发挥了一下，他有一个特别可爱的描写，说孔子不赞成送来迎往，认为一切的事情该来就来、该走就走，不需要啰里啰唆的，来了不需要迎接，走了，也不需要欢送。"山林与，皋壤与"，在森林在原野上，人本来是欣欣然的，是非常快乐的，但是快乐还没有完全享受到，没有完全表现出来，突然又会感到某种悲哀。快乐该来它就会来，快乐走了，也毫无办法，也无须着急，不快乐了就不快乐；悲哀来了，想挡也挡不住。在森林和原野也会有这种现象。

这太好玩了，非常像北欧的一首民歌，那歌大致是这么唱的，"在森林和原野是多么逍遥，这是多么美丽，多么美丽"，好比庄子说的"山林与，皋壤与，使我欣欣然而乐与"。民歌也是这样，正逍遥快乐的时候，又来这么一段"鸟儿们在歌唱，鸟儿们舞蹈，少女你为什么苦恼又悲伤"？鸟儿非常快乐，鸟儿又唱歌又跳舞，可是少女们为什么又突然悲伤起来了？

里面也写到森林，就像《庄子》里所说的山林，原野就像《庄子》里所写的皋壤。欣欣然，就是鸟儿们在歌唱，鸟儿们在舞蹈，少女们苦恼又悲伤，乐未尽也，乐还没乐完呢，又悲伤起来了。人生的况味各方相通，不同的时间不同的地点却会有同样的感受。

螳螂捕蝉，黄雀在后

宋元君夜半而梦人被发窥阿门，曰："予自宰路之渊，予为清江使河伯之所，渔者余且得予。"

元君觉，使人占之，曰："此神龟也。"

君曰："渔者有余且乎？"

左右曰："有。"

君曰："令余且会朝。"

明日，余且朝。君曰："渔何得？"

对曰："且之网得白龟焉，其圆五尺。"

君曰："献若之龟。"

龟至，君再欲杀之，再欲活之，心疑，卜之。曰："杀龟以卜吉。"乃刳龟，七十二钻而无遗筴。

仲尼曰："神龟能见梦于元君，而不能避余且之网；知能七十二钻而无遗筴，不能避刳肠之患。如是则知有所困，神有所不及也。虽有至知，万人谋之。鱼不畏网而畏鹈鹕。去小知而大知明，去善而自善矣。婴儿生，无硕师而能言，与能言者处也。"

——《庄子·杂篇·外物》

庄子随手写一篇故事，就让人看得非常有趣味，让人咀嚼起来余味无穷。比如说写宋元君的故事。宋元君夜里做梦，梦见一个披头散发的人来推他的门，来找他告急求援。披头散发的人说自己是清水的一个水神，被派去找河神，路上被一个渔夫捉住了，希望得到宋元君的救助。宋元君找了一个会算卦占卜的人，三算两算，占卜者告诉宋元君，说这是神龟求助。宋元君按照在梦里听到的那些信息，找来了渔夫，问渔夫，是不是抓住了一只巨龟？渔夫说是的，抓住了一只大白龟，非常之大。宋元君说拿来给他看看，拿来一看，果然是一只巨型龟。宋元君又找占卜者算。占卜者一算，说这只白龟了不起，把它宰杀了，把它身上的壳拿下来，变成几个板，这几个板用来算卦，三拼两凑就可以算出神卦来。宋元君本来见到这么好的一只白龟，已经流露了宰杀之意，听了占卜者这么说，果断就把白龟给宰了，然后把壳拿下来，按照纹路分成了数块，用来算卦，算一次准一次，全部都是神卦。

讲完这个故事，庄子用孔子的口气评论说，神龟如此之聪明，什么都算得出来，可是保不住自己的命，它算不出自己会落入宋元君之手，它托梦求助的宋元君，恰恰把它宰了。

这里我们可以从很多角度来看，把它当成是一种智者的遗憾，"智者千虑，必有一失"。能算出别人的事保住别人，却不能保护自己。也可以按庄子的常有的思路来看待，越是有用的东西，越是一个人的长处，越可能成为一个人倒霉的缘由。如果这神龟身上的纹路，它那个壳一无可取，乱七八糟，甚至于非常难看，也许宋元君就不杀它了。

当然我们也可以跟庄子抬杠，神龟的龟壳被分解成好几块才能算卦，不是神龟能算卦。如果我们说一个人的骨头排列起来能够有什么用处，难道那是他自己的问题吗？是其他人把他杀了，把他骨头取出来，才有这种作用，他自己没有找事，没有找麻烦。不同的角度，不同的说法。

还有一个故事，说的是一个君王带着一批人去打猎，到了猴山脚下，一看猴子很多，很兴奋。君王拿着弓箭，骑着马冲到猴山上去了，随员们也都骑着马，拿着弓箭冲到猴山上去了，群猴乱跑。但是有一只特别聪明、特别灵巧的猴（如果参加体操比赛，肯定能得冠军），这只猴没跑，甚至根本不把君王这帮打猎的人放在眼里。它抓住这根树枝，跳到那根树杈，悠到这儿来晃到那儿去，根本就不害怕。君王向它射箭时，它手一捏就能接着这支箭，它逗着这个君王玩。君王大怒，就令手下的人一齐射这只猴，最后猴中箭而亡。

庄子的理论是这只猴太"作"了。本来遇到这种情况，遇到了危险，遇到打猎的人，而且遇到的人是君王，还带着随员，是一个队伍。怎么可能战胜这些人？以为自己行动敏捷、身形矫健、眼疾手快，就能保得住性命吗？遇到这种情况，不快跑，反在这儿作，在这儿挑衅，自己找死，活该。

庄子这个故事说得很残酷，但是它也给人们发出了黄牌警告。每个人都不要倚仗着自己聪明，或者某方面有什么长处，就忽视了可能遭遇的危险，就忘记了应该很好地保护自己。

《庄子》里还有稍微复杂一点，令人思索不尽的有名的故事，比如"螳螂捕蝉，黄雀在后"。庄子到一个园子里，有一只鸟飞过来，撞了庄子的脑门一下，然后飞过去了。庄子很不高兴，问，这是什么鸟？答曰这是一种黄鸟，体形大，飞得快，但是眼神不行，容易撞到人。庄子拿起弹弓，准备打这只黄鸟，找到黄鸟，他乐了，因为这只黄鸟正盯着一只螳螂，准备飞过去，把螳螂叼走，变成自己的食物。而这只螳螂也正盯着一只知了，而知了呢，正在树上得意扬扬。螳螂盯着知了要抓知了，黄鸟盯着螳螂要抓螳螂，庄子要报那一撞之仇，拿着弹弓想打这只鸟，一个盯着一个。

于是庄子有所感慨，世界上的事一物降一物、一物盯一物、一物跟一物。在你盯着比你弱小的东西，布下你的罗网，想达到你的目的同时，说不定有更强大的势力盯着你，正想把你收进他们的罗网，正想把你消化掉，正想把你摆平。事情谁能料得到？谁能看到这一切的相生相克的关系？庄子不打这只鸟了，放下弹弓，回头准备走了。这个时候，庄子被看园子的人看到了，看园子的人很不客气，斥责庄子干什么来了，捣什么乱，谁让进来的。庄子写得很简单，也没说后来到底怎么样，只说他受到看园子的人的嗔斥。也就是说在庄子拿着弹弓想要收拾黄鸟的时候，触犯了园子的规定。所以这鸟受到了庄子的威胁，而庄子又受到了看园子的人的责备，这件事情没完没了。

这个成语非常有趣，而且被后人所熟知，就叫作"螳螂捕蝉，黄雀在后"。实际上它所蕴藏的锁链关系人并不完全清楚。蝉在树上是不是也要吃树上的什么汁液、露水呢？庄子没有说。看园子的人在责备庄子的同时，会不会又因为什么也被责备，乃至于被威胁呢？这样一种关系链，可以说也是一种生态，说是死态都行，因为这里面是一个威胁另一个。由此可见一斑，庄子有非常独特的观察生活的角度，也有独特的表现生活的方法。

得道之乐

北门成问于黄帝曰："帝张《咸池》之乐于洞庭之野，吾始闻之惧，复闻之怠，卒闻之而惑，荡荡默默，乃不自得。"帝曰："汝殆其然哉！吾奏之以人，征之以天；行之以礼义，建之以太清。（夫至乐者，先应之以人事，顺之以天理，行之以五德，应之以自然，然后调理四时，太和万物。）四时迭起，万物循生；一盛一衰，文武伦经；一清一浊，（阴阳调和，）流光其声。蛰虫始作，吾惊之以雷霆。其卒无尾，其始无首；一死一生，一偾一起；所常无穷，而一不可待。汝故惧也。

"吾又奏之以阴阳之和，烛之以日月之明。其声能短能长，能柔能刚，变化齐一，不主故常。在谷满谷，在阬满阬；涂郤守神，以物为量；其声挥绰，其名高明。是故鬼神守其幽，日月星辰行其纪。吾止之于有穷，流之于无止。予欲虑之而不能知也，望之而不能见也，逐之而不能及也。傥然立于四虚之道，倚于槁梧而吟：'目知穷乎所欲见，力屈乎所欲逐，吾既不及已夫！'形充空虚，乃至委蛇。汝委蛇，故怠。

"吾又奏之以无怠之声，调之以自然之命。故若混逐丛生，林乐而无形；布挥而不曳，幽昏而无声。动于无方，居于窈冥，或谓之死，或谓之生；或谓之实，或谓之荣；行流散徙，不主常声。世疑之，稽于圣人。圣也者，达于情而遂于命也。天机不张而五官皆备，无言而心说，此之谓天乐。故有焱氏为之颂曰：'听之不闻其声，视之不见其形，充满天地，苞裹六极。'汝欲听之而无接焉，而故惑也。

"乐也者，始于惧，惧故祟。吾又次之以怠，怠故遁。卒之于惑，惑故愚。愚故道，道可载而与之俱也。"

——《庄子·外篇·天运》

庄子最强调的是大道，列子能够乘风飞行，庄子仍然觉得不够理想，因为他要乘风，犹有待也，要不刮风他就不会飞了。那么他真正所向往的飞行是什么？人和大道结合在一块儿，想干什么就能达到什么，想飞就飞，想上天就上天，想入海就入海。那么这个大道到底是什么？

第一，他轻视一切具体的东西，比如说他讲究"得鱼而忘筌，得意而忘言"，筌是竹子做的一种抓鱼的工具。他说人有了抓鱼的工具，抓着鱼了，那么这个工具对人来说已经没有意义了，可以不用了。"得意而忘言"，人说话的目的，是为了表达一个意义，理解了这个意义以后，原词原字忘掉也好，不留痕迹。

这里还有一个暗示，任何语言在表达含义、表达内容的同时，也会损害这个内容。因为句子有句子的规则，词有词的规则，读音有读音的规则，语法有语法的规则。这些言辞被人们常用以后，又变成一种习惯性的认知。这种习惯性的认知又有了自己的规则，规则就是局限。当正面的语言讲得多了，想从负面来理解它，人们就不会接受。当负面的语言多了，想从正面理解它，人们又不会接受，所以得意不如忘了言。

还有文字和语言，也容易有语病，别人也可能把它理解成另外的意思，甚至于理解成和原意相反的东西。所以庄子轻视这些具体的工具。

第二，他轻视语言，他认为用语言或者用具体的东西都不能表达这个道。

庄子还有一个故事，讲一个君王喜欢剑客，而且整天让剑客拿着剑互相争斗，搞得很血腥，伤亡率非常高。于是庄子把自己打扮成一个剑客，提着剑想去说服君王。庄子说自己有三种剑，问君王想要什么样的剑，是老百姓的剑、大臣的剑，还是君王的剑？如果要的是君王的剑，应该拿国土当剑，应该拿山川当剑。君王统治着这么大的地方，这是多大的一把剑，是什么样的实力，这样的实力比一百把剑一千把剑都更强大。应该拿人民当剑，应该用政绩当剑，应该用德行、感染力和说服力当剑。

总而言之，庄子拼命地贬低这个具体的剑。至于匹夫之勇，其实孔子也是这种看法，考虑的永远不是个人的搏斗，不是争强好胜，不是拿剑捅这个一下，捅那个一下，弄得到处流鲜血，而应该是能够运用国土、人民、政绩等各个方面的力量。道不是一件具体的事物，道也不是滔滔不绝的语言。

《庄子》这本书里面前前后后不知写了多少次，这个跟这个论道，那个跟那个论道，其中最著名的是黄帝轩辕氏和当时的一个得道的神仙广成子在崆峒山的论道。道是越论越伟大，越论越玄虚，越论越不具体，越论越不固定。因为道不是一个固定的东西，既不是一个固定的器物，也不是一个固定的名词。所以庄子论了半天道，让人简直有越论越糊涂的感觉。

这种不重视语言、低估语言的作用，一直发展到佛学，到了中国发展成禅宗。佛学最不喜欢的就是用语言用话语来讲禅；禅宁可用一个动作，什么拈花而笑、当头一棒，就是它要给你的教训，给你的回答，它用这个东西来表达它的佛法，佛法在这里就和庄子所讲的大道是一样的。庄子也是这样。

在《庄子》里面，有一段写音乐的，叫《咸池》之乐。这个也很有趣，咸池是古人所说的王母娘娘的一个浴池，在太阳落下去的正西边。以这个咸池为题，有一个大的音乐演奏，恰恰是对这个音乐的描写里面，让人感觉到抓住了对道的一点感觉。

这《咸池》音乐是什么样的呢？"始于惧"，开始的时候是一种恐惧之心、一种威严的声音。"惧故祟"，由于害怕，由于恐惧，所以祟，所以感到混乱、挑战、不祥。祟是邪祟，是不祥，感觉到了危险，心都乱了，这叫"始于惧，惧故祟。吾又次之以怠"。

后面接着的是怠，是放松，害怕一阵子又放松了，这是怠惰的怠，有点发懒，也可能有点入迷，暂时停在了那里。接着来的是"怠故遁"，怠了就走神了，遁是遁灭，怠了就升华了，就忘记具体的烦恼、具体的恐惧，怠了以后精神游走于天地之间，能够躲避了。

"卒之于惑"，有点迷惑，有点闹不清楚。"惑故愚"，结束的时候有一种迷迷糊糊的感觉，然后有种困惑，进入了冒傻气的阶段。"愚故道"，能够体会到一种冒傻气的心态，就是道了。道不是让人变成机灵鬼，道不是让人在那儿动心眼儿、动心思、动谋略，更不是让人在那儿焦虑、在那儿算计、在那儿筹划，而是让人的心变成一片光明、一片开阔，让人的心变成完全的一种镇静、一种定力，这才是道，所以越傻就越得道。

"道可载而与之俱也"，到了这时候，可以把道装到身上，可以把道握到手里，可以把道牵住、抱住、扛住、背住，然后永远和自己在一起，这是写听《咸池》音乐的一个过程，这是几个乐章。想一下，跟现在的交响乐好像还沾点边，一上来有点威严，威严中有点纷乱，这就是祟。然后开始缓和、轻松、抒情，有一种迷醉之感，这就是进入了"怠故遁"的感觉。结束的时候，好像又留下了一些疑问，又好像留下了一些问而不答的缺失，有的缺失让人最后却感觉到似乎得到了一点什么东西，不追求了，也不瞎琢磨、瞎分析了，变得非常踏实。可以说这是一个交响乐，是中华《咸池》之乐；也可以说这正是人们逐渐地寻找道、接近道、得道的过程。

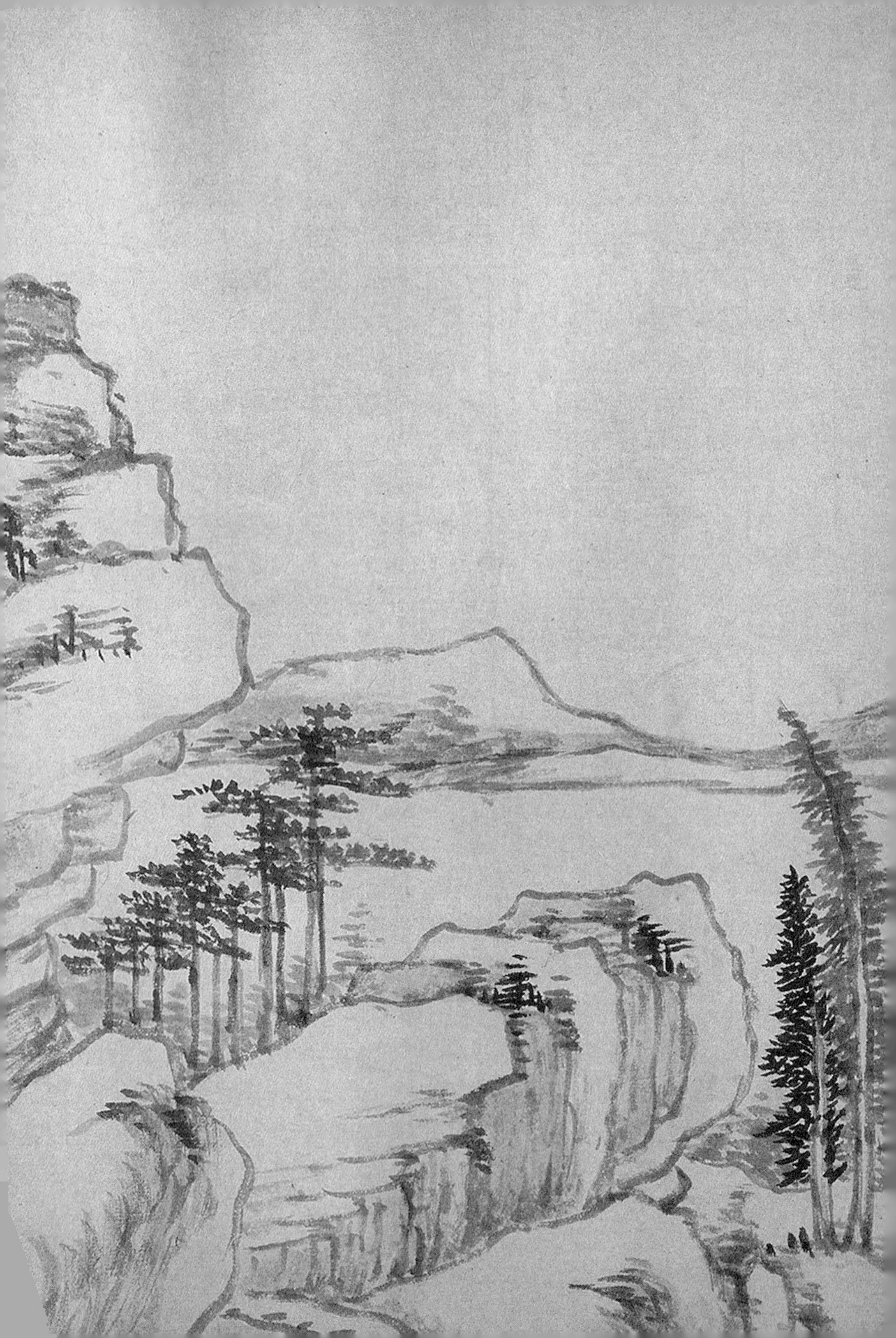

第五章

《列子》
老故事的极致

老实人的极致

范氏有子曰子华,善养私名,举国服之;有宠于晋君,不仕而居三卿之右。目所偏视,晋国爵之;口所偏肥,晋国黜之。游其庭者侔于朝。子华使其侠客以智鄙相攻,强弱相凌。虽伤破于前,不用介意。终日夜以此为戏乐,国殆成俗。

禾生、子伯,范氏之上客,出行,经坰外,宿于田更商丘开之舍。中夜,禾生、子伯二人相与言子华之名势,能使存者亡,亡者存;富者贫,贫者富。商丘开先窘于饥寒,潜于牖北听之。因假粮荷畚之子华之门。

子华之门徒皆世族也,缟衣乘轩,缓步阔视。顾见商丘开年老力弱,面目黎黑,衣冠不检,莫不眲之。既而狎侮欺诒,攩拯挨抶,亡所不为。商丘开常无愠容,而诸客之技单,愈于戏笑。遂与商丘开俱乘高台,于众中漫言曰:"有能自投下者赏百金。"众皆竞应。商丘开以为信然,遂先投下,形若飞鸟,扬于地,肌骨无砟。范氏之党以为偶然,未讵怪也。因复指河曲之淫隈曰:"彼中有宝珠,泳可得也。"商丘开复从而泳之,既出,果得珠焉。众眆同疑。子华昉令豫肉食衣帛之次。俄而范氏之藏大火。子华曰:"若能入火取锦者,从所得多少赏若。"商丘开往无难色,入火往还,埃不漫,身不焦。范氏之党以为有道,乃共谢之曰:"吾不知子之有道而诞子,吾不知子之神人而辱子。子其愚我也，子其聋我也，子其盲我也，敢问其道。"

商丘开曰："吾亡道。虽吾之心，亦不知所以。虽然，有一于此，试与子言之。囊子二客之宿吾舍也，闻誉范氏之势，能使存者亡，亡者存；富者贫，贫者富。吾诚之无二心，故不远而来。及来，以子党之言皆实也，唯恐诚之之不至，行之之不及，不知形体之所措，利害之所存也。心一而已。物亡迕者，如斯而已。今昉知子党之诞我，我内藏猜虑，外矜观听，追幸昔日之不焦溺也，怛然内热，惕然震悸矣。水火岂复可近哉？"

——《列子·黄帝篇》

列子叫列御寇，公元前450年出生，公元前375年的时候去世的。庄子写过列子曾经乘着风在天上飞，这个说得玄一点，但是据考证确有其人。列子最大的特点是留下来的故事特别有趣，大家都知道的《愚公移山》就是列子留下的。我再给大家讲几个达到极致的故事。

首先说的是一个老实人的极致、老实人的巅峰故事。说那时候晋国有一个大人物范氏，他有个儿子叫范子华。范子华特别受到晋王的宠爱，他自己什么官职都没有，但是因为受宠，简直就是当了最大的官一样。他喜欢谁不喜欢谁，甚至都会影响到晋王，他喜欢的人就能得到提升，成了大官；他不喜欢的人就会被赶走，被废掉。而且范子华很喜欢以个人的名义养着一批人，即所谓的"士"（门客），他让这批人整天斗，或者是赛智力，甚至是比武。有时候当着他的面互相斗争，搞得血腥满地，他也满不在乎。

有一个老农叫商丘开，一天他伺候俩人，这俩人恰恰是范子华那儿养着的士。他听这两个士在那儿说范子华怎么能干，对人怎么样，在朝廷上有多大的影响，在那儿有吃有喝，日子过得很好。

商丘开听了心里想，自己在这里活得这么辛苦，条件这么差，有这么好的地方自己得去。他就带上行李跑到范子华家里去了，范子华把他收留了。可是范子华养的是一批能人，他们个个都穿着白色绸缎衣服，坐着华丽的马车，看上去牛得不行。大家一看来了个老农,都瞧不起他、讨厌他、推搡他、骂他,根本不拿他当人看。

可是商丘开这人老实,他没有别的反应,就冲着人家傻笑,人家说什么他就听什么。这帮士真是坏,看他这么老实,觉得骂两句糟践人家也没劲了,就进一步地想骗他。有一次商丘开跟着这帮人,上到一个高台上,有人就说了,谁要是从这儿跳下去,赏给他一百金,然后其他人起哄,跳跳跳,谁跳赏谁一百金。

大家都知道,从这儿跳下去会摔死。只有商丘开傻,慢慢腾腾跳下去了,然后落地站那儿没事,没伤筋,也没动骨。那几个人一看,怎么会有这等怪事?以为是赶巧了,就没当回事。后来又找了一个机会,走到河道弯曲的地方,那里的水特别深,他们说河里有珠宝,谁要是能下水游过去就能摸到。结果又是商丘开听了他们的话,跳到水里,出来时果真拿到了珠宝。

这时候这些人开始嘀咕,他怎么能摸到珠宝?觉得有点怪,觉得商丘开不简单,弄不好有点法术。范子华听说他有绝技,能从高台上飞下来,又能跑到深水里摸出珠宝,也就把商丘开当一个人物了,提高了他的待遇,跟那帮穿白绸缎衣服的门客平等了。

不久范家仓库发生了火灾,范子华就说,谁要是能冲到火里去,抢出绸缎来,就根据抢救出东西多少按照一定的比例来奖赏。商丘开就这么往火里跑,面无难色,来回地跑,身上也没有被烧,结果还真救出很多绸缎。这回范子华的一堆门客都服了,说商丘开是有法术的,练过奇功,就都向他请教,而且跟他道歉,说原来他们也不了解,商丘开道行这么深,不是一般的人;他们多有不敬,算他们这些人瞎了眼了,请商丘开把这套超凡入圣的办法教给他们。

老实人商丘开一听,什么?自己有道术?自己有什么道术?自己饭都吃不上,生活得很差,所以才来这儿。他告诉大家自己什么都没练过。他们让他干什么,他就信什么,就去干了。也不害怕,也没想什么辙,让跳就跳,让下水就下水,让救火就救火,此外没有别的。所以是不是由于自己专心,让干什么就干什么,也没顾上害怕,没有思前想后,也没有想什么奇怪的办法,就一个

"傻"字，就这么把这事办成了？可是他们不该问自己呀，这么一问，他一听还后怕了，这回完蛋了。底下再有什么危险的事，他们叫他去也不去了，如果说有道行，他的道行从此没了。商丘开是这么说的。

这真是一个可爱的故事，一个老实人极致的故事，但是这对道家的思想来说，也不算离奇。

因为庄子的故事里虽然没有这么邪门的，但是也有类似的故事。说的都是一个人越不害怕、越不分心、越不嘀咕、越不算计，成功的可能性就越大；相反，如果一个人左思右想，前怕狼后怕虎，尤其有了狡诈之心、找窍门的心，他的精神状态不好就一定完蛋，精神状态决定一切。

这样一个强调精神状态的观点，至今在我们国人当中也流行。比如说一场球赛输了，很少有人从技术、训练、体制、潮流上分析，而都是分析精神状态。我们的传统文化特别重视精神状态，精神状态在各种事情当中确实也起着非常重要的作用。中国人民革命的胜利也和革命者的精神状态有关系。因为从军事上来说，从经济上来说，革命者这边的资源没法和原来的旧中国的统治者们相比，所以说精神状态确实非常重要。

老实人商丘开的故事是文学的故事，这故事里面有美好的一面，就是诚实的人、老实的人永远不会吃亏，从来没有畏惧的人会胜利。但是实际操作起来，仅仅靠一个什么也不怕，仅仅靠一个傻乎乎好像还不够。所以我们不仅要有一种诚实无畏的精神状态，还要有科学的知识、科学的态度。

不可思议的想象力极致

> 魏黑卵以昵嫌杀丘邴章。丘邴章之子来丹谋报父之雠。丹气甚猛，形甚露，计粒而食，顺风而趋。虽怒，不能称兵以报之。耻假力于人，誓手剑以屠黑卵。黑卵悍志绝众，力抗百夫，节骨皮肉，非人类也。延颈承刀，披胸受矢，铓锷摧屈，而体无痕挞。负其材力，视来丹犹雏鷇也。

来丹之友申他曰:"子怨黑卵至矣,黑卵之易子过矣,将奚谋焉?"

来丹垂涕曰:"愿子为我谋。"

申他曰:"吾闻卫孔周其祖得殷帝之宝剑,一童子服之,却三军之众,奚不请焉?"

来丹遂适卫,见孔周,执仆御之礼,请先纳妻子,后言所欲。

孔周曰:"吾有三剑,唯子所择;皆不能杀人,且先言其状。一曰含光,视之不可见,运之不知有。其所触也,泯然无际,经物而物不觉。二曰承影,将旦昧爽之交,日夕昏明之际,北面而察之,淡淡焉若有物存,莫识其状。其所触也,窃窃然有声,经物而物不疾也。三曰宵练,方昼则见影而不见光,方夜见光而不见形。其触物也,骖然而过,随过随合,觉疾而不血刃焉。此三宝者,传之十三世矣,而无施于事。匣而藏之,未尝启封。"

来丹曰:"虽然,吾必请其下者。"

孔周乃归其妻子,与斋七日。晏阴之间,跪而授其下剑,来丹再拜受之以归。

来丹遂执剑从黑卵。时黑卵之醉偃于牖下,自颈至腰三斩之。黑卵不觉。来丹以黑卵之死,趣而退。遇黑卵之子于门,击之三下,如投虚。黑卵之子方笑曰:"汝何蚩而三招予?"来丹知剑之不能杀人也,叹而归。

黑卵既醒,怒其妻曰:"醉而露我,使我嗌疾而腰急。"

其子曰:"畴昔来丹之来,遇我于门,三招我,亦使我体疾而支彊,彼其厌我哉!"

——《列子·汤问篇》

《列子》里讲了一个不可思议的故事,是一个想象力的极致,即三把宝剑的故事。

魏国有一个很强很霸道的人,叫黑卵,他为一点小的私仇把一个叫丘邴章的人杀了。丘邴章的儿子叫来丹，来丹下决心要报杀父之仇。可是黑卵特别厉害，他会硬气功，一个人打一百个人都没问题。他可以伸出脖子让刀砍，挺起胸来让箭射，最后砍他脖子的刀能卷刃，扎他胸口的箭头被顶弯了。

来丹，作为一个孝子，虽然他报仇的心很盛，但是他的身体非常弱。列子说得也挺神，说来丹吃饭数着米粒吃，吃不了多少粒，走道得顺着风才能走，风大了他要呛着风都走不动。这样的人要报仇杀黑卵，怎么可能？

于是来丹的朋友就给他出主意，让来丹去卫国找一个叫孔周的人，那个人有祖先之前传下来的宝剑，据说还是殷商时期的帝王剑。有了帝王剑，哪怕是一个小孩，都能够吓退敌方的三军将士。

于是来丹就到卫国去拜访孔周，拜访时行的大礼，就好像他是孔周的仆人一样。而且把自己的老婆、孩子都带去了，愿用老婆、孩子做抵押。这种心思就是以死相求，以命相求，命都不要了，只求一件事。然后才说借宝剑。

孔周听了表示很同情，说宝剑倒是有，可是自己并没有用过。第一等的剑叫含光，它的光是含着的，人是看不见它的光亮的。"视之不可见，运之不知有"，看不见它，拿起来也没有分量，没有感觉。它碰上东西没有任何感觉，没有任何迹象，但一碰就被它切断。经过一个东西的时候，那个东西本身都觉察不到，就跟不存在一样。

第二等的宝剑叫承影，就是多少还有个影子。所谓承影，白天人也看不见它，只有在日夕昏明、昼夜相交的时刻，还得冲着北，没有光晃眼的地方，模模糊糊能看见它的一个影子，接触它会略微有一点声音。

第三等的剑叫宵练，白天有影，但是看不见它的光，夜间能看见它的光但是没有影，它碰到什么东西，或者用它砍什么东西，唰地一下子就过去了，可是也不会砍成两段，因为它太快了，从那儿一过东西就合上了，原来什么样还是什么样。

所以这三把宝剑太快了，它们不能杀人。来丹就说好。第一等、第二等的剑自己没有资格借，就借第三等的剑。孔周答应了，把第三等宝剑宵练借给了来丹，让他拿去用。同时把老婆、孩子归还给了他。

来丹拿着宝剑跟踪黑卵。终于有一次黑卵喝醉了，在窗户底下躺下睡着了。来丹进去照着黑卵的腰唰唰唰挥了三剑，心想自己挥了三剑，黑卵也没有什么大的反应。从腰上斩断，黑卵肯定死了，总算报了仇。正要退出，看到黑卵的儿子在门口，斥问来丹干吗来了？来丹一看，唰唰唰又照着黑卵的儿子挥了三剑。可是黑卵的儿子没有任何反应，反问来丹，说跟他比画什么呢，干吗招三次手？

来丹一听完了，这个剑太锋利太无敌了，它杀不了人，一切的努力都白费了。等到黑卵醒过来以后，觉得腰有点疼，就埋怨老婆，说看他喝醉了酒，光着身子在窗户下睡着，也不给他盖个毯子，也不关上窗户，太不关心他了。估计这个黑卵过去常常有这种事情，根本也不怕风吹或者受凉。可是他说这次腰有点疼，以为是受了凉风，他不知道自己挨了三剑。他的儿子就告诉他，说来丹那小子来了，不知道干吗来了，看见自己就比画，招了三次手，弄得自己身体也疼痛，四肢发僵。

这个故事太不可思议啦。这里面有一个奇思妙想，就是说剑太快就杀不了人。这个听着觉得是胡说，但是从数学的理论上，在某种意义上，它有它的道理。为什么呢？

我们想一想，一把剑，要锐利，一是靠它的材料坚固，二是靠它的刃儿薄，刃儿薄到了能够在看似没有间隙的地方进去，以有剑进入无隙，它也属于一种很特殊的材料。来丹现在用的宵练，它的刃儿薄到什么程度呢？它薄到了极致，达到了极致就得是零。它的材料又结实又轻，轻到了什么程度呢？轻到了零的程度。结实到了什么程度呢？它砍什么东西，碰到什么东西的时候，它本身的形状没有任何的变化，它的变化是零。它的刃儿是零，它的重量是零，它的变化是零，三个零相加等于零。因此这把剑砍过去，东西马上就接上了，怎么可能会死人呢？

最好的剑是杀不死人的剑，最好的剑是没有阻力的剑，没有阻力就杀不死人。要是这么琢磨琢磨，列子写的不但不荒谬，反而非常深刻。事物本身就包含着这样的悖论和矛盾。这种对剑术的理解，超出了一般人对剑所能有的想象。

这个想象力真是令人拍案叫绝，让人又服又瘆得慌，杀不死人的剑比能杀死人的剑还让人瘆得慌，因为这想象力太了不起了。这样一个故事，这样一种思路，影响了中国的文化。到今天在武侠小说里也有所表现，譬如说古龙写的《小李飞刀》，里面描写一个侠客叫李寻欢，他靠着飞刀的绝技名闻江湖。当然他的刀不是杀不死人，李寻欢的飞刀是什么性质呢？对手碰到了他，看着他也没有什么了不起，但是他的动作非常快，唰的一声刀就过去了。对手根本就没感觉到疼，也没看见刀怎么砍到自己的胳膊上，但是看见半条胳膊掉到地上了。

这样的武侠就跟我刚才说的那个宝剑的故事一样，真是中国文化的奇思妙想，真是达到了想象力的极致，不可思议的极致，武器的极致，含光不闪的宝剑的极致。

最早的机器人的故事

  周穆王西巡狩，越昆仑，不至弇山。反还，未及中国，道有献工人名偃师。穆王荐之，问曰："若有何能？"

  偃师曰："臣唯命所试。然臣已有所造，愿王先观之。"

  穆王曰："日以俱来，吾与若俱观之。"

  越日偃师谒见王。王荐之，曰："若与偕来者何人耶？"

  对曰："臣之所造能倡者。"

  穆王惊视之，趋步俯仰，信人也。巧夫锁其颐，则歌合律；捧其手，则舞应节。千变万化，惟意所适。王以为实人也，与盛姬内御并观之。技将终，倡者瞬其目而招王之左右侍妾。王大怒，立欲诛偃师。偃师大慑，立剖散倡者以示王，皆傅会革、木、胶、漆、白、黑、丹、青之所为。王谛料之，内则肝胆、心肺、脾肾、肠胃，外则筋骨、支节、皮毛、齿发，皆假物也，而无不毕具者。合会复如初见。王试废其心，则口不能言；废其肝，则目不能视；废其肾，则足不能步。

穆王始悦而叹曰："人之巧乃可与造化者同功乎？"诏贰车载之以归。

夫班输之云梯，墨翟之飞鸢，自谓能之极也。弟子东门贾、禽滑釐闻偃师之巧以告二子，二子终身不敢语艺，而时执规矩。

——《列子·汤问篇》

早在列子时期，他就讲过机器人的故事。他说周穆王在西巡返回的路上碰到了一个匠人，叫作偃师。偃师来见周穆王，带着一个男性，应该是很帅的一个男人。周穆王就问，跟偃师一起来的是哪一位？偃师说是自己造出来的一个歌舞艺人。周穆王一听大吃一惊：什么，造出来的一个人？赶紧迈了几步过去，从上边看到下边，果然像极了真人。用手摇摇它的脑袋，立刻就唱起歌来；摸摸它的手，就跳起舞来，而且是按照节拍来跳的，千变万化随心所欲，又能唱又能跳，人希望它什么样它就是什么样。周穆王渐渐以为这是一个活人，就把他宠爱的那些妃嫔都叫来一块儿看热闹，看新鲜。

大家看得津津有味，表演快结束的时候，这位歌舞艺人停住了，冲着周穆王的女人们挤眉弄眼挑逗调情，周穆王一看大怒，马上就要把这个偃师杀掉。偃师吓坏了，赶紧说那不是个人，然后当着周穆王的面，把他做的那个能跳舞的机器人的胸、肚子就扒开了。让周穆王看它里边的内脏，里面有皮革、木头、胶、漆等，用这些东西做了心、肝、胆、脾、肺、肾等。外边的筋骨、四肢、关节、皮肤、头发、牙齿，都是偃师制造的。人应该有的器官它也都有，把它的肚皮、胸腔再合上，它又跟一个活人一样。周穆王过来试试，把它的心掏出来，心掏出来以后它就不能说话了；把肝掏出来，它的眼睛就不能看了。中医从古就认为肝是管眼睛的，肝好眼睛就好，肝不好眼睛就不好了。把它的肾掏出来，它不能迈步了，走路走得好坏原来是和肾有关系的。

这时候周穆王才消了气儿，他原来以为偃师带来了一个无耻混账的人，竟敢调戏自己的女人，那不是找死吗？现在一看，是这位能工巧匠制造出来的一个机器人，并不是一个真正的活人。所以周穆王也就乐了，说这本事真可以,"人之巧乃可与造化者同功乎"?一个人技艺的巧妙,难道能够和天地一样神奇吗?"造化"指的就是天地。古人认为世界万物,尤其是人,是天地造出来的,是天地让人发展变化到后来的这种样子,有后来的这种本事的。所以周穆王的感想就是,人要是有了本事,简直也跟天地一样。我们听到这个故事会非常感动,我们的祖先真不简单。

在列子时期,他们已经提出了制造机器人的设想,而且还写了一个这么有趣的故事。这个周穆王也真是幸运,中国历史上有那么多的君王,他们争权夺利,辛辛苦苦,哪有谁能像周穆王这样,不但到处巡游,和王母娘娘交友,而且还能看见这种稀奇古怪、巧夺天工的物品,谁有这个机会?

但是这里面也让人产生了一种遗憾,为什么我们的先人有这么高的想象力,但是后来我们的科学和技术没有往这方面发展,只限于一个神话、一个故事、一段很美好的文字而已?这个原因也许和后世影响最大的是儒家,其次还有法家、道家这种情况相关。列子虽然是道家,但是列子的理论和学问赶不上老子和庄子。他讲的这些比较蹊跷的故事,是不受重视、不受鼓励的。后世几乎没有人研究列子这些幻想、这些想象,而只是把它们当作一个奇葩读一读而已。

第二个问题,这里面也已经写得很深刻、很复杂,造出一个机器人来,这个机器人会不会掺和到现实人际关系当中去呢?会不会反倒给人带来困扰,带来麻烦呢?还是说它踏踏实实地就听人类的话呢?这个难说。因为造机器人的人,他的技术、手艺,他的学问是高于常人的。可是造出这个东西来以后,就是周穆王这样的见过世面的大君王,也掌握不了是怎么回事,也显出了自己的幼稚和无知,乃至于嫉妒,这不是太可笑了吗?那么人在使用机器人方面,在和机器人打交道、共同生活方面,就远远不如偃师,不如那个能够制造出奇葩来的所谓夺造化之功、能够和天地媲美的智者,人跟他们是不能相比的。因此造出机器人来,造出人工智能来,会不会给人类带来困扰、麻烦呢?这也不是一句话能够说清楚的。

而且按照中国的传统文化,认为这些都是所谓奇技淫巧,没有什么好处。相反,人所需要的是大道,是诚实、低调,不要老是出邪招,所以即使造出机器人来了，造机器人的人并不会得到很高的评价。对于技术、对于制造，我们的圣贤并不特别重视，虽然我们有这样的故事，有这样的奇葩想象，却没有能够在孔子、孟子、老子、庄子、列子之后真正把我们的技术发展下去。

当然现在不一样了，我们现在既要讲道，又要讲理论；既要讲制度，还要讲自信，还要讲科技的创新，我们祖先已经表现出来的那种巧妙的思维，在我们这一代和后代及其数代之中能有更充分的表现，机器人也好，机器猫也好，其他方面的人工智能也好，都会有很好的前景。

悲情的英雄之歌

太形、王屋二山，方七百里，高万仞，本在冀州之南，河阳之北。

北山愚公者，年且九十，面山而居。惩山北之塞，出入之迂也，聚室而谋，曰："吾与汝毕力平险，指通豫南，达于汉阴，可乎？"杂然相许。其妻献疑曰："以君之力，曾不能损魁父之丘，如太形、王屋何？且焉置土石？"杂曰："投诸渤海之尾，隐土之北。"遂率子孙荷担者三夫，叩石垦壤，箕畚运于渤海之尾。邻人京城氏之孀妻有遗男，始龀，跳往助之。寒暑易节，始一反焉。

河曲智叟笑而止之，曰："甚矣汝之不惠！以残年余力，曾不能毁山之一毛，其如土石何？"北山愚公长息曰："汝心不固，固不可彻，曾不若孀妻弱子。虽我之死，有子存焉。子又生孙，孙又生子，子又有子，子又有孙；子子孙孙，无穷匮也；而山不加增，何苦而不平？"河曲智叟亡以应。

操蛇之神闻之，惧其不已也，告之于帝。帝感其诚，命夸蛾氏二子负二山，一厝朔东，一厝雍南。自此，冀之南、汉之阴无陇断焉。

夸父不量力，欲追日影，逐之于隅谷之际。渴欲得饮，赴饮河、渭。河、渭不足，将走北饮大泽。未至，道渴而死。弃其杖，尸膏肉所浸，生邓林。邓林弥广数千里焉。

——《列子·汤问篇》

悲情的英雄之歌，即列子的愚公移山与夸父追日的故事。

愚公移山的故事已经家喻户晓，愚公九十岁了，他觉得这一生被门口的太形（行）山和王屋山所阻挡，所以下决心要用简单的工具把这两座山移走，挖下一点山上的土、沙石、植物装到簸箕里、篮子里，把这些东西倒到渤海里，这样就可以改善交通状况，使后辈的生活更加快乐。

愚公是一个略带傻气的老头儿，他们村里头还有一个智叟，是一个聪明的老头儿，那个聪明的老头儿就说，愚公也太傻了，像他那样的话，干到死，干上几辈子，都从那山上挪不走太多东西，怎么可能靠他一家子那么几个人的力量，靠一点最简单的工具，就能够把那两座大山移走？

但是愚公说，山是不会增加的，他移山的决心是不会改变的。他死了，还有儿子，儿子死了还有孙子，反正山只能减少，不能增多，无限期地移下去，总会成功的。他的这个决心，感动了掌管世界的最大的神，那个大神受到了触动，说愚公太厉害了，要帮愚公的忙，于是就利用天庭的力量把那两座山挪开了，给愚公让了路。

这个故事为什么能做到家喻户晓？因为毛主席曾经把中国共产党说成愚公。共产党要感动的上帝、感动的天地是谁？是人民。人民是社会主义革命者心目中的天地，有了人民，什么山都可以移走，什么困难都能够克服。而且历史已经证明，中国的革命者，中国的共产党人，他们的愚公移山的决心和意志取得了革命的胜利，才有了今天。

在《列子·汤问篇》这一篇里，讲完了愚公移山的故事，立刻就讲了夸父追日的故事。夸父追日的故事，讲得非常之短，但是回味无穷。夸父自不量力，"欲追日影"，他看着太阳在天上运动的影子，心想既然太阳能运动，他得跟着太阳走。于是就追，一直追到了一个日落的地方。

追的时间太长,太费劲,而且是在日晒之下,他渴了,就去喝黄河的水,把黄河的水都喝光了,又喝渭河的水,渭河的水也喝干了,还不解渴。所以他想到一个大的湿地,要再去喝那边的水。但是还没等他走到大泽的附近,就渴死了。结果他的尸体变成肥料,被他扔下的手杖变成树枝,在那儿长了一片数千里的桃花林。

这个故事一上来就说,夸父自不量力,似乎对夸父不无微词,略有批评。但是看完整个故事,又觉得他很悲情,因为人这一辈子,不能完全以成败论英雄,还要看他的精神,还要看他的奋斗过程。我们并不是只看最后结果,比如说一个人奋斗了六十年,到六十一年的时候成功了,这一辈子难道只能从六十一岁的时候算起吗?不是,整个人生就是一个过程,而夸父的这个过程不简单,他的志气很大,非常豪迈,不怕失败,在他开始行动的时候,他并没有必胜的把握,但他不怕风险,表达了一个人的崇高的理想。

在追太阳的行动当中,他喝干了黄河之水,喝干了渭河之水,最后留下了他的尸体,留下了他的手杖,长出了一片数千里的桃花林。这一辈子够伟大的了,表达了一种理想主义的宁死不屈的精神,当然也有某些遗憾。

又比如欧洲很有名的作品——西班牙塞万提斯的《堂吉诃德》,堂吉诃德有些事情很可笑,甚至成为一个被嘲笑的典型。即使这样,也有越来越多的人向堂吉诃德致敬,因为他有某种理想,他有某种骑士的精神。虽然他骑的不是骏马也不是宝马,情人也不是美女,这些地方都没有达到自己的理想,但是他仍然抱着一种崇高的、极致的想象奋斗着。

夸父追日,除了第一句说他"不量力",其他方面都是很了不起的。谁有这么大的志向,敢和太阳赛跑;谁又有这么大的业绩,能够留下数千里的桃花林,太了不起了。所以现在人们谈到夸父的时候,可能觉得他有些夸张,但是仍然觉得他是一个伟大的人,是一个不一般的人,是一个有志气也有行动的人。

当我们怀念英年早逝的作家路遥的时候,我记得贾平凹先生曾经说,路遥就像追日的夸父,他也许太急了一点,也许他对自己的身体健康爱护得不够周到，但是他是一个有追求的、不怕付出代价的作家。他仍然有相当的成就，他的许多作品仍然受到人们的喜爱。

一个愚公移山，一个夸父追日，两个故事还有相得益彰的效果。因为正是在这样的故事当中，我们既看到了决心的重要性，又看到了实事求是的重要性；我们既看到了有大志的重要性，有敢于挑战的精神的重要性，又看到了所谓登高自卑、行远自迩，就是说人不管要上多么高的山，都得从平地从低处开始往上爬；不管要去多么远的地方，去找王母娘娘也行，都得从脚底下那条路开始。

一个人活几十年连点大志都没有，连点大的想法都不敢有，太可怜了。如果只会想而不会行动，不会从小处开始，从近处开始，未免也令人感到遗憾。

辩证与中庸的极致

> 子夏问孔子曰："颜回之为人奚若？"子曰："回之仁贤于丘也。"曰："子贡之为人奚若？"子曰："赐之辨贤于丘也。"曰："子路之为人奚若？"子曰："由之勇贤于丘也。"曰："子张之为人奚若？"子曰："师之庄贤于丘也。"子夏避席而问曰："然则四子者何为事夫子？"子曰："居！吾语汝。夫回能仁而不能反，赐能辨而不能讷，由能勇而不能怯，师能庄而不能同。兼四子之有以易吾，吾弗许也。此其所以事吾而不贰也。"
>
> ——《列子·仲尼篇》

中庸和辩证法的极致是列子的又一个特别耐人寻味的故事。

孔子的一个学生叫子夏，有一次他问孔子，觉得颜回这个同学怎么样？孔子说，颜回仁爱之心比自己还强。子夏又问，子贡同学怎么样？孔子说，在辩才方面，在外交事务方面，子贡超过了自己，比自己强。子夏接着问，子路同学呢？孔子说，在勇敢方面，在闯劲方面，子路比自己强。那子张呢，怎么样？孔子说，子张这个人严肃认真，这些方面比自己强。

这四个人都被这么夸奖，子夏受到了震动，立马站起来了（古人说话本来是席地而坐的，正规的应该是跪坐），说孔子的话他不太明白，颜回比孔子仁爱，子贡比孔子雄辩，子路比孔子勇敢，子张比孔子认真。可是他们都是孔子的学生，学生怎么能这么多方面比老师还强？

孔子就笑了，让子夏想一想，颜回非常仁爱，但是他不知道世界上的事物还有另一面，还有靠仁爱解决不了的那一面，还有没法仁爱的那一面，还有根本就不仁爱的人，颜回能对付得了那些人吗？能处理得了那些问题吗？当然这是《列子》里记载的孔子的故事。真正的儒家经典里没有这种说法，但是它让人为之一震。

列子认为光靠仁爱解决不了问题，孔子也不是只会仁爱，他在鲁国当大官期间，还杀过人，说明有些事不是光靠仁爱就能解决的。万一如列子所说，颜回只知道仁爱，那就变成过去的一种说法，是妇人之仁。当然这句话有轻视妇女的意思，就是光知道仁，婆婆妈妈，心软，什么事儿都不敢出手。这样的话，有些事是办不成的。懂得仁爱，同时懂得那些不仁爱的人，那些不仁爱的事，要有办法对付他们。

至于子贡有辩才，有口才，善于交际，能够搞外交，在《论语》里已经有这方面的表述。但是所谓的孔子说子贡会辩而不懂得讷（没考虑好先不要说），这个就很有意思了。中国人认为病从口入，祸从口出。什么事都雄辩，什么时候都滔滔不绝，什么时候你都对，那便成了大忽悠了，对不对？

有些话时机不成熟，有些事一时不能做出清楚的判断，不应该胡说。孔子又讲过，时机成熟了再说话，时机不成熟说话叫失言。一个人在说话上已经出现了过失，不该说的话说了，是要承担责任的。我们现在还用"失言"这个词，就是这话说得随便了，起了坏的效果，这叫失言。

但是该说的时候不说叫失人，就是等于失去了一个朋友，失去了别人对你的信任和期待。在该说话的时候一声不吭，这不是不应该吗？要不就是别有用心。所以该说的时候不说叫失人，不该说的时候说了叫失言。另外，毛主席还有一句名言，叫"没有调查，就没有发言权"，谁能够什么都明白，什么都懂啊？不管什么时候你都跟人家去说，准能说对吗？调查研究过了吗？所以，有些时候是不能随便说话的，有些时候是没有资格说话的，有些时候是没有到说话的时机的。遇到这种情况，应该结巴的时候得犯结巴，该大舌头得大舌头，该为难的时候应该为难，觉得不应该说什么的时候可以先不说，甚至有些时候还需要保持沉默。

老子说过"知者不言，言者不知"，也说过"善者不辩，辩者不善"，"善者不辩"就是特别善于辞令，特别会讲话的人，不能随便讲话，不能讲得太多。《琵琶行》里说"此时无声胜有声"，用来形容该沉默的时候，要沉默，该少说一点的时候，要少说一点，该注意谦虚的时候要谦虚一点。

孔子说子路只知道勇敢，不懂得怯，不懂有些事需要有所退缩。有些时候甚至是运动战，需要撤退，需要保护有生力量。有些时候还可以等待时机，韬光养晦，降低调门，以求得稳定和安全，有更合适的时机，该往前冲的时候往前冲，应该向后退的时候向后退。

老子说过要勇敢，还要勇于不敢。毛主席还有句话叫"打得赢就打，打不赢就走"。不是说什么都打，不该打的时候先绕开，先避其锋芒，等有机会，有了把握的时候再收拾敌人。

那么子张呢？所谓的孔子说，子张只知道庄，只知道庄严、严肃，不知道同，不知道还要合群，还要随和，有时候还得凑合。为什么？因为事情的性质不一样，条件不一样，各个方面都是最顺利的情况下，可以按120分的标准来要求一件事情；非常艰难的情况之下，在很多条件不充足的情况之下，只好降而求之，不能什么都那么理想，什么都那么较真，要有所妥协。所以人光知道较真，不知道妥协，这也不是最好的。

这个故事很耐人寻味，给人教益。它说明了世界上的任何一个美德，也都有另一面，还可以从另一面来说，用另一面的道理，用另一面的讲究，使美德变得更全面，使人掌握的道理更中庸。中庸就是更准确，更可持续，道家是不讲中庸的，但是恰恰是在列子的这个故事里，让人感觉到了中庸的味道。

中华文化，道家也好，儒家也好，它们虽然有互相对立、互相矛盾、互相贬低的一面，但是也有相通的一面，这个故事确实给我们很大的启发。那么我们自问一下，有没有顾此失彼，不够全面，不够准确，做的事情也无法持续的时候？

及时行乐与旅游的神话

周穆王时，西极之国有化人来。入水火，贯金石；反山川，移城邑；乘虚不坠，触实不硋。千变万化，不可穷极。既已变物之形，又且易人之虑。穆王敬之若神，事之若君。推路寝以居之，引三牲以进之，选女乐以娱之。化人以为王之宫室卑陋而不可处，王之厨馔腥蝼而不可飨，王之嫔御膻恶而不可亲。穆王乃为之改筑。土木之功，赭垩之色，无遗巧焉。五府为虚，而台始成。其高千仞，临终南之上，号曰中天之台。简郑、卫之处子娥媌靡曼者，施芳泽，正蛾眉，设笄珥，衣阿锡，曳齐纨。粉白黛黑，佩玉环。杂芷若以满之，奏《承云》、《六莹》、《九韶》、《晨露》以乐之。日月献玉衣，旦旦荐玉食。化人犹不舍然，不得已而临之。

居亡几何，谒王同游。王执化人之祛，腾而上者，中天乃止，暨及化人之宫。化人之宫构以金银，络以珠玉；出云雨之上，而不知下之据，望之若屯云焉。耳目所观听，鼻口所纳尝，皆非人间之有。王实以为清都、紫微、钧天、广乐，帝之所居。王俯而视之，其宫榭若累块积苏焉。王自以居数十年不思其国也。化人复谒王同游，所及之处，仰不见日月，俯不见河海。光影所照，王目眩不能得视；音响所来，王耳乱不能得听。百骸六藏，悸而不凝。意迷精丧，请化人求还。化人移之，王若殒虚焉。

既寤，所坐犹向者之处，侍御犹向者之人。视其前，则酒未清，肴未晞。王问所从来。左右曰："王默存耳。"由此穆王自失者三月而复。

更问化人。化人曰："吾与王神游也，形奚动哉？且曩之所居，奚异王之宫？曩之所游，奚异王之圃？王闲恒有，疑暂亡。变化之极，徐疾之间，可尽模哉？"

　　王大悦。不恤国事，不乐臣妾，肆意远游。命驾八骏之乘，右服骅骝而左绿耳，右骖赤骥而左白㸚，主车则造父为御，离䍐为右；次车之乘，右服渠黄而左逾轮，左骖盗骊而右山子，柏夭主车，参百为御，奔戎为右。驰驱千里，至于巨蒐氏之国。巨蒐氏乃献白鹄之血以饮王，具牛马之湩以洗王之足，及二乘之人。已饮而行，遂宿于昆仑之阿，赤水之阳。别日升昆仑之丘，以观黄帝之宫，而封之以诒后世。遂宾于西王母，觞于瑶池之上。西王母为王谣，王和之，其辞哀焉。西观日之所入。一日行万里。王乃叹曰："於乎！予一人不盈于德而谐于乐，后世其追数吾过乎！"

　　穆王几神人哉！能穷当身之乐，犹百年乃徂，世以为登假焉。

——《列子·周穆王篇》

　　这篇讲及时行乐与旅游的神话，说的是西周时期周穆王的故事。这个故事是在竹简文字里发现的，但是已经非常神话化、文学化，从此周穆王就成了及时行乐的代名词，也成了我国第一个以旅游为特色的君主。

　　周穆王时期，从西极之国来了一个化人（出神入化之人，有着半仙之体）。这个化人太棒了，他的功能常人根本达不到。他来了以后，周穆王特别佩服他，把他当神人来伺候，就像他是周穆王的君王一样。但是这一切招待，这个化人根本不放在眼里，认为太低级太庸俗。周穆王又给他盖宫殿，仍然不入化人的眼。

　　化人带着周穆王住自己的宫殿，在哪儿呢？在云彩之上。那里有金有玉，有珍珠，有着各种的宝贝。穆王随着化人来到了云和雨之上，在那儿住着，几十年都不想回自己的国家、自己的宫殿。先是住上了这样的房子，化人又带着穆王出去旅游，往西走。

　　坐的马车由八大名骏拉着，骏马在那时候太高级了，这八大名骏的版本不一样。一种说法是，八大名骏分别是：绝地，这马不踩土，跑起来跟飞一样脚不沾地；翻羽，马跑起来比鸟快，鸟都跟不上；奔宵，能夜行万里，天黑得什么都看不见，它能跑；起影，正对着太阳跑；逾辉，比光还快；超光，也是比光快；胜雾，无论雾里有多少雾，它也不怕，照样跑得非常快；挟翼，它是长翅膀的飞马。

《穆天子传》里的版本，八大名骏分别是：赤骥，红色的马；盗骊，纯黑色的马（"盗"不是说它是偷来的马，而是说它的颜色是人间所没有的，从天上下来的这种好马）；白义，白马；逾轮，此马脚下有一轮子，人怎么转也转不过它；山子；渠黄，黄颜色的马；骅骝，非常华丽的马，它的鬃毛和尾巴是黑色的；绿耳，它的耳朵是发绿的。

总而言之，八骏是八匹马，而且是由天下最有名、最好的马组队。这就是中国古代远在西周年代的宝马豪车。

穆王坐上这样的车，走到了昆仑山下，走到了赤水的北边，他看到了皇帝的宫殿，然后他到了最远的地方，在瑶池与王母娘娘会见。瑶池是个什么地方呢？现在的人猜测可能就在新疆的乌鲁木齐附近，离乌鲁木齐不远的地方有天池，天池就是瑶池，也是当年孙悟空吃蟠桃的地方。也有人说瑶池实际上在当今的吉尔吉斯斯坦、塔吉克斯坦、黑海与里海之间的一个地方。

西周的周穆王和王母娘娘见面，建立了很好的友情。两人一块儿喝了酒，咏了诗，唱了歌，周穆王还答应过几年以后还要重新到这儿来玩一趟，因为这个地方太美好了。简直及时行乐到了极致。穆王的故事流传得非常多，还有各种各样的人就此发表自己的感想。

庄子有庄子的感想，列子有列子的感想，李白有李白的感想。李商隐也写过王母娘娘与周穆王的故事。他是用王母娘娘的口气来写的。"瑶池阿母"，瑶池那位王母娘娘。"绮窗开"，把最绮丽的窗打开了。"黄竹歌声动地哀"，那个地方传来特别动人的歌声，她思念周穆王了。因为周穆王曾经答应她，不久还要再来看望她，还要有西域之行。"八骏日行三万里，穆王何事不重来"，这么快的车，这么好的马，穆王还没来，出了什么事了？

这里李商隐的意思实际上说，周穆王是凡人，不是神仙，这一个来回不知道花了多长的时间。穆王已经离开人间了，再也不会到瑶池和王母娘娘相会，来一段男女二重唱了。人生苦短，须及时行乐，而周穆王就是一个及时行乐的典范，而且传说周穆王还活了105岁，又长寿又行乐，上哪儿去找这样的君王。

唐朝的另一位大诗人陈子昂也从不同的角度写了周穆王。"荒哉穆天子，好与白云期"，穆天子太荒唐，他的思想、他的期待跟白云一样，只等着在天上到处转、到处玩；"宫女多怨旷"，他的那些宫女嫔妃都等着他，只能过着寂寞的生活，充满了哀怨；"层城闭蛾眉"，她们被一层一层地关在内宫里，君王跑到昆仑山、赤水河、瑶池找王母娘娘玩去了，这些宫女空等了一年又一年，紧锁着眉头。"日耽瑶池乐"，他一天一天地沉醉在瑶池的欢乐音乐之中；"岂伤桃李时"，光顾着自己玩了，哪里会惦记这些宫女的青春年华；"青苔空萎绝"，本来青色的草苔慢慢地都干枯了；"白发生罗帷"，这些宫女嫔妃在她们居住的丝绸的帐子里，头发都已经由青变白，青春已经过去了，但这位好玩好旅行的周穆王一点音信都没有。

以上既表达了人生如梦、人生苦短的悲哀，又歌颂了穆王及时行乐、善于享受生活的福气。穆王是很长寿的，还启发了人们在自己的眼皮底下看到的东西很少，享受也非常少，要旅行，还要知道世界之大，要去昆仑山，要去赤水河，要去瑶池。

周穆王的故事多么浪漫，也让人感觉到了普通人生活的局限和遗憾。这样的神话故事，似乎给短促的人生带来了一点幻想，是不是也能带来一点快乐？

出洋相的极致

> 齐景公游于牛山，北临其国城而流涕曰："美哉国乎！郁郁芊芊，若何滴滴去此国而死乎？使古无死者，寡人将去斯而之何？"史孔、梁丘据皆从而泣曰："臣赖君之赐，疏食恶肉可得而食，驽马棱车可得而乘也，且犹不欲死，而况吾君乎？"晏子独笑于旁。公雪涕而顾晏子曰："寡人今日之游悲，孔与据皆从寡人而泣，子之独笑，何也？"晏子对曰："使贤者常守之，则太公、桓公将常守之矣；使有勇者而常守之，则庄公、灵公将常守

之矣。数君者将守之，吾君方将被蓑笠而立乎畎亩之中，唯事之恤，行假念死乎？则吾君又安得此位而立焉？以其迭处之，迭去之，至于君也，而独为之流涕，是不仁也。见不仁之君，见谄谀之臣；臣见此二者，臣之所为独窃笑也。"景公惭焉，举觞自罚。罚二臣者各二觞焉。

——《列子·力命篇》

此篇讲对生与死的体会，是晏子给齐国的君王提意见的故事。

齐国的君王叫齐景公，那个时候齐国指的是山东靠近胶东半岛的这一部分，在现今淄博附近。这一天齐景公到牛山去游玩，上了山以后，往北边看到齐国的都城，风景非常好，树木长得郁郁葱葱，庄稼也是一片又一片，还有各种各样的人间美景。齐景公看到这样的美景以后，反倒落泪了。

他说："你们看，咱们这个国家是多么美丽！我们生活在这里多么幸福！谁能够舍得这样的国家？可是最后还要死亡！一想到人寿命有限，我也不知道哪年我就死了，我心里真难过。"他一边说着，一边流下眼泪来，"如果从古到今就没有死亡这回事，那么我的生活将会多么幸福！那该多好！只要没了死，一切可就真好了。"

随从的大臣中，史孔和梁丘据一看见景公落泪了，两人也就跟着哭上了。可是晏子，就是历史上非常有名的矮个子，他在旁边冷笑。齐景公就问："晏婴，你是我最重用的、最喜欢的臣子。我们这儿说死亡的可能性，我们难过，你笑什么呀？"晏子就说："如果贤明的君王永远活着，那么太公、齐桓公到现在就还当着君王呢，哪轮得上您呢！如果现在还是太公的时代、齐桓公的时代，如果他们都在的话，那您这样的君王也不过就是在田野中种种地，下雨的时候，穿上蓑衣，过那种底层生活。如果他们都在的话，您哪能够得到现在的位置，有对幸福、对荣华富贵、对权势、对享受的依恋。这么多祖先都去世了，您不难过，只臆想到自己有去世的那一天，您哭上了，您这境界也太差了一点。这二位大臣一看您哭赶紧跟着哭，这都是那种溜须拍马的小人，我没法不冷笑处置。"

这个故事含义是多方面的，第一它告诉我们一切的珍惜都是由于最后会失落，或是有失落的可能，乃至于有失落的必然。也就是老子说的"有无相生，难易相成，长短相形，高下相倾，音声相和，前后相随"，就是一切的判断概念，都因为它们是具体的和有限的，有正面也有反面。

比如说一个人长生不老，那也就没有生命可言了，反正怎么变，还是活着的，还是一个样子，这个样子就是存在的一面。只有这一面，没有反面，那有什么可珍惜的？两百年一事无成有什么关系？还有三百年五百年再努力也可以。短短的十年八年创造了大的成绩，这又有什么可称赞的？还有三百年三百万年等您努力。因为有死亡跟生存对比，人才珍惜自己的生命，但是反过来想一想，如果没有死亡，也就失去了珍惜的意义，所以把人设想成长生不老，那完全是胡说八道。

第二个问题，如果人能长生不老，那就没有变化、没有进步了，就根本轮不着现代人的份，上一万代人还在那儿管事，有现代人的什么事？晏子抓住了齐景公一个辫子，齐景公为自己将来可能要死（当然早晚会死）而难过。那么他就不考虑他的祖先都去世了吗？因为中国人是敬祖的，是敬老的，是慎终追远的，所以晏子抓住了齐景公这个辫子。

其实更重要的辫子、更重要的缺陷，在于我前面说的这样一种辩证的生死观，还不在于齐景公对先辈的态度。另外这里还有一件有意思的事，齐景公作为君王，突然谈这么一个话题，而且表现出这么狭隘、这么悲观，没有那种强劲的、进取的、努力的精神，这对一个君王来说是很不合适的。

君王不是写抒情诗的，要是写抒情诗的文人，偶尔这么酸一下，偶尔迎风洒泪，前不见古人，后不见来者，念天地之悠悠，独怆然而涕下，这么说还行，再念叨两句，人活一生，就像白驹过隙，人生如梦，生也有涯，这都行。可是齐景公是君王，要对邦国的生死存亡负责任，对邦国的百姓负责任，责任比天大，却跑这儿说这些空虚的事、未来的事，人人都不可避免的事，太没劲了。

最后，让我们也问一下自己，我们有没有无缘无故地给自己找别扭，自己瞎发愁的？遇上这样的事，我们应不应该改善自己的精神境界和精神状态？

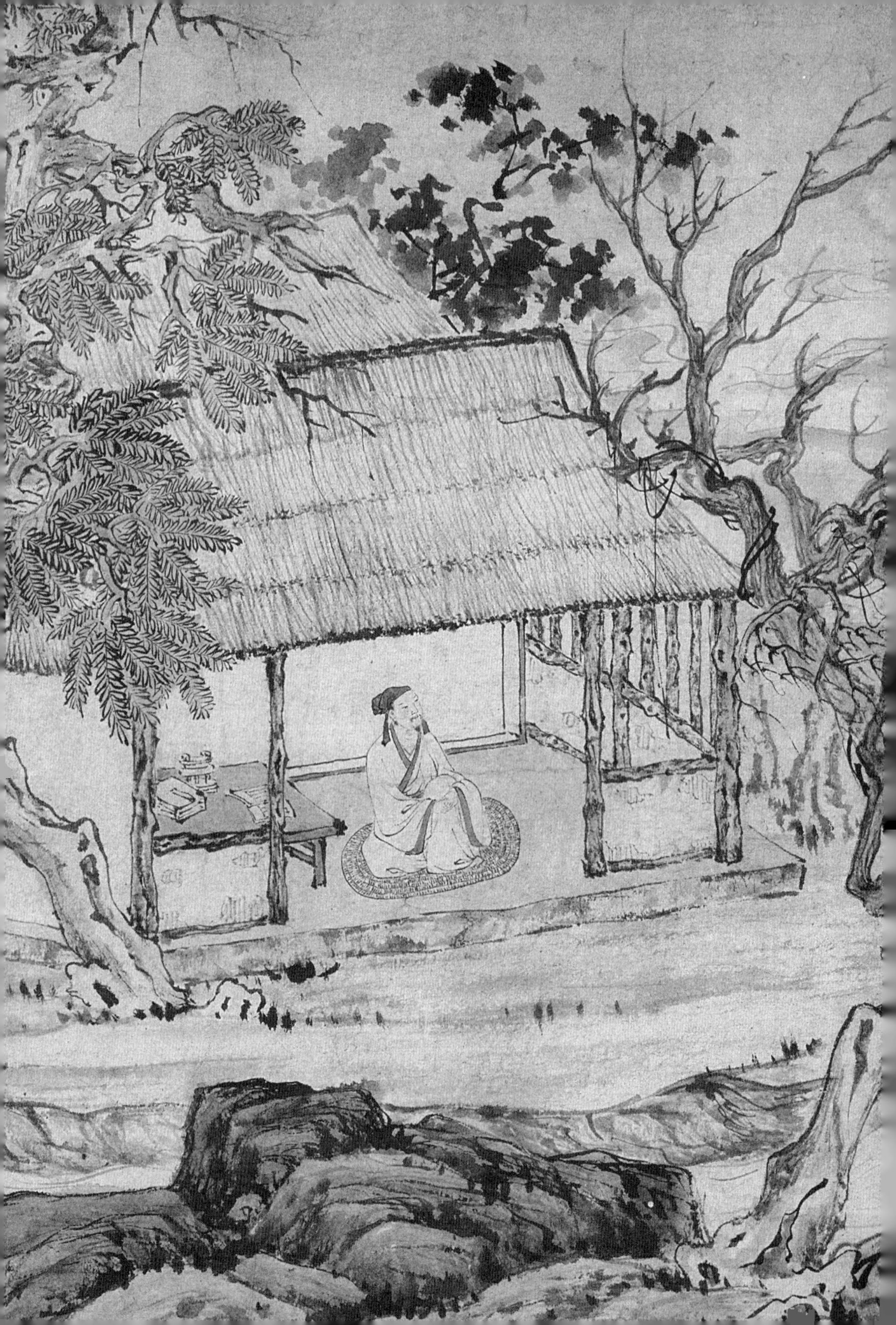

第六章 儒学拾遗

《尚书》《礼记》《中庸》

人心惟危,道心惟微;惟精惟一,允执厥中。

——《尚书·大禹谟篇》

大道之行也,天下为公。选贤与能,讲信修睦,故人不独亲其亲,不独子其子,使老有所终,壮有所用,幼有所长,矜寡孤独废疾者,皆有所养。男有分,女有归。货,恶其弃于地也,不必藏于己;力,恶其不出于身也,不必为己。是故谋闭而不兴,盗窃乱贼而不作,故外户而不闭。是谓大同。

——《礼记·礼运篇》

《曲礼》曰:毋不敬,俨若思,安定辞,安民哉。

傲不可长,欲不可从,志不可满,乐不可极。

贤者狎而敬之,畏而爱之。爱而知其恶,憎而知其善。积而能散,安安而能迁。临财毋苟得,临难毋苟免。很毋求胜,分毋求多。疑事毋质,直而勿有。

礼,不妄说人,不辞费。礼,不逾节,不侵侮,不好狎。修身践言,谓之善行。

——《礼记·曲礼篇》

故君子尊德性而道问学，致广大而尽精微。极高明而道中庸。温故而知新，敦厚以崇礼。

——《中庸》

《论语》和《孟子》被定为四书五经里最重要的儒学著作。自古以来大家都很热衷读这两本书，连皇帝也是。

同时代还有一些非常著名的书，比如《尚书》《礼记》《中庸》《大学》，但是这些书有个麻烦，弄不清到底是谁编的、谁著的。尤其是它们有可能是后来的人用孔子的名义，甚至是用唐尧、虞舜、夏禹、文王的名义发表的伪作。

古代中国与市场经济时期的西方，对知识产权的问题想法非常不一样。西方人警惕的是他的著作被剽窃被歪曲，这样损害了他的知识产权。古代中国不是走市场这条路，有些人有什么见解，都希望被认为是圣贤之说，认为是口含天宪，嘴里说出来的就是老天爷制定的最高大道。因此明明是自己想出来的一个词，他认为把这个说成是唐尧的话、说成是虞舜的话、说成是皇帝的话、说成是孔子的话，能显得高级，一下子就流传开了，这是他所得意的。所以我刚才说的《尚书》《礼记》《中庸》《大学》这一些书，考证它们的来源、它们的背景会有一些问题。

这些书没有完全读过，不要紧，但是这些书里有许多名言，已经被我们的民族所接受，已经被我们的老百姓所接受，几千年来大家都重复这样的话，所以我们不能不提它。

先提一下《尚书》，或者叫《书经》，或者简称《书》。它里面记载了一些古代人物的重要的语言，尤其是《大禹谟》一篇。相传虞舜把天下禅让给大禹的时候，给大禹留下了四句话十六个字，但是后来证明并不是虞舜说的，而是后世西汉时的一些人所留下的。

这四句话很有名，第一句是"人心惟危"，人心相当危险。它有两个方面的含义。一方面是这句话是说给夏禹的，夏禹现在当了帝王，要警惕自己的心，不要有任何的差错，不能有享乐之心、骄傲之心、自满之心、暴戾之心。如果有了这些心，就会被推倒，就会被反对，就会从一个伟大的圣人变成一个无道昏君。掌握了权力以后，要能掌握得住自己的心，不让自己的心思乱了，不让自己胡来。

当然，"人心惟危"也可能有另一方面的意思，就是老百姓的心也有危险性，变来变去，水能载舟亦能覆舟。

下一句"道心惟微"，"微"当精微讲。追求天下有道，按照道来修身齐家治国平天下，对这个道的掌握要很精致、很敬畏，多一分则长，少一分则短，必须恰到好处，精细入微。

然后是"惟精惟一"，现在当了帝王，记住心思要专、要细、要精密，不能够留空子，不能够出麻烦。最后是"允执厥中"，"允"就是公允，得公公正正的，永远掌握着这个世界最准确的那个地方，也是中庸之道。掌握着最正确最合适的地方，不要偏左，不要偏右，也不要偏前，不要偏后。

《尚书》上有这么一段话，还是挺有意思的，说明就是掌权的人也要有一种兢兢业业的精神。

《礼记》中重要的话就更多了，首先它提出了带有原始共产主义色彩的、那种所谓对世界大同的理想，即"大道之行也，天下为公"，这是一个很了不起的思想。"选贤与能，讲信修睦"，选出贤人来，又讲诚信，又能够注重和睦和谐。"故人不独亲其亲，不独子其子"，人们不只是把自己的父母当父母，也不只是把自己的孩子当孩子，而是对天下的父母都像对待自己的父母一样去尊敬，对天下的孩子都像对自己的孩子一样去爱护，这叫大同。这段话在《礼记》里非常重要。

《礼记》里面还有一些话说得也非常好。"毋不敬"，在任何事情上都要保持敬意。"俨若思"，要很严肃地思考各种问题。"安定辞"，无论说什么话，都要在一种比较安定的情况下，不是在盛怒之中，不是在吹牛的情况下，不是跟喝了酒似的拍桌子，别咋呼，要安定。"安民哉"，如果能做到对人保持尊敬态度，思考的时候很庄严很郑重，说话的时候态度很安定，老百姓就心安了。这话真是有道理。"傲不可长"，骄傲之心不能让它增长；"欲不可从"，不能说有什么欲望就干什么；"志不可满"，志向不能说得太满，要压倒所有的人，那可能吗？适可而止，不要满；"乐不可及"，享乐不能至极。

又比如"不妄说人"，不要随随便便地讨人的好，有时候讨好并不是靠得住的。"不辞费"，不要说很多空话，说很多没有用的话。"不逾节"，不要超过应有的分寸和限度。"不侵侮"，别欺负人。"不好狎"，别什么事都当玩笑来看待，不要拿事不当事看，认认真真地对待。

《礼记》中的这些话，是很有意义的。《礼记》中还有些话，虽然不知道它的来源，但是思路特别棒。譬如讲音乐的话，"乐者，天地之和也"，天和地和谐了，就出现了乐音，就出现了音乐，就出现了礼乐。这话说得太大，很难作为一个具体的技术性的问题来讨论，但是把音乐看成是天地之和，我觉得这种见解还是非常了不起的。

《中庸》有段有名的话，说"君子尊德性而道问学"，这个君子，一个精英，尊重的是人的美好的道德和天性。但是光有天性还不行，还要追求学问。"致广大而尽精微"，注意力是非常广大的，要走向的地方，要走向的境界，也是非常广大的。但是光广大，不行，小的方面也要注意。精微，要注意；细节，也要注意。"极高明而道中庸"，这话说得很漂亮。这个人非常高明，是高端人士，境界非常高，认识非常深。但同时，道中庸，无论做什么事，都把握得很准确，很合适，很正常，很有持续性。"温故而知新，敦厚以崇礼"，要懂得过去的事，要尊重传统，这样才能够把现在的事，把新的规矩办好。要很厚道，很诚实，同时，又很注意礼节，心里头厚道了，大面上的礼节，也不能有差错。

《大学》《荀子》

> 大学之道，在明明德，在亲民，在止于至善。

知止而后有定，定而后能静，静而后能安，安而后能虑，虑而后能得。物有本末，事有终始。知所先后，则近道矣。

古之欲明明德于天下者，先治其国；欲治其国者，先齐其家；欲齐其家者，先修其身；欲修其身者，先正其心；欲正其心者，先诚其意；欲诚其意者，先致其知；致知在格物。物格而后知至，知至而后意诚，意诚而后心正，心正而后身修，身修而后家齐，家齐而后国治，国治而后天下平。

——《大学》

凡流言、流说、流事、流谋、流誉、流愬，不官而衡至者，君子慎之。

——《荀子·致士篇》

无稽之言，不见之行，不闻之谋，君子慎之。

——《荀子·正名篇》

小人者，其未得也，则忧不得；既已得之，又恐失之。是以有终身之忧，无一日之乐也。

——《荀子·子道篇》

接下来特别讲一讲《大学》和《荀子》。

《大学》最主要的地方是它阐明了被中国人几千年来所接受的一种修身齐家治国平天下的理论。想让这个国家好，先修身把自己弄得好好的，然后才能齐家，个人好了，家就能好。家管好了，国家就能管好。国家管好了，天下就能管好，叫平天下，正所谓"修身齐家，治国平天下"。

原文讲得很多，"大学之道，在明明德，在亲民，在止于至善"，最大的学问里的根本原则，就是要发扬光大人所固有的美德，在于使人弃旧向新，在于使人的道德达到最完善的境界。

当初这些书并不是写给小孩和老百姓读的，是给权力系统、君王大臣、士大夫们读的，所以强调要明明德，要亲民，要止于至善，要把至美至善当作标准，不能有其他乱七八糟的，诸如自己当神仙、长生不老等这些东西。

对国家的治理，修身齐家治国平天下达到至善，"知止而后有定"，有了目的就能够安定下来；安定下来，就能平静下来；平静下来，就能够更平安了；平安以后才能够思考，才能有所获得、有所认识、有所发现。

"物有本末，事有终始"，各种事情都有前后的逻辑关系。"知所先后，则近道矣"，知道先在哪儿使劲，下一步在哪儿使劲，就靠近大道了。"欲明明德于天下者，先治其国"，想让天下人都执行、都明白、都理解最大的德行最大的道理，也就是想做到平天下，先得把国治好；想把国治好，得先把家管好，家都管不好，国怎么能弄得好！要想把家管好，先自己修身，先从自己做起，自己的修养、自己的文化、自己的态度、自己的道德能不能做到完美？能做到完美，家就是最幸福的家庭。然后家庭幸福了，国家也能幸福，大概就是这么一个意思。虽然逻辑上不完全靠得住，但是它有它的重要性，就是我们所说的以文化立国，以道德立国，以文化的方法来治理国家，注重世道人心，等等，都和《大学》的思想逻辑有密切的关系。

再说一下《荀子》。荀子也是儒家的一个重要的思想家，他有许多自己的思想主张，最重要的思想和孟子是对着干的。他认为人性当中是有一些不好的东西的，这些不好的东西，在后天通过学习，通过文化的浸润，通过师长的帮助，通过整个社会正气的熏陶，会变得越来越少，好的东西会越来越多。

如果没有好的环境，没有文化的教育和熏陶，没有正道的引领，那么一个人的各种缺点、各种问题就都会暴露出来，这个社会就会混乱，就会产生麻烦。

这话听起来很容易接受，但是为什么荀子这样说，而孟子是那样说？我想谈我个人的一点独出心裁的体会。我觉得是因为自古以来，我们不是特别注意学科的分类、角度的分类、学问的分类，我们更注意的是它的整体性，就是这个学问能够使人身修、家齐、国治、天下平，使人民过上幸福的生活，所以它的角度不完全一样。

孔子和孟子的性善论，尤其是孟子的性善论，是从一个文学的角度、一个人学的角度，乃至于一个诗学的角度来看人的。人既然是有人性，人性是希望自己过美好的生活，人性没有说是希望自己过恶劣的生活、危险的生活、害人的生活，所以他们的性善论是对人性的美好的呼唤，这个是对天良的呼唤，这个最像文学的角度，最像诗学的角度。

到了荀子这儿，他是从教育学的角度，他认为人不经过教育，不会很文明，不会彬彬有礼，不会什么事儿都按照规则、秩序来办理。各种的缺陷、各种的野蛮无知和愚蠢都会暴露出来，所以我称荀子的性恶论是从教育学的角度。

老子和庄子及其他道家是从哲学的角度，而且是从终极关怀的角度，在某种意义上，甚至是带有神学色彩的角度来讨论人生的。至于法家，可以说是从管理学的角度，就是怎么样先管住再说，管好了，富国强兵。管理者要有权，要有势，要敢于执行法律，从严管理。在这点上，他和荀子接近，人性是有恶的一面，没有足够的强制、足够的权威、足够的势头，管不好。

名家，是从逻辑学的角度，是从语法学的角度，来研究人间的各种道理。还有一个很重要的墨家，墨子更多的是从道德的角度，从伦理的角度，从人类品德理想化的角度，讲述他的学问。他摩顶放踵，把头发磨没了，把头顶磨得很不像样，把脚丫子也累坏了。他自己要受苦，要贡献给民众，不光是爱自己的家里人，爱自己的亲人，还爱其他人。墨子带有一种献身的精神、一种贡献的精神。

他们的角度不完全一样，说法也不完全一样，不可以很轻易地就否定谁。我们讲儒家讲得多，因为儒家的影响大，这是没有办法的，不能不讲。

荀子还有一些非常可爱的说法，他说"凡流言、流说、流事、流谋、流誉、流愬，不官而衡至者，君子慎之"，就是那些流言蜚语，那些不知从哪儿来的口耳相传，没有什么根据，都在那儿瞎说。或者说有什么事，但是又没有人知道它是真是假，或者忽然把人捧起来，或者是一下子被人骂上，一下子责任被推到身上，变成被舆论攻击的对象，一下成了名人，这名人其实也没有多大的根据。

荀子那个时候，没有手机，也没有电脑，但是照样有流言、流说、流事、流谋，各种的计谋，你给我出这主意，我给他出那个主意，还有流誉、流愬，君子千万别随便信什么流言蜚语，千万别跟着传假消息。荀子已经提出了这个问题，就是我们要善于分辨真伪信息。他又说"无稽之言"，就是没有根据的、没有考察过的那些话；"不见之行"，没有亲眼看见过的、没有实际表现过的行为；"不闻之谋"，从来没听人在公开的大众的场合亮出来的谋略，不要轻信。

荀子有些说法和孔子是一致的，他说"小人者，其未得也，则忧不得"，小人没得到好处的时候，整天发愁得不到；"既已得之，又恐失之"，得到了好处，比如说有了学位，涨了工资，得了奖金，甚至于被提拔了，又整天怕哪天会失去已经得到的这些好处。所以这样的人"是以有终身之忧，无一日之乐也"，他终身都是忧虑的，一天都没有高兴的事。

孟子也说君子有终身之忧，但是孟子说的是忧国忧民，而荀子说的是为自己的私利而一生忧愁，这些说法都很有意思。今天，我们都应该问自己，荀子说的流言蜚语我们听见过没有？我们传播过没有？我们是不是有时候也犯傻，跟着说一些没有根据的话，甚至于传播一些谣言、一些错误的东西？

宋明理学心学

> 圣人千言万语只是教人存天理，灭人欲。
>
> ——《朱子语类》
>
> 你未看此花时，此花与汝心同归于寂；你来看此花时，则此花颜色一时明白起来。便知此花不在你心外。
>
> ——王阳明《传习录》

整体来说，中国儒学的势力非常大，在宋朝和明朝，儒学确实也有很多的发展，成了宋明的理学和心学。实际上它继承的还是孔孟的传统，只是在分析上、讲解上、说法上有不同。国外讲起宋明的理学和心学，把它称为"新儒学"。

首先，宋朝有"程朱理学"，程指的是程颐、程颢，朱指的是朱熹。理学是什么意思？比如说，孔曰成仁，孔子讲的是仁；孟曰取义，孟子讲的是义。仁也好，义也好，在朱熹看来，它都是天理，是一种先验的真理，这个真理是早就存在的。人认识到了，它存在；人认识不到，它也存在。比如说，唐尧、虞舜、夏禹三人被认为是古代的圣人，那个时候，天下人民过着安定幸福的生活。他们那个时候并没有讲那么多的儒学，但是他们的所作所为，符合儒学所讲的那种天理。他们是仁爱的君主，他们是讲义、讲道理、讲原则的君主，他们是非常完美的君主，所以他们非常棒，那个时候的日子就过得非常好，天理始终没有变。

先验的并不是人自己决定的这个道理。譬如说，我前面说的，世道人心好，社会就好，帝王、君王处处在德行上做出表率，成为模范，就起教化的作用，整个社会也就会比较好。如果君王，乃至于一些诸侯，整天争权夺利，玩阴谋诡计，打打杀杀，互相算计，老百姓学会的也是阴谋诡计，打打杀杀，整天算计，那样老百姓不可能过上幸福的生活。

朱熹说这个理，比事实的存在还重要。所以后世的一些哲学家在讲到这个问题的时候，就举一个例子。未有飞机之前已有飞机之理，造飞机是二十世纪的事情，但是飞机原理，不是任何人制造出来的。

空气的原理、气压的原理、力学的原理、浮力的原理，这些原理，人造不造飞机，都有；造不造是技术的问题，和科学认知问题没有关系，一架飞机也不造，照样有空气、动力学的原理，有气压的原理，有能源的原理，还有能量的转换原理，等等。

各种东西都是这样，战争有战争的原理，希特勒发动战争，开始势不可当，最后一败涂地，因为他违背了天理。种族灭绝政策、屠杀犹太人的政策，这是不符合天理的，大概就是这种逻辑和道理。

明朝有个哲学家叫吕坤，他说世界上最重要的就是两个理念，一个是理，另一个是势。理就是大道、天理、先验的道理，不需要证明的道理、公理。势就是势力、力量，就是形势造成人必须服从的一种状态。而且理比势重要，因为即便势很厉害，如果不符合天理，终究是要失败的。

朱熹还有一句有名的话，我当年特别不爱听，他说人这一辈子是天理和人欲做斗争，要"存天理，灭人欲"，要把自己那点私利和欲望灭了。我觉得这个说得不太好，人的欲望有正当的欲望，连孔子都没说要灭。"饮食男女，人之大欲存焉"，哪能灭得去。但是现在也有一种解释，也有道理，就是这里所说的人欲的问题，主要是针对君王说的，针对皇帝说的。就是皇帝治国平天下，要按照天理来做，按照仁义道德来做，按照人性的美好的方面来做，按照文明礼貌、周到君子的手段来做，按照王道的手段来做。而不要因为自己一时的贪欲或者是愤怒等，做出不理智的事情，伤害自己的老百姓。确实有这方面的含义，而且朱熹这人还挺牛，他跟朝廷发生过各式各样的矛盾，在世的时候被整得不轻。皇上说他是伪学，说他宣传的那一套是假的，还说他是搞朋党，拉拢自己的势力。

再有就是明朝的王阳明。王阳明这人能文能武，但是他和朱熹的理论有一些矛盾，他认为这个理不是靠对外界的观察。朱熹提倡人要想诚心诚意，得从格物致知开始，先要很好地观察这个世界，从这个世界里面找到真知灼见，人的心就正了。王阳明年轻的时候，曾经想格物致知，研究竹子，要从竹子身上找出世界的大道理来，结果他什么也没找到，还得了重病。那次对竹子的观察把他累得够呛，后来他认识到理实际上就在心里。如果这心里没有那种感受，没有那种认识，没有那种激动，得不到一种动力，讲多少道理也没用。

王阳明这一点和朱熹的说法是有一些不一样的，他也有一些非常美好的语言。比如"你未看此花时，此花与汝心同归于寂"，你没有看到这朵花的时候，你是很寂寞的，那么美好的花，没有人看到，它也是很寂寞的。"你来看此花时，则此花颜色一时明白起来"，你一来看这花，它一下子颜色也鲜明了。它哪个地方好看，哪个地方不好看，哪个地方是红的，哪个地方是白的，哪个地方是黄的，你心里也有了印象，你对这花也有了喜爱，这既是你的胜利，也是花的胜利。花再好看，没有人看见，我们讨论它又有什么意义呢？理和心的问题也是这样，理讲得再好，但是它不能和人心结合起来，它不能深入人心，它不能变成人的内心、自己的愿望和需要。来回地讲又有什么作用呢？只能入耳不能入心，如果又能入耳又能入心，那又是一个什么样的情况呢？

　　王阳明曾和他的一个学生王艮聊天，他问王艮，在大街上看见什么了？王艮说看见满大街都是圣人。这是王艮从王阳明那儿学的，说圣人在哪儿，大街上任何一个人都可以是圣人，人只要接受了孔孟的思想，接受了仁义道德思想，就可以当圣人，人人都可以当圣人。王阳明马上接了一句话，说如果你看着满大街都是圣人，那么满大街的人看着你也是圣人。他强调人的主体的能动性，一个人用最好的思想、最好的心思来看这个世界，那么在这个世界上你得到的也是最美好的对待。

　　当然所有的这些说法都有不够周到、不够完全的地方，但是他们的努力，对延续儒家的文化传统、学统、道统，还是有正面意义的。

　　所以中国几千年来有许多儒家的经典，有许多美好的语言，当然也有遗憾的地方，这些我们都可以从容不迫地来加以体会，加以学习，来丰富我们的精神资源，来丰富我们的精神生活。

结语

儒道互补・三教合一・万善同归

最后讲一讲儒道互补与三教合一。儒道互补就是指以孔孟为代表的儒学、儒家和以老庄为代表的道家、道学之间的互相补充。三教合一是指儒、释、道三个教派的融合。

实际上，我讲的不仅限于三种学问，还特别要讲到法家，因为法家在中国也非常重要。中国文化有一个特点，它不是一种自己束缚自己的文化，不是动辄排他的文化。它常常从不同的学说、不同的理论当中寻找那些共同性的东西，即使是不同的地方，也可以互补。

就拿"道"这个字来说，道家等人重视道，认为道是根本，是法则，是起源，道是从无到有，从有到无，一切变化的依据。孔子其实也是讲道的，虽然他对于道的具体解释和道家有所不同，但是孔子也讲"朝闻道，夕死可矣"，认为道是最高的概念，是概念之神，是概念之母。这是共同的。

孔子也讲不同的情况下会有不同的处理，比如说"邦有道，则知；邦无道，则愚"。这愚恰恰就是道家所提倡的，道家认为一个人智谋、心眼儿、算计太多了，只能是自找麻烦、自讨苦吃，不如该犯傻的时候就犯点傻。这就提供了一个所谓有道的时候，参政议政，整天强调的是修身齐家治国平天下；无道的时候，强调的是自然而然，道法自然，上善若水，知白守黑，该糊涂就糊涂一点，生活反倒会更加快乐。而且要全身，要保命，要享受自己的人生，等等。

孔子一直就认为可以互补，尤其中国的知识分子，当他们一切顺利，能够有可能报效朝廷、报效国家、光宗耀祖，能够起很大作用的时候，他们往往以儒家的仁义道德来要求自己和别人；当他们处在一个困难的时期，所谓穷则独善其身，他们只能管他们自己，别的事他们管不了，朝廷的事他们管不了，治国平天下的事他们管不了，那么这时候他们又会很容易倾心于道。

中国古代的这些读书人，往往是以儒家为追求，以道家为神思，用道家的理论来陶冶自己的精神，用道家的非常辩证、非常抽象的，所谓玄之又玄、众妙之门的那些东西来训练自己的思维。以法家为手段，因为法家讲了很多所谓驭民之术，就是能统治人民的办法，也追求富国强兵，有一套叫作为政的办法。以佛学为修行，自己没事吃斋念佛，很多事情是一种精神的自我修行，比如闭关，来使自己的精神得到某种洗涤，乃至于去悟到一些更抽象更终极的东西。

中国的士人习惯于循仁义以求太平，认为大家都讲仁义道德，天下就太平了，老百姓就安居乐业了，遵循着仁义去追求太平，循自然也安根本。道法自然，追求越少越好，计较越少越好，刻意为之的东西越少越好，自然也就回到根本上来了。

老子爱说"能如婴儿乎"，人若能像婴儿一样过更天真更纯洁的生活，就可以找到自己的根本。引权势以建功业，如果还想有一些更积极的作为，法家告诉人们，有两个东西是不能不讲究的，一个是要考虑权，权力运作的状况和人在权力上能够分享的程度，能够起的作用；还有一个势，就是天下的形势如何，一个人周围的环境如何，事物的走向如何。权和势，要分析权力和势力的状况，要对未来有所估计，这种情况之下可以追求建功立业了，可以追求功成名就，乃至光宗耀祖了。这种情况下人在法家方面得到的启示会更多一些。

引慈悲以度众生，人年岁大了，生命快结束了，或者越来越体会到人生老病死这些痛苦了。在这个时候我们很容易接受佛家所说的，对于众生我们要大慈大悲，反过来我们也会感受到佛法对我们的大慈大悲。

中国当然也有门户之见，也有相互的攻击，尤其是《道德经》和《庄子》里面，动不动就发出一点嘲笑孔子的声音，哪怕是编两个故事，《列子》里面也有。相对来说，《论语》和《孟子》里骂道家的比较尖锐的话并不多见。儒道互补在很早就已经提出来了，那么该儒则儒，该道则道，该兼善天下就兼善天下，该独善其身就独善其身。

如果有因缘际会，有这种可能，又有这种愿望，那么你学一点法家的道理，争取在权力和势力方面更有利，能够为国为民、为君为臣都多做一些有意义的事情，这也是可以的。我们并不特别地强调诸子百家之间互相是如何对立。

在陕西、山西一带，有一座二郎山，我觉得这二郎山特别富有中国人的特点。

那里既供释迦牟尼的神像，也供孔子的神像，还供二郎神的像和孙悟空的像。按《西游记》上说，孙悟空最后被封为斗战胜佛，成了正果，是正式的，有级别、有地位的佛，所以也要崇拜孙悟空。那儿甚至还有杨六郎的像、梁红玉的像，北宋曾经被俘虏过的两个皇帝的像，等等。中国人这一点，可以说是包容，可以说是糊涂，也可以说是伟大。对老百姓来说，不管是哪路神仙，反正是善有善报，恶有恶报，不是不报，时候不到，咱们谁也别得罪，咱们好好地接受，多做好事，多做善事，多帮助别人。

当然这里也有说得过于糊涂、过于没有出息的话，所以中华文化既可以分章分节分子分家，可以把它作为一个整体来讲，也可以从各个方面在不同的情况下有所侧重，有所汲取。现在我们回想一下，在我讲过的孔、孟、老、庄、列、朱熹、王阳明等先贤哲人中，哪些东西，你觉得对你最合适，你最有兴趣？哪些东西你虽然对它不够熟悉，但是也觉得对你会很有帮助呢？

图书在版编目（CIP）数据

王蒙讲孔孟老庄 / 王蒙著 . —成都：天地出版社，2020.4
ISBN 978-7-5455-5401-4

Ⅰ.①王… Ⅱ.①王… Ⅲ.①先秦哲学—研究
Ⅳ.①B220.5

中国版本图书馆CIP数据核字（2019）第282854号

WANG MENG JIANG KONG MENG LAO ZHUANG

王蒙讲孔孟老庄

出 品 人	陈小雨　杨　政
作　　者	王　蒙
责任编辑	王继娟
联合策划	咪咕阅读
装帧设计	今亮后声 HOPESOUND　pankouyugu@163.com
责任印制	董建臣

出版发行	天地出版社 （成都市槐树街2号　邮政编码：610014） （北京市方庄芳群园3区3号　邮政编码：100078）
网　　址	http://www.tiandiph.com
电子邮箱	tianditg@163.com
经　　销	新华文轩出版传媒股份有限公司

印　　刷	北京文昌阁彩色印刷有限责任公司
版　　次	2020年4月第1版
印　　次	2021年10月第5次印刷
开　　本	710mm×1000mm　1/16
印　　张	22.75
字　　数	322千字
定　　价	79.00元
书　　号	ISBN 978-7-5455-5401-4

版权所有◆违者必究

咨询电话：（028）87734639（总编室）
购书热线：（010）67693207（营销中心）

如有印装错误，请与本社联系调换

以古老的文字，分享人类经验

天壹文化